U0139566

皇陵探秘系列

武则天陵密码

查献芹 著

辽宁人民出版社

© 查献芹 2024

图书在版编目（CIP）数据

武则天陵密码 / 查献芹著 . —沈阳：辽宁人民出版
社，2024.1
（皇陵探秘系列）
ISBN 978-7-205-10787-1

Ⅰ . ①武… Ⅱ . ①查… Ⅲ . ①武则天（624-705）—
陵墓—研究　Ⅳ . ① K928.76

中国国家版本馆 CIP 数据核字（2023）第 112640 号

出版发行：辽宁人民出版社
　　　　　地址：沈阳市和平区十一纬路 25 号　邮编：110003
　　　　　电话：024-23284191（发行部）　024-23284304（办公室）
　　　　　http：//www.lnpph.com.cn
印　　刷：北京长宁印刷有限公司天津分公司
幅面尺寸：165mm×235mm
印　　张：19
字　　数：245 千字
出版时间：2024 年 1 月第 1 版
印刷时间：2024 年 1 月第 1 次印刷
责任编辑：赵维宁
助理编辑：姚　远
封面设计：乐　翁
版式设计：一诺设计
责任校对：冯　莹
书　　号：ISBN 978-7-205-10787-1
定　　价：59.80 元

序　乾陵名天下

"江南才子山东将，陕西黄土埋皇上。"

这虽然是中国古代的一句俗语，但它并不是胡说的。在宋代之后，国家的经济重心在南方，经济繁荣促进文化发展，因此才子多出自江南。这句话里的山东并不是咱们现在所说的山东省，"山东将"中的山东说的是太行山以东，简单来说就是与江南对应的北方，那里民风剽悍，易出猛士。当然，这也许更多的是人们对其地的刻板印象，不过，燕赵之地确实多慷慨悲歌之士，《隋唐演义》中的秦叔宝、程咬金等人就是出自山东，后来《水浒传》中的一百零八将也多出自山东。因此"江南才子山东将"这么说是没有错的。

陕西位于中国内陆腹地、黄河中游，省会为西安，历史上有西周、西汉、新朝、东汉、西晋（愍帝）、前赵、前秦、后秦、西魏、北周、隋、唐等十三个王朝在西安建过都。

有这么多王朝在陕西建都，那肯定有很多皇帝生活在那里，自然，死在陕西的皇帝也是不少的。一般皇陵的位置与都城都比较近，因此，这些皇帝的皇陵也多在陕西，因此也就有了"陕西黄土埋皇上"这种说法。

如果你从西安出发，沿着渭河向西游览，就会发现在渭河北岸的咸阳原和渭北高原的丘陵上，随时可以看见雄伟的帝王陵。

那在陕西到底有多少皇陵呢？据统计高达七十九座，其中有闻名世界的秦始皇陵、汉武帝茂陵、唐高宗武则天乾陵等，十分壮观。

其中唐代的皇陵就有十八座，称之为唐十八陵。而最西边的乾陵则是最具有代表性、最受国内外关注的皇陵，这座皇陵也可以说是举世无双。

为何说乾陵是举世无双的呢？乾陵是唐高宗李治和他的皇后武则天的合葬墓。皇陵的主人之一武则天，是中国古代两千多年来，近五百个皇帝中唯一受到正统承认的女皇帝；一对夫妇，两朝皇帝，这在全世界也是绝无仅有的。

但是说起乾陵，众人更多将目光放在武则天身上，往往忽视了另一个主人李治。

为了探寻这其中的"隐情"，我们从乾陵两位主人唐高宗李治与武则天称帝之前的生活经历开始讲述。在这里我们可以发现，武则天在李治的政治生涯乃至人生中都占有重要的地位。甚至在李治死后，武则天为乾陵选址、为李治营建乾陵、为李治建造述圣纪碑。始建乾陵的这一时期正是盛唐时期，营建乾陵耗费的人力物力是无法想象的，所以乾陵的雄伟与豪华也是唐十八陵之首。

可以说乾陵是根据武则天的想法一手建造出来的，因此本书会着重介绍武则天。

皇陵与人是无法分割的，要想更好地了解皇陵，需要从人入手，而皇陵与人最终所呈现的是我们想探索的历史，所以本书整体结构一直是人→皇陵→人→历史。

刚才我们从"人"讲到了"皇陵"，现在继续回到"人"身上，继续讲述武则天的人生。通过中华第一预言书《推背图》讲述乾陵另一个主人武则天成为女皇的经历。之后，武则天驾崩后又一次修建乾陵。

我们再一次回到皇陵身上，讲述武则天皇陵选址风波，乾陵的陵园构造、首创石像生、石刻艺术，还有六十一尊无头蕃臣像身上的故事，这些故事给人们留下了无尽想象。而乾陵中的内藏据说也十分丰富，唐高宗死前曾有遗言，将他生前所喜欢的字画全部放入墓中，而武则天驾崩时，是唐朝的全盛时期，陪葬物自然也是不少的。

乾陵的陪葬墓有十七座，现在已经挖掘了三座陪葬墓，其中也有许多珍贵的文物。这些都是乾陵留给世人的宝藏，当然也留下了一个个谜团。

这些宝藏为乾陵引来了许多盗墓贼，本书中也讲述了关于乾陵被盗的传说，以及乾陵几百年来的历史情况。

最后我们回归历史，简单讲述唐十八陵其他十七陵的情况，由此来看有唐一朝的兴衰史。

由于现在的技术水平有限，我们无法挖掘乾陵，但是却可以通过本书对乾陵的介绍探究唐朝全盛时期的模样以及皇陵主人背后的故事。或许我们也会从中找到一些"江南才子山东将"的证据。

查献芹

2023 年 1 月

目 录

第一章

龙盘凤翥，大唐二圣

乾陵是唐朝第三位皇帝唐高宗李治与皇后、女皇武则天的合葬墓。它建成于唐光宅元年（684），后来武则天驾崩后，于神龙二年（706）加盖。

乾陵在陕西唐十八陵中，规格最高，保存最为完整，艺术价值最高，堪称唐朝皇帝"因山为陵"葬制的典范。"因山为陵"中的山叫作梁山。不过此梁山并非《水浒传》中的梁山，而是位于陕西省咸阳市乾县县城北部的梁山，距西安 80 多公里。

乾陵的寝宫位于梁山的北峰。梁山一共有三座主峰，其中北峰最高，挺拔俊秀，海拔 1047.9 米，峻而不险，但它并不是孤立的。它的南面两个峰稍矮一些，陪伴在主峰一旁，成为乾陵的天然门户，三峰的排列方式类似"众"字，成鼎立之势。

陵区总面积接近 40 万平方米。皇陵被帝王们赋予一定的玄学含义，会成为他们另一个世界的宫殿，因此乾陵陵区仿京师长安城建制，成为另一个世界的长安城。

既然是"城"，那就一定要有臣子，除了主墓之外，乾陵还有 17 个小型陪葬墓，里面葬着其他皇室成员与功臣。或许他们在那个世界再创一番事业，或许在那个世界也发生着说不尽的盛世唐朝事。只是这些不被我们所知。

我们只能从乾陵中去挖掘那些唐朝故事，无论是了解唐朝还是了解乾陵，都可以从它所埋葬的两个主人唐高宗李治和女皇武则天的生平开始。

讲述李治和武则天生平的故事有许许多多的版本，电影、电视剧、书籍，甚至一些游戏中也有他们的身影。这里将两人的经历按照时间顺序一同讲述。

一、功臣次女和皇室嫡子

武则天（624—705），并州文水人，父亲是荆州都督武士彟，她是武士彟的第二个女儿，先为唐太宗的才人，后成为高宗的皇后，与高宗并称"二圣"，是中国历史上唯一的正统女皇帝。

李治（628—683），字为善，出生于长安（今陕西西安），是李世民的第九个儿子，也是李世民的嫡三子，他的母亲是文德顺圣皇后长孙氏，李治是唐朝的第三位皇帝唐高宗。

《旧唐书·则天皇后本纪》开篇即道："则天皇后武氏讳曌，并州文水人也。"并州文水，隶属于山西省吕梁市，位于山西省中部，这里是武则天的故乡。然而故乡与出生地是有区别的，对于武则天的祖籍大家是没有异议的，可是对于武则天的出生地，就有些争论了，有说她是在利州（今四川广元）出生的，也有说她是在长安出生的。

武则天的父亲武士彟，历任豫州、利州和荆州都督，在武则天出生时武士彟在利州任职，所以武则天的出生地是在蜀地也说得过去。然而武士彟出任利州都督，是在贞观元年（627）。武则天出生于武德七年（624），所以又出现了武则天生于长安的说法。关于武则天具体出生在哪里，学术界一直在讨论。

李治的祖籍和出生地就非常明确，他出生于贞观二年（628）六月庚寅，出生在长安东宫丽正殿。

这样算来武则天要比李治大四岁。

武则天的父亲武士彟（577—635）是唐朝的开国功臣，她的母亲杨氏出身于隋朝皇室，是武士彟的第二任妻子。

《册府元龟》记载：

武士彟，太原人，才器详敏，少有大节，及长，深沉多大略，每读书，见扶主立忠之事，未尝不三复研寻，常以慷慨扬名为志。

这里简单地介绍一下武家的情况。武家世代经商，家境富裕，武士彟小的时候就有大志向，随着年龄的增长，他的性情越发稳重，心中更是有大谋略，每次读书看到关于忠臣的事迹都会反复阅读，以出人头地为志向，极富政治抱负。隋朝大业年间，武士彟经营木材生意，还参与了营建东都洛阳的事宜，他也因此越来越富有。后来，隋炀帝大规模征兵，武士彟决定放弃经商，加入了军队，成为了鹰扬府的一员。

府是隋朝的军队编制，相当于现在的军区，在每个卫府下面，都有一个鹰扬府，相当于一个团。

大业十一年（615），隋炀帝将当时的贵族唐公李渊派往并州、河东为抚慰大使，镇压山西的农民起义军。李渊刚到并州，听说武家有一位武士，名叫武士彟，家境殷实，又好结交朋友。而武士彟自然也知道有这么一个初来乍到的年轻贵族，他心中自然也有结交之意，两人慢慢联系起来，久而久之，李渊经常住在武家，受到很好的招待。第二年，李渊出任太原留守，也就是太原地区的最高长官，李渊任命武士彟为行军司铠参军。

这两人的结缘为武则天入宫埋下了伏笔。

大业十三年（617），李渊父子二人见隋朝大势已去，决定趁乱出兵，夺取天下。在这件事情上，武士彟起了一定作用，他极力说服李渊起事，因为他听到空中有仙人称唐公为天子，当然这是他劝说李渊的借口。武士彟还说他梦见李渊骑着马上了天，用手摸了摸日月，这都代表着李渊才是真命天子！之后他将自己撰写的兵书献给了李渊，李渊很高兴，与他约定成事之后共享富贵。唐代开国之后，武士彟以"元从功臣"身份官至工部尚书、荆州都督，封应国公。武德元年（618）八月六日，武士彟被列入太原元谋十七大功臣，有罪可免死一次。

不过关于武士彟的官职，却是有一些争议的。

《旧唐书》《新唐书》等都有记载，他"累迁工部尚书"，但是《册府元龟·退让》中记载："武士彟，武德中为工部尚书，判六尚书，赐实封八百户。士彟为性廉俭，期于止足，殊恩虽被，固辞不受。前后三让，方遂所陈。"这段话的意思是，虽然皇上让他当工部尚书，但是他廉洁节俭，不愿再升迁，因此拒绝了，他愿意当一个"检校右厢宿卫"，也就是唐宫的禁卫军。这样说的话，在《册府元龟》的记载中，他并没有成为尚书。

从那以后，武士彟开始踏踏实实地做起了官吏，恪尽职守。他有多尽忠呢？在武德年间，武士彟在宫中守卫，他的一个儿子病重，但是一直到孩子夭折，他都坚持在宫中守卫，虽然很伤心但也没有回家探望。后来在妻子相里氏病重的时候，他也没有请假探望妻子，他的妻子最后病死了。李渊得知后，夸奖他忠心耿耿，举世无双。

武士彟对家人如此冷漠与狠绝，也对武则天的性格产生了很大的影响。

妻子相里氏死后，李渊告诉武士彟："朕会给你找一个好妻子的！"其实这个时候李渊心中已经有人选了，他接着说："遂宁公杨达，乃天下英雄，世世代代都为皇亲贤臣，他有一女志行贤明，可作贤妻。"于是下诏令武士彟娶杨家女为妻，让桂阳公主给杨家主婚，两家婚事一切的费用都由朝廷支付。

皇帝提亲、公主主婚、国家拨款，这是历史上罕见的殊荣，由此可见李、武两家关系十分密切。

这位杨家女就是武则天的生母杨氏，杨氏（579—670），名字不详，弘农华阴（今陕西华阴）人。

杨氏信仰佛教，她44岁与应国公武士彟成婚，育有三个女儿：长女武顺，字明则，嫁给了贺兰安石，后来被封为韩国夫人，死后被追封为郑国夫人；次女武则天；三女武氏（名不详），嫁给了郭孝慎。随着武则天成为皇后，杨氏先后被封为代国夫人、荣国夫人、卫国夫人，在洛阳生活了很长一段时间。于咸亨元年（670）去世，享年91岁，被封为鲁国太夫人，谥号忠烈，葬于洪渎原。

杨氏很是长寿，而武士彟则没有这么好命。太上皇李渊于贞观九年（635）五月病逝。在荆州都督任上的武士彟闻讯后，悲痛欲绝，"因以成疾"。李世民多次派名医为他诊治，武士彟仍因医治无效而逝世，享年59岁。

武士彟去世后，李世民令并州都督李勣主持葬礼，李勣（594—669）原名徐世勣、李世勣，唐朝初期名将，"凌烟阁二十四功臣"之一。由李勣主办武士彟的丧事，可见李世民对武士彟的重视。而且棺木和丧葬费用都由朝廷出。按照武士彟的遗愿，他的遗体被送到了并州老家安葬，朝廷追赠他为礼部尚书，谥号为"定"。后来天授元年（690）武则天登基称帝，追封父亲武士彟为孝明高皇帝，其文水坟墓改为昊陵。

武士彟去世这一年，武则天年仅12岁，与母亲姐妹几人相依为命，但她们毕竟都是女子，她的堂兄武惟良、武怀运及同父异母的哥哥武元爽等人对她的母亲杨氏出言不逊。因此没过多久，武则天和她的母亲就从荆州回到了长安居住。

虽然这个时候武则天是忍让的，但是等到武则天成为皇上后，便贬了自己的两位兄长，并以自己的姐姐韩国夫人武顺的儿子贺兰敏之为武士彟的后嗣。但贺兰敏之行为不检，引起武则天的不满，被发配致死，后来武则天又把武元爽的儿子武承嗣接回来做武士彠的继承人。

从这一点来看，武则天的家庭出身还是十分不错的，若不是入了宫，也能寻得一门好的婚事。只是恐怕武则天以后也只是一个家庭出身不错的普通贵族妇女罢了。

而李治的家庭情况就属于"顶配"了，他的父亲唐太宗李世民（598—649），出生于武功（今陕西武功）的李家别馆，是唐高祖李渊的次子，唐朝的第二位皇帝，被尊为"天可汗"。

李世民智勇双全，善于用兵，为唐朝的统一立下了汗马功劳。武德九年（626）李世民发动"玄武门之变"被立为太子，在"玄武门之变"后，李世民杀死隐太子李建成、齐王李元吉和他们的子嗣，并将他们逐出宗籍。关于唐太宗的执政经历与功绩在此不赘述，他登基后对内以文治天下，开创"贞观之治"；对外开疆拓土，为大唐的盛世打下了坚实的基础。贞观二十三年（649）李世民驾崩，庙号太宗，葬于昭陵。

李治的母亲是长孙皇后（601—636），小名观音婢，她的名字史书上没有记载，她是隋朝右骁卫将军长孙晟的女儿，唐朝宰相长孙无忌的同母妹妹。

长孙皇后8岁丧父，之后由舅父高士廉（576—647）抚养，高士廉觉得李渊的次子李世民十分有才华，就将13岁的侄女嫁给16岁的李世民。武德元年（618），李渊建立唐朝，册封长孙氏为秦王妃。武德末年她极力拉拢李渊的后宫支持李世民，此时秦王李世民身兼数个职位，威望与势力直逼太子李建成，这样自然会引起太子的怀疑。洛阳平定之后，李世民拒绝了奉命前来，有非分之请的妃嫔和其他大臣，而秦王的部下也多次与后宫的亲戚发生冲突。秦王府上下已经得罪了不少后宫之人。相反，太子和齐王与后宫妃嫔来往频繁，他们经常联合起来在高祖面前诬陷李世民。秦王妃见丈夫在外浴血奋战，与高祖渐渐疏远，又被齐王、太子嫉恨，便出面化解这场冲突。她经常出入宫中，对高祖孝敬有加，与后宫的妃子们来往，修补丈夫与皇帝之间的隔阂，在后宫中为丈夫助力。

"玄武门之变"那天，她亲自安抚将士们，将士们对秦王妃的亲自慰勉，无不感激不尽，因此奋不顾身。她的悍不畏死，不离不弃，更是激发了李世民的斗志。

武德九年（626）六月初四庚申日，李世民在长安城的玄武门附近，杀死了太子李建成和齐王李元吉。这就是"玄武门之变"。之后李世民被立为太子，她也被册封为皇太子妃。

武德九年（626）八月初九甲子日，李渊退位称太上皇，禅位于李世民。

李世民登基十三天，她就被立为皇后。长孙皇后善于借古喻今，匡正李世民为政的失误，并保护忠心耿耿的臣子。而且长孙皇后明白"月满则亏，水满则溢"的道理，劝兄长长孙无忌辞去宰相之职。太宗准许，长孙无忌得到了一份高薪闲职。只是长孙家族后来也没有因此被挽救，不过这就是后话了。

长孙皇后还利用自己在丈夫身上的影响力，保护了朝堂上的贤臣，纠正丈夫的错误。长孙皇后一方面对魏徵等敢于直言的忠臣表示赞赏和"庇护"，另一方面不断提醒李世民要实行仁政。她在男权至上的封建社会中发挥独特的女性力量，辅佐皇帝丈夫，为初唐提供了一个有利的政治环境。

长孙皇后和唐太宗相处得很融洽，二人感情很好。贞观初年，春景正盛之时，长孙皇后在内苑游玩，看到桃花盛开，柳枝抽芽，一派生机勃勃的景象，便乘兴赋诗，名曰《春游曲》。

春游曲

上苑桃花朝日明，兰闺艳妾动春情。

> 井上新桃偷面色，檐边嫩柳学身轻。
>
> 花中来去看舞蝶，树上长短听啼莺。
>
> 林下何须远借问，出众风流旧有名。

这首诗是写上林苑的春日美景。在诗歌中，作者采用了拟人化的手法，对春光的描写和对人物的隐喻都有很好的表达。桃花偷面色，暗示着她的美貌；嫩柳学身轻，比喻她的身体柔软如柳；花中舞蝶，表示她穿行如蝶；树上啼莺，是说她欢笑如莺。前两句是"景"的人化，后两句则是"人"的景化，使景美、人美、情美融为一体。最后一句以"林下""风流"自诩，自己的出众之名早已远播于世间。这是一种志得意满、蹁跹洒脱的姿态，与她韶华芳龄和皇后的身份完全相符。太宗听了，觉得妻子描写得十分贴切，"见而诵之，啧啧称美"。

长孙皇后先后为唐太宗生下3个儿子、4个女儿。贞观二年（628），幼子李治降生，长孙皇后在为他举行洗儿大典的时候，将一件玉龙子送给了他。这是李世民从晋阳宫得来的，他见这件宝物不大，却很精致，不是凡间之物，就将这件宝物送给了长孙皇后，直到幼子出生，这件宝物才又被转赠。后来李唐皇帝"以为国瑞，帝帝相传"。

长孙皇后在贞观八年（634）陪同太宗在九成宫避暑的时候，身染重病，两年后在立政殿崩逝，终年36岁，谥号为文德皇后。李世民称其为"嘉偶""良佐"，长孙皇后死后太宗悲伤不已，遵从皇后遗愿，营山为陵，也就是昭陵。并建造层观望陵怀念。

李治父母恩爱，只可惜母亲长孙皇后在他年幼的时候去世，这种经历与武则天父亲早逝颇为相像。

而武则天与母亲在父亲去世后被迫离开武家，又与长孙皇后家庭情况相似，长孙皇后的父亲早逝后，她与哥哥离开长孙家。

不知道是否因为这样，李治对武则天更有怜悯之情。

二、初入宫廷和仁孝立储

史书上关于武则天幼时的记录没有多少，毕竟当时她只是一个普通的贵族女孩，只是后来在武则天成为女皇后，有一则关于她小时候的传说。

袁天纲看到武则天的生母杨氏后，惊讶地说："以这位夫人的骨相，必能有个好儿子！"武则天的母亲带着武元庆和武元爽去见袁天纲，让他相面。袁天纲一看便说，可以官至三品，只不过是能保家的主儿，并没有太大的权势。杨氏又把武则天的姐姐叫了出来让袁天纲相面，袁天纲说："此女以后虽然富贵，但是对丈夫不利！"最后，武则天穿着男装，被保姆抱了出来，袁天纲看着还在襁褓中的武则天，大吃一惊："龙瞳凤颈，极贵验也！"但又遗憾地说："可惜他是个男子，若是女子，当为天下主！"这个时候袁天纲还不知道武则天其实就是女子。

之后关于武则天入宫前的岁月，就没有更多的记录了。

至于李治，因为他是帝王嫡子，所以他幼时的事情在史料上都有记载。

皇子李治出生那日，宫中宴请五品以上官员，按品级等第赐绸缎，又赏赐天下这一天出生的人以粟米。可见太宗对他十分钟爱。

贞观五年（631），李治3岁时被封为晋王。

贞观七年（633），李治5岁时不到任所而接受并州都督之职。

贞观十年（636）六月，文德皇后长孙氏去世，晋王李治当时才9岁，但是他的悲伤和对长孙皇后的思念感动了身边的人，唐太宗多次安慰他，此后唐太宗格外宠爱李治。很快，李治被任命为右武候大将军。

后来李治开始学习《孝经》，唐太宗考查他的功课，询问他："你觉得《孝经》中最重要的是什么？"李治回答说："孝是第一位的，从小就侍奉父母，长大之后侍奉皇帝，最终达到修身的目的。一个人侍奉君上，就是在朝堂上想着为国家效力，在家里想着如何去规劝皇帝的错误、改正自己的错误。"唐太宗大喜过望，说道："如果你能做到这一点，那你就能很好地服侍父兄，做个好臣子。"

贞观十一年（637）十一月，也就是在长孙皇后去世的第二年，唐太宗来到洛阳宫（紫微城）后，听闻武则天14岁，容貌秀丽，便召她进宫，封她为五品才人，赐号"武媚"，后世称她为武媚娘。

母亲杨氏舍不得小小年纪的武则天入宫，整日哭泣。武则天入宫前，对寡居的母亲告别时说："侍奉圣明天子，岂知不是福？何必哭得跟个孩子似的？"

关于武则天在李世民在位期间的宫中生活，历史上并没有太多的记载，只记载了武则天在她晚年的时候，回忆起了她为李世民训练马匹的经历。李世民的一匹名为狮子骢的骏马，肥壮任性，谁也驯服不了它。武则天当时在一旁侍候，她告诉李世民："我能降服这匹马，但要有三样东西，一条铁鞭，一根铁棒，一把短刀。用铁鞭抽它，如果不听话，就用铁棒砸它的头，如果它还不听话，就用匕首割开它的脖子。"李世民听后，颇为夸赞武则天的志气。

但是不可否认，武则天驯马的方式过于残忍，在当时对女子要求贤良淑德的环境中，武则天这样的行为难免遭到忌惮。即使是被李世民"夸赞"了。

不知道是不是因为这个原因，在之后的十二年，武则天没有受到李世民的青睐，她当了十二年的才人，一直没有任何的晋升。

这期间关于武则天的宫廷生活，历史上之所以没有记载，一来可能是武则天并不受宠，因此没有过多的记载；二来武则天成为皇帝后，可能因为什么原因删减了关于那段时光的记录。也或许两者都有可能。总之那段时光对于武则天来说，或许没有记录的必要吧。

而在武则天一生中最默默无闻的这段时间里，李治则过得风生水起。在长孙皇后去世后，李世民亲自将李治养大，即使长孙皇后离世多年，李世民仍然舍不得他出宫，于是李治一直留在皇宫，但是在宫外，却有一座为他准备的晋王府。这种情况到了贞观十七年（643）李治被立为太子后依然如此。

不过李治成为太子的过程也并非一帆风顺。

在李治没成为太子之前，当时的太子是唐太宗的嫡长子，李治同母的兄长李承乾（619—645）。

李承乾的名字是爷爷唐高祖李渊亲自取的，是以当时他出生的宫殿承乾宫命名的，但这个名字也是有深意的，是承继皇业、总领乾坤的意思。唐太宗当时是很宠爱这个长子的，他延请名师教导李承乾，十分细心地照顾他。可是就是因为这样，李承乾的压力越来越大，加上他患了足疾，于是他开启了叛逆期。后来李承乾宠幸一名"美姿容，善歌舞"的太常乐人，并称他为称心。唐太宗知道后大怒，杀死了称心。李承乾悲痛欲绝，在皇宫里建了一间寝宫，让人没日没夜地祭拜他。唐太宗越发地不满。不过即便李承乾如此胡作非为，唐太宗也没有想过要废掉他，甚至煞费苦心地将魏徵任命为太子太师。这是在向所有人表明，他是绝不会废掉李承乾这个太子的。

这个时候，李承乾的另一位同母弟弟魏王李泰（620—652）越发出众，得到了唐太宗的夸赞。而且李泰心中确实是有夺嫡的想法的。李承乾先是派人暗杀李泰，失败后打算学自己的父亲逼宫。

李承乾勾结了叔叔汉王李元昌、同母姐姐城阳公主的驸马杜荷、"凌烟阁二十四功臣"之一侯君集等人，想要抢先发难，谋朝篡位，结果事情败露，李承乾因此被幽禁。按当时律法皇子谋反按律当诛，但是唐太宗舍不得，一直没有拿定主意。

《资治通鉴》中记载：

> 上谓侍臣："将何以处承乾？"群臣莫敢对，通事舍人来济进曰："陛
> 下不失为慈父，太子得尽天年，则善矣！"

当时唐太宗询问朝臣，该怎么处置太子。群臣都不敢回答，最后还是通事舍人来济站了出来，说："如果陛下能够成为慈父，让太子安享天年，那是最好的。"此言深得唐太宗之心，因此唐太宗下令，将李承乾废为庶人，流放于黔州。敢于说话的来济后来因为此事得到唐太宗的看重，官职不断得到升迁。

那么接下来的问题就是谁来当太子了。唐太宗这个时候最先想到的人选并不是李治，而是魏王李泰。李泰当然想当太子，于是就向唐太宗许诺"杀子传弟"，表示以后要将皇位传给他的弟弟晋王李治。只是政治斗争高手唐太宗怕是不会相信这话的。

李泰继续搞小动作，用汉王李元昌（618—643）被赐死这件事来恫吓李治。没想到李治没有害怕也没有出其他的幺蛾子，而是直接向家长告状，他将这件事告诉了唐太宗。这个时候已经被废的李承乾也"落井下石"，承认自己逼宫是因为李泰图谋太子之位。

唐太宗放弃了要立李泰为太子的想法，在《旧唐书·李泰传》中，唐太宗立李治为太子还有一个原因："泰立，承乾、晋王皆不存；晋王立，泰共承乾可无恙也。"

由此可见，在唐太宗心里李治确实是比较仁慈的。

但是立李治为太子，就要越过哥哥李泰，朝臣们是否同意呢？

为此，唐太宗还演了一场戏。

《资治通鉴》中记载：

承乾既废，上御两仪殿，群臣俱出，独留长孙无忌、房玄龄、李世勣、褚遂良，谓曰："我三子一弟，所为如是，我心诚无聊赖！"因自投于床，无忌等争前扶抱；上又抽佩刀欲自刺，遂良夺刀以授晋王治。无忌等请上所欲，上曰："我欲立晋王。"

唐太宗打定主意，和李治一起去了两仪殿，只留下几个重臣：长孙无忌、房玄龄、李勣等。唐太宗对着几人哭诉："我三个儿子和一个弟弟为了皇位这样，我心里实在是难受啊。"说着就跌坐在床上，又想抽出佩剑自杀。几个大臣忙上前阻拦。唐太宗这才说出自己的打算："我想立晋王为太子！"长孙无忌连忙表态："听从陛下的命令，如果有人反对，臣请求斩杀此人。"唐太宗对李治说："你舅舅对你许下诺言了，你应该拜谢他。"李治连忙拜谢长孙无忌。唐太宗又说："虽然你们已经同意了，但是外面的人会议论此事吗？"群臣忙道："晋王仁孝，天下人都知道，陛下可以问问百官，要是有不同意的，我愿意万死。"于是唐太宗召六品以上的文武百官，对他们说："承乾谋逆，李泰也凶险，两人都不可立为太子。我想在其他的儿子中选太子，你们觉得谁可以当太子？"之后还假惺惺地说："你们直接说就可以。"唐太宗都这样询问了，众人心中早就有了答案，都直呼："晋王仁慈孝顺，应当为太子！"

同年四月七日，唐太宗亲自驾临承天门，册封李治为太子。之后唐太宗每一次上朝，都会让李治在一旁看着自己如何决策，有时候还会让他参加议事，李治表现得很不错，因此唐太宗对他的能力赞不绝口。

李治成为太子后，太宗依旧疼爱着他，哪怕李治纳妃生子，他也不愿意让自己的爱子离开。于是，朝臣们多次向太宗上书，希望太子能回到东宫，不要把太子留在身边宠坏了，但太宗没有同意。

这个时候李治16岁，刚刚经过一场权谋，而此时武则天20岁，在宫中已经虚度六个年华，虽然在文献中并没有写他们两个人这个时候有过联系，但是或许两人偶然间会相遇，哪怕只是远远的一个身影。

而李治也确实十分孝顺。

唐太宗在贞观十八年（644）对高句丽发动进攻，命李治留在定州。唐太宗基本确定了出兵的日期，李治一脸的悲伤，整日哭泣，于是向唐太宗请求通过驿站派飞马传递自己生活工作起居的表章给唐太宗，并请唐太宗传递边境情况给自己，两人可以通信交流，唐太宗都同意了。唐太宗用快马奏事这个习惯就是从这个时候开始的。唐太宗的军队胜利后，李治跟唐太宗一起去了并州（今山西太原）。当时唐太宗生了个大毒疮，李治亲自用嘴吸脓，扶着车辇走了多日。

在征辽的时候，李治一直在为前线操心，太宗为他创飞表奏事，因为李治担心太宗不爱惜自己的身体，所以太宗没有亲自上阵。有一次李治很久都没有给太宗来信，等到太宗接到信后非常激动，回信写道：

两度得大内书，不见奴表，耶耶忌欲恒死，少时间忽得奴手书，报娘子患，忧惶一时顿解，欲似死而更生，今日已后，但头风发，信便即报。耶耶若少有疾患，即一一具报。今得辽东消息，录状送，忆奴欲死，不知何计使还，具。耶耶，敕。

这封唐太宗的家书，被称为《两度帖》，意思就是：我已经接到了两封来自皇宫的公函，但你的书信还没有收到。我很担心。就在刚才，我接到你的亲笔书信，我的担忧和恐惧一扫而空，就像是复活了一般，如果你的头风病发作，就给我写封信。我要是病了，就给你写封信。我从辽东得到战报，将这些的来龙去脉，都抄录一份给你。我很想念你，也不知道要多久才能回来。爸爸，敕。

可见他对儿子的疼爱。

贞观二十三年（649），唐太宗病倒，据说是因为服用了天竺长生药，病情突然恶化，唐太宗命李治到金掖门代理国事。李世民最终因医治无效去世。

据说就是在李世民病危的时候，武则天与李治之间的关系逐渐升温。这个时候确实是两人很容易接触的时候。

太宗在贞观二十三年五月二十六己巳日（649年7月10日），在终南山上的翠微宫含风殿驾崩。初谥文皇帝，庙号太宗，葬于昭陵。

而武则天则按照惯例，与部分无儿无女的妃嫔，到长安感业寺做了尼姑。不知道武则天是否早就预见这些，而她的命运也因此彻底改变了。

三、再次入宫和即位初期

关于武则天在感业寺这段时光历史上也没有详细记载，毕竟算起来从贞观二十三年（649）到永徽二年（651），也就两年左右的时间，武则天就重新以李治嫔妃的身份回宫了。

这两年对武则天来说可能度日如年。在感业寺，武则天还为李治写了一首情诗《如意娘》："看朱成碧思纷纷，憔悴支离为忆君。不信比来长下泪，开箱验取石榴裙。"据说晚年的时候武则天还经常默诵这首诗。但是这两年对李治来说，却是新帝登基，未来可期。

在唐太宗驾崩的第二日李治发布一系列的官员任命，二十八日，李治从终南山回京。六月一日，李治即皇帝位，后人称其为唐高宗，那一年李治22岁。

六月十日，李治封他的舅父司徒、赵国公长孙无忌为太尉兼检校中书令，英国公李勣为开府仪同三司。这两人成为辅政大臣。

李治也是一位十分听人劝的君主，七月三日，相关的官员提出改治书侍御史为御史中丞，诸州治中为司马，治礼郎为奉礼郎，把里面带有的"治"字换成另外的字，以避李治的名讳。李治不赞成，因为贞观时先帝没有避讳"世民"二字。有关衙门上奏道："先帝的名字是两个字，礼制上并无避讳之处。皇上的名字是单个字，臣下不应指斥。"李治听了觉得有道理，就同意了。

八月，李治再次发布官员任命，以开府仪同三司、英国公李勣为尚书左仆射、同中书门下三品。李勣之前主持过武则天父亲的葬礼，而且也经历了唐太宗"演戏"一事并同意李治当太子。他是唐太宗很信任的大臣。后来他也参与了立武则天为皇后的事件，不过这个就是后话了。

唐太宗于八月十八日在昭陵下葬。他和文德皇后长孙氏合葬于昭陵。

九月十二日，李治加授鄜州刺史、荆王李元景为司徒，前安州都督、吴王李恪为司空兼梁州刺史。李元景是李治的叔叔，李恪是李治最年长的哥哥，与李治不同母。不知道是不是巧合，这两人后来都死于房遗爱谋反一案中。

二十四日，赠梁国公房玄龄为太尉，赠申国公高士廉为司徒，赠蒋国公屈突通为左仆射，都可在太宗庙庭配祭。

经过一系列的官职任免，到了永徽元年（650）正月六日，李治立嫡妻王氏为皇后。七日，封长子陈王李忠为雍州牧。

之后李治终于开始正常处理政务，但是后来坏就坏在到了五月唐太宗的忌日，李治在感业寺进香祭奠唐太宗，再次遇到了武则天。两人重逢，彼此诉说着分别后的思念。

这个时候两人各自分开的时间线才终于合并在一起。而武则天回宫的原因则是王皇后因没有儿子而失宠，所以王皇后才会向李治提出让武则天进宫的要求，想要借机对付李治的宠妃萧淑妃。她哪里知道李治早有这个打算，一口答应下来。

到了第二年五月，李治的孝服期已满，武则天再次进宫。她在入宫之前就已经有了身孕，入宫之后便生下了长子李弘。

武则天回宫后就开启了宫斗线，她了解王皇后争宠的心思，于是在王皇后面前低声下气，百依百顺。王皇后在李治面前不停地夸奖她，这让李治更加喜欢她，给了武则天步步高升的机会。这样慢慢地，王皇后和萧淑妃也受到了冷落。

武则天在回宫的第二年（652）五月，被封为二品昭仪。那时王皇后、萧淑妃经常与其争宠，相互中伤，可是李治根本不理会这两人。

而李治一边协助武则天宫斗一边继续他的事业线。

西突厥贺鲁于永徽二年（651）正月自立为沙钵略可汗。七月，沙钵略可汗攻入庭州，高宗派梁建方（生卒年不详）出兵讨伐。

永徽二年（651），百济侵犯新罗边境，吞并新罗大部分领土，新罗的特使金法敏请求唐高宗下诏让百济归还所侵犯的城镇。于是高宗下诏令给百济国王，这便是在《全唐文》中收录的《与百济王义慈玺书》，大意就是我李治是万国之主，怎么能不体恤新罗！百济国王吞并新罗的土地应马上还给新罗。希望你们能解开纷争，还给百姓们一个安稳的生活，不要再战争，如果你不听从我的命令，我就要支持新罗与你决战！高句丽不可以帮助百济，如果高句丽不遵守的话，便令契丹人渡辽泽，去劫掠。希望百济国王深思我说的话，自求多福，选择合适的计策，不要以后后悔！

刚解决完一个两国之间的矛盾，国内就又发生一件大事。

永徽四年（653），房遗爱、高阳公主（唐太宗爱女）、巴陵公主（唐太宗之女）、柴令武、薛万彻等人起兵造反，他们打算拥立荆王李元景为皇帝，但是这件事被揭穿了，因此他们造反失败。房遗爱、薛万彻、柴令武等都于二月三日被处死；李元景、巴陵公主、高阳公主都被赐自杀。吴王李恪、江夏王李道宗、蜀王李愔这三人并没有参与这件事，但是都是因为招惹了长孙无忌、褚遂良而被杀、被贬。这件事过去后，再没有威胁李治皇位的势力了。

李治这边坐稳了皇位，国家大事他也处理得差不多了。武则天也开始她争夺皇后之位的行动了。

永徽五年（654），武则天生下大女儿安定思公主，《新唐书》和《资治通鉴》都有记载，在安定思公主一个月大的时候，王皇后来探望。王皇后觉得小公主可爱，逗弄她玩耍。等到王皇后一走，武则天趁着没有人在身边伺候就把自己的女儿掐死了，又用被子盖上掩饰。这时李治来了，武则天强颜欢笑，与李治一起掀开被子看孩子，发现小公主已经死了，武则天这才大哭起来，又问到底是怎么回事，身边的人回复："刚才皇后来过这里。"李治大怒道："是皇后害死了我的女儿！"武则天痛哭流涕，添油加醋痛斥王皇后的过错。王皇后解释不清，李治遂想废掉王皇后，立武则天为皇后。

这事让人想到了武士彟即使孩子病重也不回家探望，最后孩子夭折，但是他却在皇帝面前表忠心这件事。或者这就是武则天从武士彟身上继承的狠绝性格吧。不过关于武则天残害自己亲生女儿这件事还是有争议的。

关于武则天杀女一事，细细想来，有很多不合理的地方。第一，皇宫里肯定有很多人照顾小公主，就算是皇后来，也不可能那里一个宫人都没有。第二，李治是个聪明的人，他不会毫无怀疑地认为王皇后杀害了公主。第三，唐朝人对具体情况并不了解。《旧唐书》《唐会要》都是五代时期编写的，这两本书中只是说公主暴卒，并没有写具体原因。而后世的史家们并没有根据，都是夸夸其谈，因此往后的记录，都不太可信。第四，王氏在安定思公主死后一年被废，废后的原因里没有杀害公主这一项，两者是完全无关的事情。而且，武则天为了争夺不确定的皇后之位，利用自己女儿的死，这本身就是一件很危险的事情。第五，王皇后没有理由杀公主，武则天把责任推到王氏身上，很容易引起别人的怀疑。

总之，没有人是真正的凶手，在古代，婴儿的死亡率很高，安定思公主就是一个很普通的例子。

但是不管怎么样，王皇后的后位岌岌可危。

永徽六年（655）六月，后宫中又有一则谣言说王皇后和她的母亲柳氏行厌胜之术，厌胜之术就是古人最忌讳的巫术，是用诅咒之类的方法压制厌恶的人从而得到胜利。这两人如果行厌胜之术，那么她们厌恶的人肯定就是武则天了，甚至也可能是李治。李治得知后勃然大怒，将柳氏逐出了宫。为了补偿武则天，李治还打算把武则天从昭仪晋封为一品宸妃，但因为宰相韩瑗（606—659）和来济（610—662）的反对，最终功亏一篑。

事实上除了宰相韩瑗和来济维护王皇后，李治的舅父长孙无忌、褚遂良等元老大臣也都反对李治废王立武。武则天的皇后之路变得艰难起来。长孙无忌和褚遂良就是前面在房遗爱谋反事件中趁机害死吴王李恪、江夏王李道宗、蜀王李愔的大臣，褚遂良参与了很多太宗的军政决策，在太宗的心目中，他也算得上是一位"忠烈"人物，由此可见这两人权势强大。他们代表着朝廷的元老大臣，这样的话，李治的权力被他们极大地削弱了。

所以李治想废掉王皇后立武则天不单单是因为两人之间的感情，还因为他想重振皇权，并对朝堂上的元老们进行打压。于是武则天在政治上成了李治的"战友"，两个人配合得十分默契。

但是废王立武，改换皇后这件事非同小可，做起来并不容易，李治需要征求大臣们的建议，需要有支持者，其中长孙无忌和褚遂良的意见十分的重要。这是因为太宗在弥留之际，特地嘱咐长孙无忌和褚遂良二人："我的儿子儿媳，便交托给二位爱卿了。太子自小就是个孝顺之人，这一点你们都知道，你们一定要好好辅佐他！"同时太宗又嘱咐李治说："有长孙无忌和褚遂良在，你登基后就不用担心了。"有了唐太宗的嘱托，就不难理解为什么李治要想废王皇后，就必须得听取这两人的意见了。

不过李治毕竟是皇上，也不是吃素的，他先礼后兵，亲自登门拜访长孙无忌，表明废王立武的态度。武则天的亲人和亲信纷纷上场，她的母亲杨氏、许敬宗等人也都曾经劝说过长孙无忌顺水推舟立武则天为皇后，但都没有成功。

许敬宗（592—672）又是何许人呢？他字延族，出生于杭州新城（今浙江杭州富阳区），出身于名门贵族，是东晋名士许询的后代，隋朝礼部侍郎许善心之子。

当年许敬宗为了讨好高宗，数次劝说长孙无忌同意此事，但都被长孙无忌狠狠训斥了一顿。武则天很是感激许敬宗，将他提拔为左膀右臂，升任他为礼部尚书。但是皇后废立之事，一直没有结果。许敬宗说："田舍翁多收十斛麦，便要娶妻，何况皇帝要立后是家事，与旁人无关，何必胡言乱语？"武则天便将这话告诉了高宗。

李治随即召长孙无忌、李勣、褚遂良等人来到内殿，请他们商议改立皇后之事。这里面李勣最聪明，他以身体不适为由，选择明哲保身，根本没有入内，因此最后也得了善终。于志宁（588—665）最懦弱，不过也不能怪他，这人曾经担任过废太子李承乾的太子詹事，见证了李承乾由太子被贬为庶民的过程，因此他含糊其词，不明确表态，只可惜最后他还是被武则天记恨了，被贬为荣州刺史，后来他就退休了，勉强算是善终吧。而褚遂良、长孙无忌的态度都十分坚决，完全不同意改立皇后。其实当时长孙无忌他们可能已经动摇了，他们同意废王皇后，但是不同意立武则天为皇后，这样才比较麻烦。毫无疑问，李治要立武则天为皇后，就得用决绝的手段。

这个时候就需要一个人当"出头鸟"，李义府（614—666）就是第一个站出来支持废王立武的人。李义府之所以站出来是因为他之前得罪了长孙无忌，被贬为壁州司马。在这个诏令没有下达的时候，李义府已经知道了这个消息，他与朋友王德俭商议，王德俭出了个主意："现在陛下想改立皇后，立武昭仪为皇后，但是又因为宰相不同意，所以没有正式提出来。如果你能推动这件事，就可以改变你现在的危机。"李义府觉得这个主意不错，当天晚上就上表请求废黜王皇后，改立武昭仪为皇后。果然李治和武则天都给了他赏赐，李义府得到李治的召见，并且李治撤回了贬官的诏令。

这样一来，很多中层官员看到支持废王立武有很大的好处，纷纷选择了支持立武则天做皇后。李治见很多人都站在他这一边，他的废立之心再次萌生。而一直处于中立的功臣元老李勣说了一句："这是皇帝的家务事，不必向外人打听。"这彻底坚定了李治的决心，让武则天与李治对废皇后一事的担忧一扫而空。

永徽六年（655）十月十三日，李治不再考虑元老派的反对，终于下旨：废掉王皇后、贬萧淑妃为庶民，以"阴谋下毒"罪囚禁；她们的父母兄弟等也都被削去爵位，发配岭南。

七天以后，又下旨，册封武则天为皇后；十一月举行册封礼册立武则天为皇后，皇后之位正式易主。

将凤印给武则天的人就是李勣。那一天，百官在肃义门朝拜皇后。

在《资治通鉴·唐纪》中有一段关于这段经历的记载：

冬，十月，己酉，下诏称："王皇后、萧淑妃谋行鸩毒，废为庶人，母及兄弟，并除名，流岭南。"

这里面本来没有王皇后的父亲王仁祐，偏偏许敬宗奏："故特进赠司空王仁祐告身尚存，使逆乱余孽犹得为荫，并请除削。"从之。

乙卯，百官上表请立中宫，乃下诏曰："武氏门著勋庸，地华缨黻，往以才行选入后庭，誉重椒闱，德光兰披。朕昔在储贰，特荷先慈，常得待从，弗离朝夕，宫壸之内，恒自饬躬，嫔嫱之间，未尝迕目，圣情鉴悉，每垂赏叹，遂以武氏赐朕，事同政君，可立为皇后。"

丁巳，赦天下。是日，皇后上表称："陛下前以妾为宸妃，韩瑗、来济面折庭争，此既事之极难，岂非深情为国！乞加褒赏。"上以表示瑗等，瑗等弥忧惧，屡请去位，上不许。

十一月，丁卯朔，临轩命司空李勣赍玺绶册皇后武氏。是日，百官朝皇后于肃义门。

这里面有一个值得注意的点，武则天成为皇后的第二天，就对李治说："韩瑗、来济虽然阻止过我成为宸妃，但是这恰恰证明了这两人为了国家鞠躬尽瘁，希望陛下褒奖两人。"李治听从了武则天的话，但是韩瑗二人却非常害怕，屡次想要辞职，也没有得到李治的允许。

武则天是真的心胸宽广吗？曾经反对她的韩瑗、来济、李治的舅父长孙无忌、重臣褚遂良，还有在后宫中与武则天面对面宫斗的王皇后与萧淑妃最后怎么样了呢？

王皇后与萧淑妃的下场，其实很多人在电视剧中都已经看到了，她们也是最先被处置的。

这两人被囚禁在别院中，有一次李治走到附近，想起两人就打算探望一下，结果看见她们的住所非常的狭小密闭，只有一个孔是用来送食物的。李治看到后就动了恻隐之心，忍不住喊道："皇后和淑妃还好吗？"王氏哭泣道："妾等已经被贬为宫婢了，怎么能用尊称呢？"又对李治说："皇帝若是能念曾经的感情，让妾等重见天日，乞求您将这所院子改名为回心院。"李治说："我马上就处理这件事。"没想到这件事让武则天知道了，她大怒，让人杖责两人各一百，又将两人的手脚砍去，将她们放在酒瓮里，还骂道："让这两个老太婆的骨头都醉掉！"过了几日，曾经的王皇后与萧淑妃死了，然而她们死之后还被武则天斩下首级。

王氏知道自己即将死的时候，倒是比较坦然，拜曰："希望陛下万岁！既然武昭仪受到恩宠，那我死也是理所应当的。"萧氏就表现得十分愤恨，骂道："都怪姓武的这个狡猾的妖精，我才落到这个地步。来生我要成为一只猫，姓武的就是老鼠，生生世世咬着她的喉咙！"因为这个诅咒，皇宫里不再养猫。武则天又将这两人的姓氏改为蟒氏与枭氏。后来武则天总梦见这两人惨死的样子，不敢住在原来的宫殿，改住蓬莱宫，但是还是总梦见二人。有人说这是武氏长期住在东都洛阳，一生不愿回到长安的原因。

从这两人最后的结果可见武则天心狠手辣，当然或许曾经这两人在宫中也做过什么伤天害理的事，但是如此结局也让人心中十分害怕。而那些反对过她的朝臣恐怕也不会得善终。

李治废王立武，改换皇后的这件事，已经不单单是皇帝的家事了。褚遂良之所以坚持不同意更换皇后，是因为王皇后是先帝为李治选择的，如果轻易废了皇后，那就是违背先帝的旨意。而且王皇后出身世家，就算李治想换皇后，也应该在世家中挑选人选，而不是选择出身低微的武则天。说白了这是一种等级观念，是士族和庶族官僚之间的矛盾。南北朝后期以来，士族地主势力的衰落和庶族地主势力的崛起是历史的必然趋势。李治敢于冒着违抗先皇旨意的风险，不惧士族力量的威胁，直接执掌大权，就是他不愿意被人操纵、敢于冒险的体现。一个懦弱的皇帝，不会有这样的勇气和行动。

公元656年，李治改元显庆，特赦天下。这么多年来，他一直在隐忍，一直在谋划，直到现在，他终于成为权力巅峰的唯一主宰。

李治参与完宫斗线，就继续搞他的事业线。实际上，他的事业线早就和宫斗线融合在一起了。或者更确切地说是武则天由宫斗线转为权谋线了。

唐高宗在显庆二年（657）颁布《建东都诏》，称洛阳"中兹宇宙，通赋贡于四方，交乎风雨，均朝宗于万国"，于是改洛阳为东都，洛州官职与雍州相差无几。自此唐朝正式实行两京制。

显庆二年（657），许敬宗、李义府诬告韩瑗与褚遂良有异心。于是韩瑗被贬为振州（今海南三亚）刺史，终生不得入京；褚遂良被贬到爱州（今越南清化），王皇后的哥哥柳奭被贬到象州。其实这是唐高宗和武则天达成的协议，将长孙无忌、于志宁、韩瑗、来济等人革除官职，逐出京城。至此，李治已基本完成了君主集权。"废王立武"事件对关陇贵族造成了巨大的冲击，改变了魏晋南北朝以来皇权衰微的局面，并对中国的历史造成了巨大的冲击。

晚年的褚遂良一再被贬，褚遂良绝望之下，给李治写了一封陈情书，说自己为高祖、太宗效力已久，最坚定地拥护李治登基，等等，结果并没有什么用。

褚遂良于显庆三年（658）于爱州带着遗憾离世，享年63岁。

显庆四年（659），武则天指使许敬宗诬陷长孙无忌与韩瑗、柳奭、褚遂良等人造反。许敬宗派人上奏李治，说在褚遂良、柳奭、韩瑗等人的怂恿下，长孙无忌才造反。柳奭更是与大臣暗中勾结，要置皇帝于死地。李治命许敬宗审查。许敬宗奏道："长孙无忌谋反的迹象已经显露，只怕他得知此事败露，会立即采取紧急行动，招来同党，这是个大麻烦。"唐高宗痛哭流涕："我怎能为舅舅定罪，后世的史官又会如何看我？"许敬宗以汉文帝杀舅父薄昭，天下人都觉得汉文帝是明主为例，来安抚李治。又说"当断不断，反受其乱"的古训劝他下定决心。李治装模作样地说了一些顾念亲情的话，其实心中可能早就有这样的打算，所以没有与长孙无忌对质，而是下了一道旨意，剥夺了他的爵位和封地，将他流放到了黔州，并且派沿途州府的军队护送。长孙无忌之子皆被革职，被逐往岭南。不知道长孙皇后如果知道这些，会怎么想。

李治削去了褚遂良的爵位，有史书记载，这个时候褚遂良才去世，也有人说褚遂良死后，武则天也没有放过他。李治还将韩瑗、柳奭除名。

韩瑗还没有接到命令，就已经死在了振州，时年54岁。当时行刑官命人开棺验尸，之后返回长安。其家产被没收，子孙被流放岭南。

唐高宗派人去象州，将柳奭押入京，令州县没收他的财产，随即又下令将他当场处决。柳奭被杀后，他的直系亲属都被贬到了岭南。

长孙无忌谋反一事并没有结束，同年七月，李治令李勣和许敬宗对长孙无忌叛乱一事进行再次审查。许敬宗命中书舍人袁公瑜（613—685）前往黔州，审问长孙无忌谋反罪状。到了黔州，袁公瑜逼迫长孙无忌自缢。长孙无忌一倒下，关陇集团的元老们就被牵扯进来。自此，高宗在政事上无人可以约束，事事由他做主。

不过李治在上元元年（674）可能后悔了，恢复了长孙无忌的官爵，命其孙承袭赵国公爵位，并将他陪葬于昭陵。

来济没有在这场谋反中受到牵连，显庆五年（660），来济改任庭州（在西突厥十姓的边界，今新疆昌吉回族自治州）刺史。

龙朔二年（662），西突厥部落对庭州发动进攻。来济领兵防御，说："我早该被处决，蒙赦性命，现在应该以身报国。"于是，他不穿甲胄，带兵作战，战死沙场，时年53岁。死后被追授楚州刺史，赐灵柩还乡。

差不多五年的时间，除了来济，这些人全部都死了，可见武则天的强硬手段。直到神龙元年（705），武则天去世后，中宗才称遵照武则天的遗命，赦免褚遂良、韩瑗、柳奭和他们的家族。具体是不是武则天的遗命就说不好了，恐怕只是中宗找了个理由赦免他们而已。

总之从这之后就应该是李治的政治舞台了，他可以大显身手了。然而显庆五年（660）十月，李治突然病发，昏昏沉沉，无法管理政务，便将朝政交给了武则天。

现在本应是李治的政治舞台，却成了武则天的政治舞台。这让李治与武则天之间产生了隔阂，甚至李治差点将武则天废掉。

四、二圣临朝和帝后相争

武则天趁势介入政局，并涉足朝政，开始参与国家大事。很明显武则天并不满足于成为皇后，她还想要更多的权力。因此，她一方面清除了反对自己的势力，将政治道路上的障碍除掉；另一方面，她也在暗中发展自己的势力，为掌控更多的权力做准备。武则天在朝堂上逐渐占据上风后，李治一度想废掉皇后，不料武则天提前知道了他的计划，去找李治说情，废后一事就此揭过，但帮助李治起草旨意的上官仪却遭族诛。经过这一次的事件，李治在压制武则天一事上已经没有了任何的优势。

显庆末年，李治患风眩头重，双眼看不清楚，难以管理政事，身为皇后的武则天逐渐掌控了朝政，在武则天的建议下李治改用天皇之名，与天后武氏并称"二圣"。武则天也竭力显示她的政治才华，以夺取政权。

龙朔元年（661）正月，武则天请李治下令，禁止所有女子为俳优之戏，俳优之戏指演滑稽戏的艺人，李治同意了，并颁布了旨意。四月，李治本想亲自出兵高句丽，但经武则天和大臣们的劝说，最终还是放弃了。

随着武则天的权力越来越大，她已经由宫廷斗争线进入朝堂权谋线，李治对她也越来越不满。而从拥护武则天的那些人平步青云就可以看出武则天几乎完全掌控了政权。

那么当初拥护武则天的李义府和许敬宗最后又怎么样了呢？他们最后是不是得到善终了呢？

武则天被立为皇后以后，李义府升任中书侍郎、同中书门下三品，封广平县男。他和许敬宗、王德俭、崔义玄、袁公瑜、侯善业等人勾结在一起，狼狈为奸，不但贬谪忠臣，还杀了许多忠臣，就是为了帮助武后夺取政权。

王德俭（生卒年不详）就是那个建议李义府第一个提出废后的人，不过他的相关记载很少，他在历史上留下姓名，就是因为帮助了李义府。

崔义玄（585—656）在历史上的痕迹也不多，史料上只记载了他曾经奉皇上的旨意将长孙无忌等"绳之以法"。

袁公瑜（613—685），这个人在前面说过，就是那个逼迫长孙无忌自缢的官员。还有一件事发生在武则天还没有成为皇后的时候，李治当时有立武则天为后的想法，但是有个官员叫裴行俭，他听说武昭仪将会成为皇后，就认为国家祸患会从这里开始，他与长孙无忌、褚遂良两位大臣私下讨论。袁公瑜听说这件事后，告诉了武则天的母亲杨氏，他不敢得罪长孙无忌、褚遂良，就告发了裴行俭，因此裴行俭被贬为西州都督府长史。

侯善业（生卒年不详），他在历史上留下痕迹就是因为他是武则天的第一批功臣，其他的并没有太多的记载。

这些人中只有李义府和许敬宗"混得更好"些，在历史上留下了诸多"事迹"。

显庆元年（656），洛州有一女子叫作淳于氏，因为犯了罪，被关进了大理寺。李义府听说淳于氏长得很漂亮，暗中让大理丞把她放了，然后纳她为妾室。大理寺卿向皇上如实禀报，李治命人审问此事。李义府怕被揭穿，竟然逼迫大理丞在牢里自杀，以断其罪证。李治虽然知道真相，但并未对李义府进行任何惩罚。

之后，侍御史王义方（生卒年不详）对李义府的所作所为进行了一次弹劾，说："义府私自杀害六品寺丞，应该受到惩罚。"李义府站出来辩解，经王义方三次呵斥，这才悻悻而去。李治却偏向李义府，认为王义方污蔑大臣，言语不敬，将他贬为莱州司户。退朝后，李义府得意扬扬地问道："王御史妄加弹劾我，你不觉得着耻吗？"王义方正色道："孔子为鲁国司寇，七天之内就杀了少正卯。我王义方当了十六天的御史，却连一个奸人都杀不了，实在惭愧。"李治偏袒李义府，或许是觉得李义府是他的人，不允许其他人指责。不久，李义府兼任太子左庶子。而王义方一生也没有被调回长安，他一直住在昌乐，以招募学生教学为生。其母亲去世后，他隐居不出，享年55岁。

显庆二年（657），李治将李义府提升为中书令、检校御史大夫、太子宾客、河间郡公，并为其建造宅第。那时候，李义府是朝堂上最受李治宠爱的朝臣，连带着家中子弟都被封清要官职。他贪得无厌，与妻子、女婿们大肆敛财，结交朋友，权势滔天。

李义府如此行事，自然有很多人看不过去。显庆三年（658），有个中书令叫杜正伦（约575—658），他曾经辅佐过废太子李承乾，自视甚高，看不起李义府。他与中书侍郎李友益（生卒年不详）联手想要除掉李义府，结果事情泄露，李义府将此事禀报了皇帝。在唐高宗面前，二人争论不休，各有主张。最终李治以"大臣不和"的名义，将李义府贬为普州刺史，杜正伦为横州刺史，并将李友益发配到峰州。

杜正伦当年便去世了，而李义府则在显庆四年（659）被征召回朝，兼任吏部尚书、同中书门下三品。在此之前，李义府曾以赵郡李氏的身份出现在李崇德的族谱中。他贬官普州时，李崇德就将他除名了，这让李义府很是恼火。李义府回朝后，便让人罗织罪名，将李崇德打入大牢。最后，李崇德因为恐惧在监狱里自杀了。

龙朔二年（662），李治改了官制，李义府改任司列太常伯、同东西台三品。他向皇帝请命，将祖父改葬在永康陵侧，并征召了七个县的民丁，日夜不停地搬运泥土，修建坟墓。王公大臣们争相馈赠奠仪，葬礼中送葬的队伍长达 70 多里，豪华无比。同年十一月，唐高宗封皇八子李旭轮（即李旦）为殷王，命李义府兼任殷王府长史。李义府又升职了，但是他的好日子也渐渐到头了。因为李义府做的那些事情李治都是知道的。

龙朔三年（663），右相、河间郡公李义府掌管官员选拔，他仗着武则天的权势，专卖官职，选官无秩序，惹来百姓怨声载道，李治也听到了这些议论。李治曾不慌不忙地告诉李义府："你儿子女婿做事不检点，做了不少违法之事，我都替你遮掩了，你要警告他们。"李义府没有想到皇上会直接说出来，他面色一变，满脸通红，脖子都红了，反驳李治："是谁告诉陛下的？"李治说："我既然这么说了，又何必问我从哪里听到的呢？"李义府根本不承认自己的过失，只是慢慢地离开，一点都不愧疚。李治十分不高兴。或许在李治心里，李义府曾经是自己的心腹，没想到他现在却如此不堪，这也证明李义府其实是武则天的人。

后来又发生一件事直接导致李义府下台。望气者指的是预言吉凶的人，杜元纪（生卒年不详）就是其中的佼佼者，他说李义府的府邸有冤狱之气，应该积攒 20 万缗钱来镇压。李义府本来就贪得无厌，听了这话更是正中下怀，反正有没有怨气都要搜刮民脂民膏，现在可以借这个理由加快速度搜刮了。李义府为母亲守孝时，会有哭吊亡母的假期，就在每月初一、十五。他穿着便服，和杜元纪一起出了城，到了一座古墓前，观望云气。有人看见他这个样子，就举报李义府窥视灾异，居心叵测。李义府又让自己的儿子李津去见长孙无忌之孙长孙延，索贿 700 缗钱后，授给长孙延司津监的官职。有官员举报了这件事。李治大怒，四月李义府被抓进了大牢，李治派人审问他，并令李勣监察，经审问李义府所犯罪行都是真实的。戊子（初五），李治下旨，废除李义府的名籍，将他流放到巂州；将李津削除名籍，发配振州；李义府其余的儿子、女婿，都被革除了名籍，被发配到庭州。朝廷和百姓都在庆祝这件事。

李义府"辉煌"的政治历程就此结束了。从这个时候开始李治十分不喜欢李义府，这是不是因为武则天就不好说了。到了乾封元年（666），李治封禅泰山大赦天下，其中却有一条不许长期流放的罪囚返回的限制，李义府就在这个限制里面。李义府因此十分愤恨，导致发病，最终病死，时年53岁。至此，担心他再度起复的朝廷官员们才放下心。

又过了几年到上元元年（674），李义府的妻子、儿女遇到大赦天下，这才回到洛阳。后来武则天成为皇帝，她还是记得李义府曾经辅助过自己的情分，如意元年（692），追赠他为扬州大都督，后赐实封三百户。只不过景云元年（710），唐睿宗继位后，又将李义府的实封收回。

那么同样是帮助过武则天的许敬宗是不是也落得个这样的下场呢？并不是，许敬宗最后居然得以善终了。

许敬宗就是那个说天子立后与其他人无关，后面又与李义府诬蔑长孙无忌等人谋反的人。他自执掌国史以来，记事曲从迎合、曲直不正。

当年虞世基和许敬宗的父亲许善心一起被人所杀，当时封德彝（568—627）为内史舍人，目睹了这一切，因此对人说："虞世基被杀，世南跪在地上请求替兄长死，善心被处死，许敬宗为了活命手舞足蹈地求饶。"这就是说许敬宗怕死。人们以此作为口实，许敬宗非常痛恨此事，以致在封德彝死后，许敬宗为封德彝作传记时大肆宣扬他的罪过。

许敬宗的女儿嫁给了左监门大将军钱九陇，此人本是皇家奴隶，许敬宗贪图钱财才将女儿嫁给他，而且他在编撰钱九陇的传记时，给他虚加功绩，并把他提升到与贤臣同卷。同样许敬宗为儿子娶妻子时，也是看重对方的财产，收了不少好处，并且同样为儿媳的父亲作传时，将其所有的过错都隐瞒了下来。

太宗赐给长孙无忌自己作的《威风赋》，许敬宗作传时却改成了是为尉迟敬德所作。白州人庞孝泰，是一个普通的少数民族首领，平庸无奇，率兵跟随出征高句丽，高句丽人见他胆小，就把庞孝泰打得落花流水。

许敬宗也收了他的贵重之物，在传记中说他击败了无数的敌人，俘虏了数以万计的敌军，还说诸将中最勇猛的就是庞孝泰。

一开始，关于高祖和太宗两朝的记载，许敬宗写的许多事情都是真实的，只是许敬宗也经常凭借自己的喜好来修改，特别是在评论的时候。

许敬宗还是个好色之徒。他建了70座飞楼，让青楼里的姑娘们骑马而走，自娱自乐。

他的大儿子许昂，是个才华横溢的人，曾经担任过太子舍人。许昂的生母裴氏，在很久以前就过世了。裴氏的丫环长得不错，许敬宗对她很是疼爱，便让她为继室，假姓虞氏。没想到许昂和她经常在一起厮混。许敬宗一怒之下，废黜了虞氏，将不孝之名加在许昂身上并上书朝廷，要求将许昂流放岭外。显庆年间，许敬宗身体不好，就上奏朝廷让许昂回来，任虔化县令，不久许敬宗就离世了。

许敬宗于咸亨三年（672）病死。这位前任宰相的陨落，对武后在朝中的势力造成了极大的冲击。许敬宗的恶行，在他死后，很快就被揭露出来。李治令刘仁轨等人改修国史，此后又有几次修改，都没有提到许敬宗，证明许敬宗胡编乱造的事情已经不复存在。后世所见到的《旧唐书》等史书中，许敬宗所作的改动几乎都没有了。但是许敬宗的种种丑恶行为，在唐代国史、《唐书》和《资治通鉴》中代代相传，以告诫后代要"淡泊守节、克己修身"。

在商议为许敬宗赠谥的时候，文武百官们吵得不可开交。有朝臣提议封"缪"，取"名与实爽"之意，这乃是一个恶谥，这得到了一些朝臣的支持。当然，许敬宗一系的人不会满意这样的谥号。后来议来议去，给许敬宗上了一个"恭"的谥号，意思是"既过能改"。

许敬宗死的时候李义府早就死了，许敬宗的寿命也很长，虽然他干了许多"坏事"，但是这些"坏事"都是李治可以容忍的，无伤大雅。比起李义府做的"坏事"来说，许敬宗完全没有影响李治的政治。

就在李义府被流放的一年后，李治也萌生了要废武后的想法，可见李义府被流放就是一个李治厌弃武则天的信号。

最开始皇后武则天十分顺从，遵从李治的任何旨意，于是李治力排众议，立她为皇后。渐渐地，等到她的势力越来越强，武则天就没有那么听话了。李治做什么事常常要受到武则天的牵制。李治大为恼火。

其实这与当初武则天对王皇后忠心后来又害死王皇后的情况很像。先利用，等到自己够强大后就除掉领路人。

有个叫敦行真的道士，经常出入宫中，曾施行用诅咒害人的"厌胜"邪术，被太监王伏胜（？—665）揭穿。李治勃然大怒，暗中把上官仪叫了过来。上官仪进言说："皇后专权妄为，无人敢言，请废了她。"唐高宗觉得也可以这么办，便命上官仪写一道旨意。

然而此事却没有成，《资治通鉴·唐纪》中记载，皇帝左右的人赶紧将此事禀报武后，武后急忙赶来向李治诉说哭泣。当时废后的诏书草稿还在桌子上。李治想起之前的情意和武则天的协助，羞愧难当，又不想废她了，恢复了之前对她的态度。由此可见武则天蛊惑人心的手段是多么的厉害。李治怕她怨恨自己，还"忽悠"她说："其实我没有废你的想法，这是上官仪给我出的主意。"不管武则天信不信，她的怒气也都发在上官仪身上了，毕竟她也不能把李治怎么样。

上官仪大家可能不认识这个人，但是他的孙女，大多数人却是知道的，他的孙女是上官婉儿。

上官仪原来在陈王府任谘议参军，而王伏胜就是前面举报武则天行巫术的太监，他俩一起侍奉过废太子李忠（643—664），这个李忠是李治的庶长子，后来被废，现在是武则天的长子李弘为太子。有可能这是两人想把武则天废掉的原因。

武则天因此怨恨这几个人。于是让许敬宗诬陷上官仪、王伏胜、李忠三人图谋不轨。这时李义府已经死了，许敬宗还活着，因此就是许敬宗办的这件事，就和当初诬陷长孙无忌一样。上官仪被抓进了大牢，他的儿子上官庭芝和王伏胜也被处死，所有的财产都被没收。戊子（十五日），李忠在流放之地自尽。右相刘祥道因为和上官仪交好，被贬为司礼太常伯，左肃机、郑钦泰等人也因为和上官仪有过交情，被贬职。

上官仪被杀的时候，他的孙女上官婉儿还在襁褓之中，和她的母亲郑氏一起被关进了掖庭，成为官婢。她天资聪慧，渐渐被武则天看中，被选为亲信女官，负责宫中制诰。唐中宗于神龙元年（705）登基，册封上官婉儿为昭容。上官仪被平反，被追封为中书令、秦州都督、楚国公，并被以礼改葬。

《资治通鉴·唐纪》中记载：

自是上每视事，则后垂帘于后，政无大小皆与闻之。天下大权，悉归中宫，黜陟、生杀，决于其口，天子拱手而已，中外谓之二圣。

从那以后，唐高宗每一次上朝，武后都在后边垂帘听政，不管大小政事，她都会参与。天下大权，都在武后手中，官员的生杀予夺，全凭她一句话，李治只是个无所事事的闲人，朝廷内外都并称他与武则天为"二圣"。

武则天经历过上次差点被废的事件，吸取经验，时刻关注李治的状态，作为回报，武则天积极鼓动李治封禅泰山。

封禅，封是在泰山上筑土坛，祭祀上天，报答上天的功绩，也就是"祭天"；禅是在泰山脚下的小丘上辟场祭地，报答大地的功劳，也就是"祭地"。为什么要在泰山封禅呢？古人相信泰山是最高的，为"天下第一山"，所以凡间的皇帝都要到泰山上祭拜天帝，才算受命于天。封禅整体说来指的是中国古代帝王在太平盛世或天降祥瑞的时候，举行祭祀天地的盛大典礼。从夏商周三代开始，就已经有了封禅的传说。

这是古代帝王最重要的仪式，只有改朝换代，江山易主，又或者是经历了漫长的动荡之后太平下来，才向天地汇报自己的伟大功绩，接受天意，统治天下。

在李治和武则天封禅之前，只有秦始皇、汉武帝、光武帝这三位皇帝在泰山封禅过。那么也就是说从东汉光武帝刘秀到唐高宗李治，这长达600多年的时间里都没有皇帝到泰山封禅。实际上这期间有几位皇帝也曾考虑过封禅，比如魏文帝曹丕、南朝宋文帝刘义隆等，但是因为战乱等因素最终没有封禅。

而李治的父亲唐太宗李世民也有过封禅的想法，他是盛唐的开创者，可以说绝对有资格封禅，当时也有很多朝臣上奏请唐太宗封禅。最开始唐太宗并不着急封禅，他希望天下更太平、国家更加强盛的时候再去封禅。但是真等到他要封禅的时候，又因为身体不好没能成行，唐太宗最终也没有完成封禅泰山的心愿。

所以武则天劝李治泰山封禅也有这个原因，李治孝顺，定然会同意。对于李治来说，他登上皇位后，也是一心为民，虽然有朝廷上的斗争，但是整体社会是发展的，国强民富，他也是有资格封禅的。

这么说来武则天似乎是一心为了李治，实际上她也是有自己的目的的，甚至可以说她最终的目的还是为了稳固自己的权力。可是怎么稳固权力呢？在封禅的礼仪中，其实是没有皇后什么事的。除非这个皇后已经死了，才会有祭祀活动。

《旧唐书》卷二十三志第三中记载：

及有司进奏仪注，封祀以高祖、太宗同配，禅社首以太穆皇后、文德皇后同配，皆以公卿充亚献、终献之礼。

太穆皇后是唐高祖的窦皇后，文德皇后是唐太宗的长孙皇后。前面已经说了"封"是祭祀上天，"封祀以高祖、太宗同配"，就是祭祀上天的时候先皇与皇上配享，"禅"是祭祀大地，以太后配享。然后封禅的时候，由皇帝李治初献，公卿亚献。这个初献与亚献是指祭祀时的前两次敬酒，一共有三次，最后一次称作终献。也可以理解成进献祭品。

所以这里是没有活着的皇后什么事的，武则天自然是不满意的，她写了一份抗表表明自己的态度，这份抗表在《旧唐书》卷二十三志第三中有记载：

伏寻登封之礼，远迈古先，而降禅之仪，窃为未允。其祭地祇之日，以太后昭配，至于行事，皆以公卿。以妾愚诚，恐未周备。何者？乾坤定位，刚柔之义已殊；经义载陈，中外之仪斯别……既属銮舆将警，莫璧非赊，辄效丹心，庶禅大礼。冀圣朝垂则，永播于芳规；萤烛末光，增辉于日月。

抗表就是给皇上的奏章，武则天这个奏章可以说写得文采飞扬，有理有据。大体的意思就是，封禅为祭祀大地，由太后娘娘来享用，以示后土的仁慈，让公卿当亚献是很不合适的，因为男女有别，所以不能让其他臣子去祭拜，应由她自己做亚献，这样也可以孝敬婆婆。而且还可以率领宫廷内外有封号的命妇一起。为了防止李治疑心，武则天一开始就说自己"以妾愚诚，恐未周备"，就是她也不会管具体的过程，只是提了这么一个建议。

这也说到了李治的心坎上，他就是一个重孝道的人，而且武则天说得也对，由她作为亚献很合适。因此李治就同意了，"于是祭地祇、梁甫，皆以皇后为亚献，诸王大妃为终献"。

麟德二年（665）十月，李治带着文武百官、扈从仪仗，武后带着内外命妇，由东都紫微城启程赴泰山。车马和帐篷连绵数百里，随同的还有突厥、于阗、波斯、天竺、倭国、新罗、百济、高句丽等国的使节和酋长。

李治于十二月初九赴齐州，停留十日，十九日，由灵岩顿至泰山，相关官员在山南建了圆形祭坛，在山上建了登封祭坛，在山丘建了降禅方坛。

第二年正月初一，李治在泰山南祭祀昊天上帝。初二，李治登上泰山，亲自封印玉册，将玉册装在金匮之中，用金绳和金泥封起来，加盖玉玺，放入专门用来封禅的石盒中。初三，在泰山之下的社首山上祭祀皇地。李治首先献祭完毕，执事们纷纷下去。又有太监掀开帷幔，武后登上祭坛，她是第二个献祭品的人，斟酒、放供品、登坛唱歌，都是由侍女来做的。随行群臣从来没有见过女子祭祀，都小声议论。

可以说这是闻所未闻，过去秦始皇、汉武帝、光武帝三次封禅泰山，无一女子；而现在武则天为亚献，成为封禅中的第二个重要人物！并且不仅仅只有她一名女子，她还带领着朝廷内外命妇嫔妃，如此一来唐朝女性的地位在历史上得到史无前例的提升，唐朝女性在各方面都能获得属于自己的权利。而且也改写了泰山封禅的历史，填补了女性在封禅历史中的空白。对于武则天来说，她的地位已经完全地彰显出来，甚至可以说已经得到天地的认可。

泰山的封禅仪式，是在国力强盛、农业丰收的时候举行的。它的规模之大，参加的人数之多，远远超于前三次。前三次也没有任何夷族参与的记录。正因为如此，李治和武后在泰山举行的册封仪式，让大唐的国威更加强大，也让整个国家的凝聚力得到了极大的提升。

初五，李治登上朝觐坛，接受朝贺；大赦天下，这个大赦就是前面说的不包含李义府的大赦。之后李治下令更改年号。新的年号为乾封，这也很符合当时的寓意。三品以上的文武百官赐爵一等，四品以下加一阶。以前并没有普遍的封爵制度，都是按照功绩来晋升，到了五品、三品的时候，还要向皇帝请示，然后才能逐级晋升。自从有了这次先例，到高宗末年，朝堂上穿红衣服的官员已满朝。

李治于十九日由泰山启程，二十四日抵达曲阜，赠给孔子太师称号，到了亳州，去了老君庙，给老子上尊号为太上玄元皇帝。后来抵达东都洛阳休息了六日；直到夏天四月初八，到京师长安，拜谒太庙。

乾封二年（667），李治病重，命太子李弘监朝。

七年之后的上元元年（674），武后为了抬高自己的尊称于八月下令，改称李治为天皇，自己为天后，说是为了避开先帝先后的称呼，现在武后已经掌握了实权，只是一直藏在幕后。

十二月的时候，武则天上奏十二条政令：

一、劝农桑，薄赋徭。

二、给复三辅地，就是免除长安及其附近地区之徭役。

三、息兵，以道德化天下。

四、南、北中尚（政府手工工场）禁浮巧。

五、省功费力役。

六、广言路。

七、杜谗口。

八、王公以降（下）皆习《老子》。

九、父在为母服丧三年。

十、上元前勋官已给告身（委任状）者，无追核。

十一、京官八品以上，益禀入（增薪）。

十二、百官任事久，材高位下者，得进阶（提级）申滞。

这些措施李治都同意，下诏颁布施行。

这十二条政令可以分为三大类，一是富国强民，比如前五条重视农业，又向全国颁布了《兆人本业》，里面的内容有农俗四时种莳的方法，是用来教导农民的。这些措施施行得还是很不错的，促进了社会经济的发展。二是关于善用人才和笼络百官的，比如第六、七、八条和后三条。三是提高妇女的社会地位，父在为母服丧三年，以前是服丧一年。

具体实施的结果，因为缺少相关的信息，很难做出准确的判断。不过因为李治身体不好，武则天通晓文学，才干卓著，从高宗到武则天，逐渐形成了权力倾向。

上元二年（675），李治病得越发严重，于是他和众臣商量，决定由武则天摄政。宰相郝处俊（607—681）劝道："陛下为何不将大唐的天下传给子孙，而委任天后呢！"

《旧唐书》中记载的那段原话是：

尝闻礼经云："天子理阳道，后理阴德。"则帝之与后，犹日之与月，阳之与阴，各有所主守也。陛下今欲违反此道，臣恐上则谪见于天，下则取怪于人。昔魏文帝著令，身崩后尚不许皇后临朝，今陛下奈何遂欲躬自传位于天后？况天下者，高祖、太宗二圣之天下，非陛下之天下也。陛下正合谨守宗庙，传之子孙，诚不可持国与人，有私于后族。伏乞特垂详纳。

于是，李治暂时停下商议此事。武则天知道后，立即召来一批文人墨客，开始大量修书，先后撰成《玄览》《古今内范》《青宫纪要》《少阳正范》《维城典训》《紫枢要录》《凤楼新诫》《孝子传》《列女传》《内范要略》等书。她暗中下令，让这些读书人参与朝堂上的政事，瓜分宰相的权力，这些读书人被称作"北门学士"。

其实北门学士早就存在了，武则天明白，自己纵使是天后，也是身处后宫，很难驾驭整个国家，她需要自己的亲信！当初为她争夺后位的那一拨亲信死的死老的老，只有许敬宗还在，但是他的年纪也不小了。因此北门学士就是她重建的一批新的亲信队伍。在去年的十二条政令中，就有这些北门学士的身影。

而当时反对过她的郝处俊，比起曾经的长孙无忌，下场要好很多，至少是在世的时候好很多，只是被贬为太子侍中。但是他下葬后就比较惨了，不知道哪来的一个书生路过他的坟墓，叹道："葬压龙角，其棺必斫。"后来郝处俊的孙子造反失败，武则天将他孙子的尸体割裂分解，又将郝处俊的坟墓挖了。

同年，李弘猝死，李治改立武则天次子李贤为太子。

不到五年，调露二年（680），李贤以谋反之罪，被贬为庶人，流放巴州。于是李治就把武则天的三儿子李显立为太子。

永淳二年（683），李治来到奉天宫，武则天在泰山封禅之后，劝说李治在中岳封禅，但是因为李治的病而放弃这个想法。没多久，李治让李显代行国事，宰相裴炎、刘齐贤、郭正一等人协助辅佐李显。李治从奉天宫回到东都，病重到了极点，宰相以下官员都不能觐见。同年十二月，下令改永淳二年为弘道元年（683），或许觉得改了年号会借些运气。李治本欲亲自到则天门楼上，宣读赦罪的旨意，因为他气息不顺，无法骑马乘车，于是在殿前宣读赦免书。礼毕，李治问侍臣："百姓欢喜不欢喜？"侍臣道："百姓受陛下的宽恕，人人都很高兴。"李治说："苍生虽喜，我命危笃。天地神祇若延吾一两月之命，得还长安，死亦无恨。"（《旧唐书》）李治希望上天再给他一些时间，让他回到长安，死而无憾，还表示愿将尸骨埋葬在故乡关中。

李治于十二月二十七日晚，死于东都贞观大殿，终年56岁。

宣布遗诏："七日而殡，皇太子即位于枢前。园陵制度，务以节俭。军国大事有不能决断者，请天后处理决断。"（《旧唐书》）

群臣上谥号曰天皇大帝，庙号高宗。

文明元年（684）八月十一日，安葬在乾陵。天宝十三年（754），改谥为天皇大圣大弘孝皇帝。

第二章

因山为陵，厚葬之风

李治从驾崩到入土为安一共用了八个多月，看起来时间似乎有些长，但是对于皇陵的修建、丧礼流程来说，八个月并不算长。乾陵的建造始于选定陵地，这需要时间，之后是确定山陵使。武则天任命吏部尚书韦待价为山陵使，征发十余万兵民修建乾陵。好在当时有大量的人力和物力，再加上合理的计划和安排，以及士兵们夜以继日地工作，文明元年（684）八月，这座庞大的陵墓就基本完工了。

那么乾陵为何叫作乾陵，又是怎么样选址的，大唐的葬礼又是什么样的呢？还有传说中的述圣纪碑，武则天是怀着怎么样的心情写出来的呢？

一、 营建乾陵

李治临死前心心念念的就是回长安，按照他的遗愿，将自己的遗体埋葬在陕西。

关于高宗的皇陵选址情况，在史料上并没有记载，只是有一段广为流传的关于乾陵选址的传说。

据说，在唐高宗末期，有两个很厉害的风水先生叫作袁天纲和李淳风。这两人为李治未来的皇陵选址。袁天纲登上梁山山顶，环顾四周，最终选择此地，并埋一枚铜钱作为标记。谁知道，没多久，李淳风也来到了梁山的山顶，也观察了一会儿，觉得这里不错，就把头发上的一根银发针拔了下来，插入地面做了一个标记。说来也巧，那枚银发针就这么插在了铜钱的孔洞里。高宗李治知道后对此十分赞赏，所以他选择了这里作为自己的陵墓。

但在武则天登基之后，这个传说就发生了改变，据说高宗为了让李唐王朝能够传承下去，派自己的舅父长孙无忌和太史令李淳风，给自己选一处风水宝地。

一日，二人经过梁山，只见三座山峰巍峨耸立，主峰直入云霄，东面是乌水，西面是漆水，漆水与乌水汇合，形成一道水墙，将龙气包围。这样看来梁山确实是一处"龙脉圣地"，十分的难得。两人大喜过望，立刻赶往京城，向皇上汇报。

没想到，这件事情被著名风水大师袁天纲给否决了。袁天纲说，他在给李渊选择陵墓的时候，就是从这里经过的，他对梁山的风水有了深入的了解，知道了它的优势和缺点，并对梁山的风水进行了分析。他之所以不建议在梁山上建造帝王陵墓，主要有三个原因：一是乌、漆二江虽然能将梁山的龙气聚集起来，但也会切断太宗的龙脉。子民择葬于此，可保三代昌盛，若皇帝选择在此地建造陵墓，则可能有三世之危。更何况，这里不是大唐的龙脉，而是周朝的龙脉之尾。皇帝陛下如果选择在这里建造陵墓，则预示皇帝为弱主。二是从山形上看，此地主峰高耸，前面有两座山峰，像是一个女子的胸脯，整体看起来像是躺着的女子。若是将陵墓建在这里，只怕整个国家都会被女子所控制。三是按照五行来说，梁山的主峰是木格，双峰是金格，三峰耸立，而四周平坦，是土相。土能生金，金能克木。整个山体都是对金格有利，地下宫殿建在主峰下，若是选择在这里建陵，怕是江山会被金格人掌控。高宗听了袁天纲的说法，犹豫不决，决定第二天再议。

没想到这番话很快就传到了武则天的耳中。武则天当着高宗的面，对李淳风和长孙无忌赞不绝口，把袁天纲贬得体无完肤。翌日早朝，高宗宣布：定陵梁山。袁天纲闻言，叹了口气："代唐者，必武昭仪。"说完，他又担心自己会被牵扯进来，便离开了。

在这个传说里，袁天纲成为反对在梁山建陵的人了。

然而实际上这两个说法都有一定的神话色彩。仔细想想，这和历史上的事实有很大的出入。李淳风确实是唐朝的一位天文学者，精通天文、历史、阴阳，但是他已经在咸亨元年（670）去世，比高宗去世早十几年。而袁天纲精通相术，曾经为许多名人相面，预言未来。袁天纲还曾为小时候的武则天相过面。据一些学者推论，他很有可能是在贞观二十一年（647）以前去世的。如果是这样的话，距离高宗李治驾崩的时间将会更长。时间跨度如此之大，为陵墓选址更不大可能了。

根据唐代的礼仪，皇帝的墓穴必须以堪舆的方法来确定。唐高祖和唐太宗的皇陵均经堪舆选择。因为唐高祖和唐太宗的陵墓都在关中，所以武则天派卜陵使去关中考察。经过一番深思熟虑，梁山被选了出来。至于是不是与风水有关，就不得而知了。但是选择梁山确实是有一定原因的。

按照现在的话来说，梁山地区地理环境优越，人文资源丰富。就像刚才说的，唐高祖和唐太宗的陵寝都在附近，梁山属于唐朝陵区的一部分，这里距都城也比较近。从位置上来说梁山是十分合适的。

选择这里还有一个很重要的原因，梁山也符合唐太宗在唐朝确立的"因山为陵"的陵寝制度。《唐会要》中曾有记载，大意就是汉人先建陵墓，既能完成，又能亲自看到，还能让后人管理，不费人工。唐太宗也是这么想的，古人以山为陵，这相对容易一些，他见九座山孤零零的，就在旁边的山上建一座陵墓。

汉朝时期的帝陵是从帝王登基就开始营造，几乎花费了天下赋税的三分之一，可见其豪华程度，因此耗费民力，而且还让盗墓贼惦记。到了汉末的时候，民不聊生，农民起义爆发，汉朝帝陵几乎被盗掘一空，皇帝的尸体被丢弃在荒郊野外，一片狼藉，所以大唐皇帝的陵墓，借鉴汉文帝霸陵的做法，选择"因山为陵"。有人认为，山陵最初的目的主要是为了保障墓葬的安全。为了防盗，中国古人想出了各种各样的埋葬方式，春秋时期就有了山陵，但到了唐代才被广泛采用。

"因山为陵"这种葬法，是多方面因素促成的。有些人认为，李世民为了节省开支，想要薄葬。因为历代王朝都有厚葬之风，唐初亦是如此。秘书监虞世南（558—638）列举了因山而建坟的事例，劝谏唐太宗在丧葬时"务以俭约"。《唐会要》记述虞世南上疏说："自古及今，未有不亡之国，是无不掘之墓。丧乱以来，汉氏诸陵，无不发掘，乃烧取玉柙金镂，骸骨并尽，岂不重痛哉！"与前面的意思异曲同工，其中提到了汉室，古往今来，没有不灭的国家，没有不被挖的坟墓。自从大乱之后，汉氏各大陵墓，玉器、金器、骸骨都被挖掘出来，他们的尸骨都被烧成了灰烬，这是何等的悲哀！这些加深了唐太宗"因山为陵"的想法。

贞观九年（635）唐高祖入土为安以后，唐太宗病倒多时，长孙皇后虽然身体也不好，但仍亲自服侍他，此时二人时常谈论死后如何安葬。不久之后，唐太宗身体好了，长孙皇后的病情却越来越重，她多次恳求太宗："妾生无益于人，不可以死害人，愿勿以丘垄劳费天下，但因山为坟，器用瓦木而已。"意思就是她不能为百姓造福，也不能伤害百姓，不能以丘垄劳役天下，愿意以山为坟墓，器用瓦木。后来长孙皇后病逝后，唐太宗果然以山为陵，以九嵕山作为陵址。并且太宗为长孙皇后撰写的碑文是这样说的："王者以天下为家，何必物在陵中，乃为己有。今因九嵕山为陵，不藏金玉人马、器皿，皆用土木形具而已。"这是在告诉大家这里面没有值钱的东西，不要挖掘。但实际上恐怕随葬品丰厚，不然也不会"因山为陵"，这颇有一些掩耳盗铃的感觉。

这个说法比较浪漫。还有一种说法，唐太宗"因山为陵"是与他的个人喜好有关。李世民在开国之初，就经常率领大军路过九嵕山。统一天下后，他时常在九嵕山打猎，对九嵕山的地形非常熟悉，也很喜欢九嵕山。因此，长孙皇后去世之后，他便下令修建昭陵，开创了唐代皇帝"因山为陵"的先河。

"因山为陵"是把坟墓掩埋在天然的山体中，使其背靠山，气势磅礴。

昭陵所在的九嵕山十分险峻，山上的相关墓室门都要有"悬绝百仞"的栈道才能到达，修建完成后，将栈道拆除，墓室看起来孤零零的，威严肃穆，有一种君临天下的气势，更可以防止盗墓。所以其实昭陵并不简朴，反而很豪华。这座陵墓，占地数十里，恢宏大气，远超其他皇陵。

所以，武则天选择梁山为李治皇陵的位置，与"因山为陵"有关。

最终选择梁山，也和梁山本身有关系。梁山可以说是古代名山，在先秦的文献中已有记载，《孟子·梁惠王》载："去邠，逾梁山，邑于岐山之下居焉。"梁山主峰耸立在黄土高原上，这样的地貌，在其他地方是很难见到的，只有乾州的梁山。梁山虽然没有九座大山那么雄伟，却也气势磅礴。梁山地区的自然环境非常好，植被丰富，林木葱郁，风景秀丽。秦始皇之前在这附近也建造了规模宏大的皇宫。

武则天之所以选择梁山，既有主观意愿，也有客观原因，比如自然环境、"因山为陵"的制度，这使得梁山成为了大唐第三位皇帝的墓地。

梁山原本是渭北的名山，在乾陵建成之后，就成为了历代皇帝的祭拜之地。这使梁山名声大噪，从此，乾陵被称为梁山，梁山被称为乾陵。

那么为什么叫作乾陵呢？有很多学者认为，这是因为它位于长安的西北方向，从八卦上来说是"乾"这个方向，所以叫乾陵。也有人认为这种说法是不对的，因为唐朝的其他陵墓有分布在西安的西北、正北和东北方向的，为什么没有以八卦命名的坎陵和艮陵呢？所以乾陵并不是以八卦方向命名的，这只是一种偶然的现象，不是真正意义上的取义。

乾是《易经》中的第一卦，乾：元，亨，利，贞。"乾卦"象征天：

元始，亨通，和谐，贞正。所以乾有天的意思。唐高宗帝号"天皇大帝""天皇"，武则天称"则天皇后""则天皇帝"，也自称"天后"。所以，天皇大帝的陵墓，是天陵，被称为乾陵。这样说的话也说得过去。

乾陵还有个别名，当地俗称姑（guā）婆陵，"姑婆"是一种方言用语，用来称呼祖辈同姓的妇女，尤其在陕西咸阳市乾县一带，这样的称呼很普遍。那么现在用这个词来称呼乾陵，是不是就指武则天是乾陵人的同宗女性长辈？前面已经说过武则天的老家是山西文水，出生地是长安或者四川，都与乾县没有关系。况且乾陵中不仅仅有武则天还有李治，为何乾县的人会叫乾陵"姑婆陵"呢？

明代四川人范文光（生卒年不详）曾写了一篇《昭陵乾陵说》，说他到了礼泉之后，问昭陵在什么地方，但大家都是一头雾水。大家只知道礼泉有一处"唐王陵"。后来他进入"奉天"也就是乾县，询问乾陵，大家又称乾陵为"则天陵"，却不知道唐高宗就葬在这里。他开始觉得奇怪，转念一想，突然醒悟过来，叹了一口气，说道："百姓的话，胜过史家的话！太宗为皇帝，立下汗马功劳，主要功绩在他为唐王的时候，所以大家就记住了唐王……高宗实无能力，所以大家只记得则天陵。民言可畏啊！"这里面的"则天陵"是书面语，与当地的口音不一样，但是很明显他们指认乾陵中有武则天，所以是不是当时那些老百姓说的是"姑婆陵"呢？但作者并不熟悉"姑婆"这个关中口音，也不愿用乡间俗语，所以才用"则天陵"来称呼这座陵墓。这也是可能会有的情况。

"姑婆"一词在清朝末年才出现在文字中。"帝后威严从昔显，姑婆名号至今传"，这是光绪年间，邑人梁蔚园在《乾陵怀古》中写到的。第一次将"姑婆"这个词明确提出来，从这两句也可以看出，"姑婆陵"这个名称是从唐代开始就存在的。

还有一个传说，武则天死后，武氏一族在朝堂上依然威风八面，武氏人还是以武三思为首。那时候，大周帝国立国二十余年，五王之乱让李唐王朝重获新生，但那些不关心改朝换代的百姓，依然认为是武周天下。于是，随着浩浩荡荡的灵驾车队，在前往乾陵的路上，礼泉、乾县的百姓们纷纷跑来喊："快看武家埋他姑婆呢！"从那以后，人们便把乾陵称为"姑婆陵"，世代相传，甚至成为了一种习俗，代替了乾陵这个称呼。

其实这里面可能有一个因素：在中国封建社会这个男尊女卑、夫权至上的时代，武则天能成为一代女皇，这在中国的历史上，无疑是绝无仅有的。尽管一些受到传统文化影响的历史学家们对她嗤之以鼻，但那些不懂"牝鸡司晨"的老百姓们从来没有在意这些，反而更喜欢用"姑婆陵"称呼乾陵。一提到"姑婆陵"，所有人的脑海中都会浮现出一位头戴凤冠、身穿黄袍的女皇，这让人浮想联翩，满足了百姓对乾陵和女皇的好奇心。

让我们再回到营建乾陵这件大事上，现在选址已经结束了，甚至连名字也定下来了，最重要的工程开始了，武则天命吏部尚书韦待价为山陵使，出兵十余万，修建乾陵。

《孔子家语》云："大王万岁之后，起山陵于荆台之上。"于是就有了"山陵"二字。所以负责皇帝葬礼的人被称为山陵使，亦称山陵仪仗使。当然，葬礼上还有礼仪使、仪仗使、卤簿使、桥道顿递使。礼仪使和仪仗使都顾名思义，卤簿使就比较复杂了，用现代的话来说，就是掌管重大国事活动典章制度的官员，比如负责安保措施、交通安全等。桥道顿递使，就是指在重大事件中，临时派来的使臣。任务结束后，就没有这个职位了。这几个职位都以山陵使为首，因此，山陵使的地位非常高。

"山陵使"一词产生于唐代初期。贞观九年（635），唐朝开国皇帝唐高祖李渊去世，由时任宰相的房玄龄和后来的宰相高士廉担任山陵使。山陵使之始，便是如此。这就导致了山陵使以重臣担任的惯例，山陵使都是下一任皇帝的心腹，在葬礼之后，都会受到重用。

韦待价（？—689）也是这种情况，只是他虽然被重用了，最后还是落得被流放的下场。他是雍州万年（今陕西西安）人，出身名门，是北周韦氏逍遥公房之后，是象州刺史韦挺的儿子。他最初是个武官，后来在边军中立下了汗马功劳。他的一生大起大落，年轻时靠着家族的庇护，娶了江夏王李道宗的女儿李氏。永徽四年（653），江夏王李道宗因造反被发配到象州，而韦待价作为李道宗的姑爷，也被牵连，被降级。之后，他在战场上立下了汗马功劳，被提拔。咸亨三年（672），吐蕃开始侵扰边关，韦待价征讨吐蕃，立了功，被授右武卫将军。仪凤三年（678），吐蕃再度侵扰边疆，韦待价被指派为检校凉州统领，率领大军抵抗吐蕃。由此可见韦待价当了多年的将军，领兵经验十分丰富，而且修建乾陵也需要大批士兵，所以他才会被任命为山陵使。

垂拱元年（685），韦待价为宰相，被封为天官尚书、同凤阁鸾台三品，他却因出身军伍，不识才，将典举弄得一团糟。同年十月，被任命为燕然道的统领，负责对抗突厥人。垂拱二年（686），又升任文昌右相。韦待价重返朝堂，他很清楚自己不是那个位置的人，多次想要辞职，但都被武则天拒绝了。接着，他又提出了降职的要求，但武则天又升了他父亲为润州刺史作为补偿。

永昌元年（689），韦待价向朝廷提出要出征吐蕃的要求，武则天答应了他的要求，韦待价被任命为安息道行军大总管，被封为扶阳郡公，率领大军攻打吐蕃。同年七月，韦待价与吐蕃作战，先胜后败。那时候，由于副将迟迟不前进，加上大雪，粮草无法供应，唐军损失惨重。韦待价无奈，只得率军退回高昌。武则天听说韦待价退兵驻守高昌，大为震怒。下令将副将砍头，将韦待价贬为庶人，发配绣州。没过多久，韦待价就病死在了绣州。

后人是如何评价韦待价的呢？韦待价是个武官，无论他出战如何了得，一旦涉及文学，就会变得混乱不堪，被当时的文人唾弃。他很清楚自己的弱点，因此多次请辞，甚至提出了降级的要求，但是武则天都没有答应。所谓伴君如伴虎，在韦待价身上体现得淋漓尽致。以前武则天宠爱他，是不允许他辞职的。后来他因为战事，不得不退兵，武则天并没有把他这些年的贡献放在心上。由此也可见武则天的性情。

营建好山陵，就要开始举行葬礼了，但是葬礼也需要官员来执行。

武则天在文明元年（684）八月，命侍中刘景先和霍王李元轨知山陵葬事，唐高宗隆重的葬礼就要开始了。

刘景先（？—689）本名刘齐贤，他改名刘景先是因为李治和武则天的第二个儿子叫李贤，李贤后来被立为太子，为了避太子李贤名讳，改了名字。

他算是个典型的"官三代"，家世显赫，他与父亲、祖父三代都任两省侍郎、典选，他的祖父刘林甫历经唐高祖、唐太宗两朝，封乐平男。这个爵位后来由他的父亲刘祥道继承，他的父亲被封广平郡公，在高宗年间任宰相。乾封元年（666）刘祥道过世，刘景先继承了广平郡公的爵位。他的叔父和堂弟等八人先后任吏部郎中、员外，自唐代立国以来，还真没几个人能与之相比。

刘景先三代为相，爵位世袭两代，他就是在这样的环境中长大的，他从小就是个才华横溢的人，以正直著称。按理说，他的仕途应该是一帆风顺，可是世事无常，朝堂上权力更迭，无数人都死了，无数的大臣被贬，刘景先就是其中之一。

刘景先最初是侍御史，后为并州司马。他尽职尽责，勤勤恳恳，高宗听闻他为人正直，对他十分敬重。有一次高宗和一个将军打猎，那个将军对高宗说："并州的鹞子很出名，可以让刘景先捉一些给陛下。"谁知道心情还不错的高宗生气了："难道刘景先就是用来捉鹞子的？你怎么会这么想他？"由此可见，刘景先在高宗时代的威望极高，深受皇上的信赖，甚至在高宗去世之前，高宗命太子李显监国，任刘景先为东宫平章事，为太子效力。可是也正因为辅助太子，刘景先的仕途逐渐衰落。

高宗驾崩后，李显继位成为新的皇帝，为唐中宗。但真正的权力，却在武则天手中掌控着。已经成为皇帝又被把持多年的中宗，终于有了独立的念头，想要夺回政权，可是武则天却不顾母子之情，直接将他废为庐陵王，立了他的亲弟弟豫王李旦为皇帝，也就是唐睿宗。宰相裴炎（？—684）几次向武后提议将政权让给睿宗，他几次三番谏言终于把武则天激怒了，直接以谋反罪把他打入狱中，当时有不少大臣为他求情，刘景先就是其中最积极的一个。他还用自己的仕途做了保证，说："裴炎若是叛逆的那种人，那我也是叛逆的那种人。"武则天听后，说："我知道他谋反的证据，但是不知道你的。"武则天生性多疑，而且她也可能觉得刘景先管得太多，很快，武则天就"忘记"之前说的话，以谋反罪将刘景先抓了起来。光宅元年（684）年底，裴炎被处死，刘景先之后也被贬了好几次。不知道刘景先有没有后悔自己这么冲动说了为裴炎打包票的话。

垂拱五年（689），武则天的手下直接将刘景先抓了起来，只说他有罪，没有说明他有什么罪名。刘景先哪里受到过这种折磨，他彻底绝望了，与其被冤枉，还不如自尽算了，死了也就死了，不用管后世怎么评说，他直接上吊自杀了。死后武则天没收了他所有的财产，以刘景先的出身，他还是很有钱的。

不过在高宗死的时候，刘景先还没有败落，以他的家世与为人让他主持高宗的丧事是没有问题的。

另外一个主持丧事的人是霍王李元轨。

《新唐书·高祖诸子霍王元轨》记载：

元轨每朝，数上疏陈得失，多所裨正，帝尊重之，有大事，常密驿咨逮。帝崩，与侍中刘齐贤同知山陵（使）事。

　　李元轨（约622—688）是唐高祖李渊的第十四个儿子，是高宗李治的叔叔。李元轨才华出众，深得李渊的喜爱。武德六年（623），被册封为蜀王，他的妻子是赫赫有名的魏徵的女儿。在李渊驾崩后，李元轨辞掉了自己的职务，穿上了丧服，在祭奠的日子里绝食，以示悲痛。后来李元轨历任绛州刺史、徐州刺史。这期间李元轨就在府邸里看书，将一切都交给了长史和司马。他为人谨慎，从不贪图别人的东西，也从不吝啬自己的宝物。

　　后来他任定州刺史的时候，突厥进攻定州，李元轨打开了城门，却停止了进攻。突厥人一头雾水，不敢进城，连夜逃走了。也是在定州，有一人与敌人勾结，唐高宗令李元轨处死他的所有亲信。李元轨为了安抚所有人，赦免了其他人的罪责，然后上书请罪。高宗之后大喜过望，说："朕亦悔之，向无王，则失定州矣。"原来高宗下达命令后就后悔了，如果没有李元轨，他就失去定州的民心了。

　　李元轨初入朝堂，经常上奏，谈论政事，对朝政颇有助益，高宗敬重叔父，常与他商讨大事。

　　在这次主持高宗陵寝事宜的时候，李元轨对陵葬的礼仪了如指掌，连刘景先都夸赞："这不是我辈能比的。"李元轨派遣国令前往封国征收租税，国令说可以用这份赋税与其他国家进行贸易，以获取利益，李元轨说："汝为国令，当正吾失，反说吾以利耶！"因此拒绝了。可见李元轨的正直。可惜，垂拱四年（688）越王李贞（627—688）反抗武则天兵败，李元轨也因此被连坐，被发配到黔州，载于槛车，途中经过陈仓的时候死了。武则天改李元轨和其子姓氏为虺氏，一直到神龙初年，唐中宗复辟称帝，恢复李元轨父子生前爵位，也恢复了李姓。

　　刘景先和裴炎都是德高望重之辈，他们对李唐皇室忠心耿耿，对武则天不满，最终被小人害死。李元轨是李氏宗室，最后落得如此的下场，这几人实在是可惜。

二、丧葬之礼

文明元年（684）八月十一日，高宗葬于乾陵。不过，在此之前，葬礼也是非常烦琐的。唐朝皇帝的丧葬礼仪，大体可分为三个阶段：治丧、治葬、祭祀。

治丧之礼是皇帝葬礼的开始，治丧一般分为复、沐浴、含、设铭、悬重、敛、殡等十多项。梳理后可以归纳成三个重要的步骤：复、沐浴、含。《通典》中对唐朝皇帝的丧葬仪式作了详细的记录。

那么先从"复"开始讲。"复"就是召唤灵魂的仪式。《礼记·丧大记》中记载："气绝则哭，哭而复，复而不苏，可以为死事。"这里面的"复"就是复活的意思，也是一种招魂仪式，古人相信，呼吸停止并不意味着死亡，只有在进行了招魂仪式后，人无法醒来，才可被判定为死亡。招魂要用死者生前所穿的衣裳。而关于唐代帝王"复"的记载，在《通典》中有：

将复于太极殿内，高品五人皆常服，以大行皇帝衮冕服左荷之，外自前东霤，当屋履危，北面西上，三呼而止，以衣投于前；承之以箧，自阼阶入，以覆大行皇帝之上。

五个招魂的人都要"外自前东霤，当屋履危"，面向北大喊三声，之所以面向北，是因为古人认为北方是鬼神的居所，向北面喊鬼神的名字，可以让鬼神复活。在招魂仪式之后，大行皇帝必须在大殿中沐浴，"复"

才算结束，新登基的皇帝会对着大行皇帝痛哭流涕，献上自己的祭品。

接下来就是沐浴。这里面的沐浴也是要有一定流程的，就是给死者清洗身体，寓意为死者干净地离开人世间。

在《通典·大唐元陵仪注》中也有详细的记载："将沐浴内有司为墍于殿西廊下，累块为灶，东面，以俟煮。"在规定的地方垒上灶，因为洗澡所用的汤汁主要是米汤和普通的水，需要在灶上备好。之后备好沐浴用的东西，具体数量位置也都有规定，"沐浴新盆盘瓶鬲皆濯之，陈于西阶下……帛巾一，方尺八寸，沐巾二，浴巾四，皆用帛练"。这些都准备好之后，"嗣皇帝、妃、公主等悉出帷外"。由此可以看出，除了那些为皇帝沐浴的人可以在这里，其他人哪怕新帝都需要回避，这应该是为了维持皇家的尊严。但是新帝和嫔妃命妇等也需要做别的事，"嗣皇帝以下在殿东楹间，北面西上。内命妇以下在殿西间，北面东上。俱立哭"，他们站在特定的位置，面向规定好的方向，站着哭泣。后面的内容就是怎么为大行皇帝沐浴等，殿内为大行皇帝沐浴需要 10 个人，其中 6 个人抬着床单，盖在尸体上，以免被人看到。另外 4 个人负责沐浴，沐浴的内容主要是梳头、修指甲等。沐浴这一环节主要是让逝者有尊严体面地离开这个世界，体现传统思想中的"事死如生"，通过沐浴净身祈祷亡者早日进入极乐世界，保佑子孙后代。沐浴之后，就要给大行皇帝换上衣服，继续后面的仪式。

"含"这个礼仪似乎有点难理解，但是也很容易明白，"含"字里有个口，就知道这个礼仪与嘴有关系，含就是饭含的简称，就是把珠玉、谷物或钱放入死者口中。为何要这样做呢？《礼记·檀弓下》中说："饭用米、贝，弗忍虚也。不以食道，用美焉耳。"作为一个孝子，不忍心自己的家人死后，口里空荡荡的，给死者含着饭或者贝。这些死者所含的东西，并不是活人吃的熟食，而是用天然的大米和贝类做成的。而且根据死者的阶级不同，所用的饭含之物也分三六九等，皇帝用珍珠和玉石，普通人用米和贝。

当然，"含"也有它的礼仪，依然是在《通典》中记载：

有司奉盘水升堂，嗣皇帝出，盥手于帷外，洗玉若贝，实箪，执以入，西面坐，发巾彻枕，奠玉贝于中之右。大臣一人亲纳粱饭，次含玉。

从这一节中可以看出，为了反映出新帝对先帝的尊敬和怀念，体现臣民对君王的情分如同子对父的情分，饭含是有两个步骤的，先是皇帝把"含"的东西洗干净，然后让大臣把"含"的东西塞进死者的嘴里。这样饭含之礼就完成了，之后需要用大殓时的衣服将大行皇帝盖好，然后百官才可以进来，对着大行皇帝的遗体跪拜哭泣。

这个时候治丧之礼才算结束，这些礼节比较复杂琐碎，其主要目的是为大行皇帝修饰遗容，当然仪式程序上是以复、沐浴、含这样的顺序排列的，但在实际操作中，常常几个流程同步。

治丧之礼结束后，就是既丧之礼。

既丧之礼是将死者的尸体整理妥当后到将死者安葬之前的这段时间里的礼仪。在唐代帝王葬礼中一般为设铭、悬重、大小敛、大小敛奠、殡等五个部分。

设铭中的铭是铭旌，指显扬表彰。出自《周礼·春官·司常》："大丧，共铭旌。"

一般情况下，在先帝的大殓结束后，都会在太极殿两侧设铭。所设的铭旌一般长两丈多，是红颜色的，上面会刻着皇帝灵柩之类的文字，这是一种象征，在送葬的时候，有为亡灵指引方向的作用。

悬重礼从很久之前就有了，这个词要比"含"更不易理解，其实现在在一些丧礼中也有这个礼仪，只是大家对这个名词不大熟悉。《礼记·檀弓下》中记载："重，主道也。"郑玄注："始死未作主，以重主其神也。重，既虞而埋之，乃后作主。"

意思就是说人刚死后，没有时间去立神主，就先用这个"重"充当神主。那么神主又是啥意思？其实说白了就是牌位，是供奉和祭祀的对象。但是这个"重"还不算是牌位，是代替牌位的木架，还会在这个木架上放一些饭含没有用完的米熬成的粥。等到后面袝庙仪式结束后，神主被袝入了太庙，"重"就没有什么作用了，为了避免有阴邪之气，要将"重"烧掉。

接下来就是小、大敛及小、大敛奠了。

殓本意是把死人装进棺材里，在实际的葬礼中，小殓是将死者用衣服盖住，让活着的人做好了再也见不到亡者的准备，前面"含礼"结束后，用衣服遮住遗体，那个衣服就是"殓"时要用的。大殓就是将亡者放在棺材中，并用钉子封住的仪式，是在小殓结束后的第二天举行。《礼记·问丧》云"三日而后殓者"，一般到殓这一步之前会有较长的等待时间。因为在大殓之后，没有大的变动是不能打开棺材的，所以不会着急将亡者入棺，考虑到生者的情绪，古人心中希望死者死而复生。还有一个原因，就是亲人可能居住得比较远，奔丧并不如现代人方便，所以要给他们足够的时间前来吊丧，见亡者最后一面。在小、大殓之后就是祭奠仪式了，主要是哭礼，哀悼死者的逝去。

其中有一个要注意的地方，在小殓的时候，对新帝的称呼是"嗣皇帝"，等到大殓的时候就改称为"皇帝"了。可见在此之前，必然会有一场登基大典，继位之后，便会被册封为新的皇帝，这是一种平稳的权力交接。

逝者作为皇帝，在他的葬礼中还有一类特殊的人——告哀使。身为一国之君，他的葬礼自然是要昭告天下的。而且，这是一场最高规格的葬礼，对于参加的人都有一定的地位要求。皇帝驾崩之后，一般都是要派使者宣布这件事，以示哀悼，这个行为叫作告哀，这个使者叫作告哀使。而告哀也是有一定范围的，通常是比较远的地方，比如太原、合并、河中、晋阳等以及域外政权。告哀使有太常少卿、秘书少监、御史中丞等，大多是四五品的官员。人数一般是两个人，分为主使和副使。这里其实有一个弊端，因为出使的地方比较远，前往那里告诉他们花费的时间也会比较长，所以就有官员将自己的政敌派出去当告哀使。

既丧之礼最后一个步骤就是殡。殡是停放灵柩等待下葬的意思，具体要等多长时间，是不确定的。少的话不过就停棺几日，时间长的话就要数十年。为何在亡者入棺后还要等待下葬呢？为何会有殡这一流程呢？之前大殓的时候不是已经有一个等待时间了吗？尤其是还有等待数十年才下葬的。

大概原因是，在古代人们讲究的是吉日，要选择一个好的日子来安葬，这样死者可以延续家族的气运，让自己的子孙后代受益。如帝王这种级别最高的人，他下葬的话更需要选一个好日子。而且帝王下葬还需要看风水选合适的地方建皇陵，建皇陵也需要时间。最后达官贵人的陪葬物品很多，帝王的陪葬物更多，需要时间来准备，殡就起到了缓冲的作用。

那么殡的时候停棺要在哪里停呢？这里要提到太极殿，太极殿在帝王葬礼中处于很重要的位置。前面所说的"复"，就是在太极殿举行的。纵观唐代帝王丧葬的案例，这些帝王无论死在哪里，最后都是在太极殿停棺。这是从唐太宗时开始的，史料上记载，贞观二十三年（649）五月己巳唐太宗驾崩于含风殿，而在贞观二十三年（649）六月甲戌朔殡于太极殿。

关于唐朝帝王"殡"的流程，在《通典》中也有详细记载。大概说来，在大殓结束后，这个时候大行皇帝的棺椁已经封好，皇帝棺椁的长度和宽度都是固定的，棺椁外侧是用柏木黄心封起来的，再用白泥涂抹。接下来就是殡礼了。绳索牵引着棺椁到太极殿西室，然后遵循"事死如生"的原则，室内放有黍、稷、鱼腊等物，以备亡灵食用。在安葬所布置好之后，皇帝与臣子们需要换一身衣服去祭拜，这一次的哭礼，代表着葬礼的结束，也代表着治丧仪式的结束。

接下来新帝一朝就正式开始了。简言之，唐朝的既丧礼是治丧礼的后续，二者在"礼"的程序上存在联络。而最后一步祭祀，则是既丧礼之后的祭祀仪式，比如一周年、三周年，一般祭祀当天或者前几天，皇帝会停朝。

这样说来，葬礼似乎也没有多复杂，也并不是很奢侈，事实上并不是这样的。整个葬礼还有许多小细节。在《四库全书·读礼通考》卷六十七中有记载："小殓十九称，大殓百二十称……"更何况还有其他的食物。皇帝的饭含不可能真的用米和贝，都是用玉。可见，一场丧礼中所用的服饰和饮食消费很高，还有人力消耗，建皇陵支出的人力更多，"人君在位，三分天下贡赋，以一分入山陵"，哪怕唐朝"因山为陵"，也没有节省太多。

因为皇室起了带头作用，民间也形成了厚葬之风，之前说的李义府，他为祖父改迁墓地，所动用的人力物力也是不少。有些百姓打肿脸充胖子，也要厚葬，哪怕倾家荡产。

这种厚葬之风，政府也曾下令制止过，仅《全唐文》中记载的"禁厚葬诏"就有不少：

太宗贞观十七年（643）三月：薄葬诏；

高宗龙朔二年（662）三月：禁止临丧葬嫁娶及上墓欢乐诏；

武则天证圣元年（695）三月：禁丧葬逾礼制；

玄宗开元二年（714）八月：禁厚葬制；

开元二十九年（741）正月：禁殡葬违法诏；

……

这些诏令中也有处罚条例，并且动之以情、晓之以理，但是没有什么成效，主要原因就是皇室带头厚葬。

虽然皇帝的葬礼非常奢侈，但是它的奢侈程度是随着国力的盛衰而变化的。

乾陵是在唐代最鼎盛的时候建立的，可以想象它的豪华程度。

三、述圣纪碑

在葬礼结束后，武则天还是觉得不够隆重，不足以彰显李治的功绩，所以武则天完全没有顾忌帝王陵前不立石碑的传统，为高宗在乾陵朱雀门外立了述圣纪碑，上面记录了李治登基以来所取得的所有成就。其实其中或许也有一些武则天的功劳，但是全部都记在了唐高宗身上。

有一个谜语是：身在高山，长在平地，不读诗书，一身文气。谜底就是石碑。由此可以了解石碑在文人们心中的重要性。在一开始的时候，由于立石碑的地点不同，其作用也不尽相同。在宫殿和庙宇前的石碑，用来观察阳光下的阴影，以辨别阴阳方向。建在宫门、庙门前的石碑，用于拴马匹和其他家畜，相当于后来的拴马石、拴马桩。墓旁的石碑，用来系住棺材使棺材进入墓穴。墓旁的碑起初是用木头做的，后来改为石头，在石头上打一个孔用来穿绳子，将棺材埋进去后，石碑也被一同埋入土中。渐渐地石碑不再被掩埋，而是被放在地上，上面写着墓主的名字和生平，这些石碑就是墓碑。后来这种在碑上写下文字的形式，不仅用于墓碑，也用在日影石、拴马石上，因此碑文记事就成了碑的主要功能。

石碑在漫长的历史进程中，也有记录历史的作用。因为书写文字的纸张、布帛以及早期的竹简、木简都不如石头坚固，因此，虽然碑文可能不完整，却可以证明和弥补历史记载的不足。

述圣纪碑更是有这样的功能，据说述圣纪碑雕刻完成后，上面镶满了金色的粉末，在阳光下闪闪发亮，把这座陵园衬托得更加雄伟。碑文为骈文，原文46行，共6000多字，全是楷书，每一笔都"填以金屑"，熠熠生辉，故又称"金子碑"。随着岁月的流逝，金屑自然脱落，字迹也大部分被腐蚀，仅第二、三、五石存留的一些字还能辨认。这篇碑文是武则天亲自写的。武则天对李治的感情很复杂，李治不单单是她利用或者谋取权力的工具，两人还可以说是志同道合的战友，不然武则天不会把所有的功绩都写在李治身上。

在众人眼中，因为有女皇武则天的风采，大家很容易认为李治是过于温和懦弱的皇帝，其实并不是这样。

唐代建国以后，中央集权的政治体制得到了强化。在政治、法律、军事、科举等制度上，唐代基本沿用隋制，并进行了较大的完善。唐太宗李世民秉承唐高祖尊祖崇道的国策，并在此基础上加以发扬，以道家治国平天下。他任用贤能，知人善用；同时，还实行了"以农为本""休养生息""健全科举"等措施，使社会得到了稳定；李世民在位期间安定外患、尊重边民习俗、稳定边疆，出现了"贞观之治"。唐高宗登基之时，皇帝和大臣们谨记唐太宗遗训，继续推行唐太宗制定的各种政治、经济体制，大力发展经济，促进文化发展。当时唐代的疆域是世界上最大的，它的东边是朝鲜，西边是里海（一说咸海），北边是贝加尔湖，南边是越南的横山。唐高宗永徽时期，边陲安定，人民阜安，使国家得到了极大的发展，颇具贞观遗风，形成了"永徽之治"的局面。

唐太宗"贞观之治"为唐高宗登基后的盛世局面打下了坚实的基础。然而唐太宗统治末期的辽东之役，使"贞观之治"陷入危机之中。李治的功绩是不能被忽略的。

李治首先做的就是要缓和矛盾。他正式登基后，立即宣布"罢辽东之役及诸土木之功"，还在即位诏书中写明："敬顺惟新，仰昭先德，宜布凯泽，被乎亿兆。"表示自己十分关注民疾。

然而辽东之战，唐军伤亡惨重，元气大伤。这不仅造成了人民的劳役负担，也影响了国家政治的安定，还引起了西北各少数民族的反叛。永徽四年（653），江浙一带发生农民起义，陈硕真（620—653）领导的农民起义使社会矛盾再次升级。

这个陈硕真值得说一说。首先，在中国历史上，有不计其数的妇女参加农民起义，但能成为领袖的妇女却少得可怜，而做领袖且又自称皇帝的妇女，就只有陈硕真一人。有的史学家甚至称她为史上第一女皇帝。最后据说陈硕真与武则天还有一段情缘。

永徽元年（650）三月的一天，一群来自京都长安城的纨绔子弟到感业寺踏青。这些人见到寺中一位年轻貌美的尼姑，便上前调戏。那尼姑的哭声传进了慧觉尼姑耳中，眼见这几个人要对那小尼姑动手动脚，慧觉用木棍将这些人赶走。

这个被救出来的尼姑，正是武则天，慧觉尼姑就是陈硕真。陈硕真19岁的时候，因为救人触犯了律法被官府通缉，她的舅父力主让陈硕真改名换姓，到皇家尼庵感业寺，为农民起义做准备。武则天不但天生丽质，而且学识渊博；陈硕真武功高强，又有正义感，两个人志同道合。武则天被欺负得救后，二人关系越来越好，互相称呼为姊妹。等到武则天要回宫的时候，在出发的前一天晚上，两人促膝长谈，从佛教说到农业，从国家的未来说到个人的志向。天刚蒙蒙亮，接武则天的马车就到了感业寺，两人再三互相叮嘱，这才依依不舍地告辞。陈硕真低声对武则天说："两年后东南战事，是我做的，还望妹妹不要说我不忠。希望妹妹能帮助我。"武则天想了想，轻轻颔首，两人辞别。果然，后来陈硕真举行起义，还曾经通过"内线"给武则天送信寻求帮助，但是武则天对此视若无睹。后来起义失败，陈硕真在睦州受刑之前，责备武则天"义妹不义"。

武则天好不容易回宫，怎么会帮助陈硕真呢？此时武则天可能也自顾不暇。当然这更有可能是个传说，毕竟人们可能会幻想两个"女皇帝"如果同时出现会有什么火花。

虽然陈硕真的农民起义被镇压了，但是也可以说明当时人民生活的状态，以及当时的社会经济情况。实际上，唐高宗也在努力改变。永徽二年（651）九月，他下令将被占领的民田归还百姓。唐高宗实行的"轻徭薄赋"是一项十分有效的经济政策。

尽管在此期间出现了一系列问题，但他还是采取了一些措施来控制物价，在贞观十三年（639）部分重要城市发展常平仓的基础上，于显庆三年（658）在京师成立了常平署。这些措施取得了一定的成效，后来它们在唐朝被继续施行。这些谷仓的作用就是，政府定期从中央粮仓里拿出粮食，然后再以低廉的价格出售。在有充足的资源的情况下，以超过市场价格的高价收购货物，而在物资紧缺时，则以低于市场的价格出售，以避免物价的波动。此后，各州都建立了这样的谷仓。

唐高宗时期，社会经济得到了持续的发展，全国人口由贞观二十二年（648）的360万户，增加到永徽三年（652）的380万户。

可惜的是，李治统治后期的一个突出特征就是粮食连年歉收。咸亨元年（670），粮食出现了严重的短缺，致使政府禁止酿酒。那个时候粮食歉收、洪水、旱灾、虫灾和饥荒相继发生。永隆元年（680），粮食价格空前高涨，唐朝廷认为这是由于流通的钱币太多，所以大规模地削减铸币，对私铸的处罚也变得更为严格。同时，那些从原来登记的地方逃到别处的难民也成为了不登记、不纳税的难民，这些难民比重非常大。这个情况直到李治驾崩也没有完全解决。

说完人口和经济的问题，继续说说李治统治时期的政治和用人情况。他登基之初，将唐太宗时期的三日一朝改为一日一朝，勤勉执政。

李治在政务上，也鼓励群臣多提意见，尤其是在国计民生方面。永徽五年（654），天下大旱，他亲自下旨，命在京九品以上的文武百官，"各进封事，极言阙咎"。九月，他又对五品以上的官员说："看到你们一而再再而三地上书，说政事不断，怎么到了今天，却没有一个人来上书？这世上，真的没有什么事情吗？从今往后，诸位还是要勤于进言，如果不能当面禀报，可以随时呈递文本。"贞观十三年（639）十月以后，唐太宗因为身体不好，每隔三日才会上一次朝，与文武百官商议政务。但李治却是风雨无阻，每天都要去朝堂。同时，每日都会召集十多位地方的刺史，询问百姓的状况，并将之变成一种日常的制度。直到显庆二年（657）五月，宰相奏称天下无事，才改为隔日上朝。

李治有识人的眼光，他身边诸多贤臣如辛茂将、卢承庆、许圉师、杜正伦、薛元超、韦思谦、戴至德、张文瓘、魏元忠等大多都是李治的亲信，都是他亲自提拔的，与武则天无关，也和唐太宗关系不大，其中韦思谦曾受褚遂良打击，而杜正伦曾被唐太宗冷落。

这些人不像长孙无忌那些老臣那般有凄凉的下场，也没有像李义府那些武则天的亲信那样没有好名声。李治的亲信相对来说都得到一个好的结局，但是也可能就是因为这样，史料中关于他们的记载并不多。

辛茂将（？—660），陇西狄道人，历任大理少卿、中书侍郎、侍中等职。史料中对他没有过多的记载，他比较出名的事就是和许敬宗审过长孙无忌。后来他死在任上。

卢承庆（595—670），字子馀，幽州范阳（今河北涿州）人，出身于范阳卢氏北祖大房。卢承庆也受过褚遂良的诬告，因此被贬为益州大都督府长史；后来褚遂良又说卢承庆失职，他再次被贬。直到有一次高宗去汝州温泉，想起了卢承庆，让他为汝州刺史，没多久就把他召回来了。他也曾经参加过审问长孙无忌的事情。当年，卢承庆被授予高一级的宰相衔同中书门下三品。之后也有过被免官的经历，但是一直平平安安的，直到年纪比较大，卢承庆告老退休。高宗批准了，授他为金紫光禄大夫衔。卢承庆死后，赠其为幽州都督，谥号"定"。"宠辱不惊"这个成语就是卢承庆说出来的。在卢承庆担任考功员外郎时，有一位负责漕运的官员，因为一场狂风，丢失了粮草，被卢承庆评定为中下等。那名军官面容平静，一句话也没有说，就退下了。卢承庆很欣赏他的心胸，说："遭遇大风不是你所能阻止的。"就把对他的评价改成了中中。这位官员看起来也并没有很高兴，也不感到羞耻。卢承庆很欣赏他的表现，还说他是个"宠辱不惊"的人，给了他一个中上的评价。

许圉师（？—679），唐朝时期的进士，曾经被李义府排挤，死后赠幽州都督，陪葬恭陵。关于他的资料也并不多，不过他的孙女是李白的妻子，李白曾经入赘他家10年。

杜正伦（约575—658），相州洹水人，他曾经受到太宗的赏识，也受到过太宗的打压。

贞观六年（632），杜正伦和其他几名官员一起上书奏事，很合太宗的心意，太宗宴请他们并说："我观察，自古以来，作为臣子如果遇到的是开明的君主，就会竭尽忠诚地对君主加以规劝谏诤，但是还是有忠贞之臣被杀戮。做一国之君不容易，做一名臣子，却是千难万难。我还听说过，巨龙是可以驯化的，但是巨龙的喉咙下面有一块鳞片，如果触碰到了，巨龙就会杀了他。国君有逆鳞，你却不闪不避，反而敢触碰，每每规劝谏诤。若能时常如此，又何怕会国破家亡！"不久，杜正伦担任散骑常侍，兼摄太子右庶子。太宗对杜正伦说："自古以来，都非常重视国家的太子，必选贤良之士作为辅佐。现在太子还年轻，志向未定。如果我能够早晚见到他的话，可以随时提醒他，但是现在，我把监国的任务交给了他，我却不在他的身边，我知道你有远大的雄心，宽宏大量，为人正直。所以才让你暂时离开我，去辅佐太子，你应该知道这份差事有多重要。"杜正伦出入两宫，参与机密事务，受到了不少人的赏识。那时候，太子李承乾的腿有病，不能上朝，喜欢和小人们打交道。太宗对杜正伦说："我的儿子虽然腿有问题，但还能做点什么，只是他名声不好，私下里请来的都是些下等人，你要好好观察一下。如果教导他他不听，必须告诉我。"杜正伦几番劝说，太子不肯，他便将太宗的话转告太子。太子将此事禀告太宗。太宗对杜正伦说："你为何要将我的话转告给太子？"杜正伦回答说："我劝了他几句，他不肯，我便拿皇帝的话来吓唬他，但愿他有些畏惧，也许会变得和善些。"太宗大怒，将杜正伦贬为穀州刺史，再贬为交州都督。后来太子造反，杜正伦受到牵连，因此被流放。

其实在这事上明显是杜正伦太过于实在，本来是让杜正伦监视太子，没想到他却说了实话。再后来，杜正伦就辅佐李治了，后面并没有太多的记载。

薛元超（623—685），唐蒲州汾阳（今山西万荣县西南）人，他的父亲是李世民的记室参军，很受重视，但是在薛元超3岁的时候就去世了。薛元超9岁得袭父爵，长大后好学且善于文辞，也得到了唐太宗的器重，还让他娶了巢王李元吉的女儿和静县主为妻子。后来李治登基后，薛元超为谏官，他曾多次向唐高宗提出政见得失，得到唐高宗的赞赏。在李义府被流放的时候，薛元超还为李义府求马匹，但是没有成功，并且因此获罪被贬官。被贬一年后，又因为与上官仪通过信，被牵连流放。上官仪就是前面那个"鼓动"李治废后的倒霉官员。

不过薛元超比较幸运，后来李治又想起了他，上元元年（674），薛元超被赦免回京，拜正谏大夫。上元三年（676），唐高宗经常去骊山打猎，许多酋长都带着弓箭，薛元超认为他们"非我族类，其心必异"，于是上疏建议去掉他们的兵器。唐高宗采纳了他的建议。薛元超在这个时期深得唐高宗的宠信，经常被召入宫中，参加唐高宗与诸王的私宴。唐高宗也十分推崇薛元超在政治和文学上的才能，曾对薛元超说："长得卿在中书，固不藉多人也。"之后不久，唐高宗就拜薛元超为中书令，也就是宰相，兼太子左庶子。薛元超在弘道元年（683）病逝，朝廷封他为光禄大夫，享年62岁，葬于乾陵。薛元超受到李治的宠爱，很有可能是因为李治对上官仪的愧疚，而且薛元超是因为武则天被流放的，重新回到朝堂上，所依靠的就只有李治一人，就会对李治比较忠诚。

韦思谦（？—689），河南阳武（今河南原阳）人，他一生光明磊落，性情耿直。他的两个儿子韦承庆、韦嗣立后来都是宰相。《旧唐书》载："父子三人，皆至宰相，有唐已来，莫与为比。"

戴至德（？—679），相州安阳（今河南安阳）人，也是唐朝的宰相，是道国公戴胄嗣子。在仪凤四年（679）去世，追赠开府仪同三司、并州大都督，谥号为"恭"。关于他本人的记载比较少，相对来说他父亲更出名一些。

张文瓘（606—677），贝州武城人，唐朝宰相。出生在世代为官的家庭里，他从小就博览群书，通晓礼法。当时，他协助李勣处理军事和政务，游刃有余。李勣称赞他是当今的管仲和萧何，说他有名相之才，对他礼遇有加。张文瓘不久又升迁为大理寺卿，他上任之后，十天之内，就查清了400多件积压的疑案，没有一件是错的，许多冤案得以昭雪，真正有罪的人，被按律而行。世人称赞张文瓘秉公办事，宽宏大量，人称"张青天"。上元二年（675），张文瓘被任命为侍中，兼太子宾客。大理寺监牢里的犯人听说张文瓘被调离，不再执掌牢狱，都痛哭流涕，有说不出的伤感。经他审理定罪的犯人，对他居然有如此深厚的感情，实在是太难得了。从这一点来看，张文瓘当真是有名臣之名，与管仲和萧何不相上下。他死后，高宗追封他为幽州都督，谥号为"懿"。张文瓘生前辅佐皇帝尽忠孝顺，精神可嘉，皇帝特下诏书，命其陪葬恭陵。

魏元忠（约601—707），是唐代比较有名的政治家，他历仕高宗、武后、中宗三朝，两次担任宰相，具有一定的军事能力，主要成就是在平定扬州叛乱和抵御突厥与吐蕃的入侵时未尝败绩，对贞观和开元盛世的顺利过渡起到了积极作用。他在唐代众多的宰相中是比较有作为的一位。但是他应该是这些人中下场最不好的一个，一直在官场中沉沉浮浮。有一次魏元忠被冤枉入狱，要在刑场处决，武则天因魏元忠平定扬州叛乱有功，所以赦免了他的死刑，发配贵州。传令官马上派人去刑场传话，监刑官得到消息后马上释放魏元忠，请他站起来。魏元忠道："现在还不能确定是不是真的，岂能如此草率行事？"直到他听见了宣布命令，才站起来，观看的人对他临刑而镇定自若的行为都十分赞叹。他在景龙四年（710）去世，高宗追赠魏元忠为尚书左仆射、齐国公、本州刺史，下令把他的灵柩送回老家安葬。李旦即位后，又亲自令魏元忠遗骸陪葬定陵。

这里还有一些其他的官员对李治很重要。李勣是太宗的重臣，太宗在世时，特意将李勣外调，还叮嘱李治，让他在登基之后重用李勣，使李勣受新皇之恩而忠心耿耿。李治继位之后，便遵从了父亲的旨意。他在位的时候，曾数次下旨以求贤才。他即位当年的九月，便颁布了第一道求贤诏，让京城和诸州都要举贤。除了经常发布招贤纳士的诏书之外，他还对那些声望卓著的隐士施以厚待。孙思邈（541—682），京兆华原人，医术高明，在太白山隐居，对仕途没有任何想法。隋文帝杨坚为北周宰相时，曾召他为国子博士，被他拒绝了。李世民把他召到京师，请他为官，他也拒绝了。李治在位的时候，孙思邈已经100多岁了，但李治还是把他请到了京师，授以谏议大夫之职。孙思邈毅然辞官，回到隐居之地，李治特意赐给他良马，并把鄱阳公主的宅邸赠给他居住。

在官员选拔制度上，李治对科举制度进行了进一步的发展和巩固，同时也对当时最重要的官员选举制进行了改革。后来盛唐时期实行的选举制度，基本上是从高宗时代开始的。

在其执政期间，更多地以科举制录用官员。科举考试的人数开始快速增加，科举制度的影响力也在各级官场上显现。高宗的几位宰相都是有功名的，相当一部分官员就是这样走上仕途的。但是这种趋势不能被夸大。在官场上，中举的人仍然只占很小一部分，大多数人仍然依靠世袭的特权，或通过更为普通的途径从小吏晋升。例如在永徽七年（656），有资格进入正途的胥吏不少于1400人，而同年通过进士考试的只有22人。

在李治当政期间，还做了一件重要的事情，即编纂《唐律疏议》。《唐律疏议》最初被称为《永徽律》。永徽二年（651），由长孙无忌率领高级官员把奉敕修订好的律、令、格、式的新版本奏报皇上。九月诏令向全国颁布新法，称为《永徽律令》。永徽三年（652），唐高宗广纳贤才，逐一讲解唐律，最终由长孙无忌等人整理，编成了一部详尽的法律条文，供法律教育参考。后来形式稍作变动的《永徽律》就是流传至今的《唐律疏义》，《唐律疏义》在永徽四年（653）九月完成，送交皇帝。在经过一些细微的修正之后，这本书成为了刑法典的权威注释。《唐律疏议》是中国现存最完整、最早的一部具有代表性的封建法典。它充分反映了中国古代法制的水平、风格和基本特点，并成为中华法系的一部具有代表性的法典，对当时乃至后世的各国都有很大的影响。与之相比，该时期的司法环境较为宽松、公平，犯罪率也比较低。史书记载，大理寺卿唐临曾对李治说："现在牢房里，仅有50余名囚犯，而要判处死刑的，仅有2名。"

在对外交往方面，中国在唐高宗时代首次与阿拉伯人接触。波斯的萨珊王朝在唐太宗时遭到了阿拉伯人的侵略。贞观十二年（638），波斯国王伊嗣俟三世派遣使者，请求太宗帮助他对抗阿拉伯人。国王的儿子卑路斯王子率领使团来到长安并定居，高宗还准许他在长安建立祆教寺院。据传李治于仪凤二年（677）派遣军队协助王子重获王位。但是军队只能将卑路斯护送到龟兹，然后便返回唐朝。卑路斯的复国计划彻底落空，他返回长安后就死了。

以上高宗的种种功绩不过只写了一小部分，如果没有高宗时代的发展、巩固、铺垫，"贞观之治"就只是短暂的高潮，所以武则天为李治立碑绝对是没有问题的。

述圣纪碑在司马道西边，由武则天亲笔撰写，记载了高宗的文治武功。在乾陵以前，皇帝的陵墓没有碑，也没有墓志，所以乾陵打破了这个传统，它的历史价值很高。

述圣纪碑是一块方形石碑，高7米多，每边宽将近2米，重80多吨。碑顶为庑殿式建筑，是皇权的象征，石柱顶端雕梁画栋，栩栩如生，极富装饰意味。檐角刻有四尊力士托住碑檐。五节柱体，以五个全青石榫接成。下为碑座，也是用榫卯连接的。碑座上雕刻着獬豸和海石榴纹。石碑由顶、五节身、座七部分组成，碑头为太阳，碑座为月亮，中间五节为金、木、水、火、土。古人认为，万事万物相生，世间万物皆由"日、月、金、木、水、火、土"构成，故述圣纪碑又被称为"七节碑"。七节的意思是"七曜"，故立七节碑的意思就是高宗文武双全，如同日月星辰一般，普照万古。七节碑体正阳面镌刻着述圣纪碑的全篇，碑身五节除第一块和第四块无字外，其余三块的正面及东西两边都有文字。最开始的时候是有碑亭的，碑亭基址四四方方，现在碑亭已不复存在。

石座上的兽形装饰和四角的角形图案具有很高的艺术价值，碑座上有龙马座、西门狮子座，上面有各种变形缠枝流云穿线纹，碑座上雕刻的变形忍冬多枝莲、变形三朵云纹缠枝莲以及缠枝牡丹等装饰都与南北朝以来吸收佛教文化息息相关。

从现存的部分铭文来看，述圣纪碑的碑文内容主要包括：

高祖李渊叛隋兴唐，顺天而行；李世民平定叛乱，建立了太平盛世。这两点主要是歌颂父亲和祖父两辈，之后才讲自己。

怀高宗时皇后有吉兆，皇后"初在孕，及乎载诞，见龙登寝，其宵有梦象之符",这是为了表明高宗是"天玄之子""真命天子"。

之后就是讲高宗被立为太子的事,"埋玺于相思殿前,因告天地明祇及山川群望日,'当玺而立'"。太宗在战败后,命高宗总知军国事;太宗病重之后,对高宗的孝行进行嘉奖。

再后面就是高宗登基后的文治武功。

最后就是高宗遗训:戒厚葬,藏习书。

从今天来看述圣纪碑,它具有很高的史料价值,对于我们研究唐代的文化、艺术、政治,还有唐代帝王的陵墓制度十分有帮助。碑文大约有6000字,是武则天亲自撰写的,武则天也写过其他的碑文,比如升仙太子碑上的碑文,但是述圣纪碑上的碑文是武则天一生所写诗文中字数最多的。碑文用的文体是初唐流行的骈体文,这在唐代碑文中很少见,也反映了武则天的文采。

碑文字迹是由唐中宗李显所写,这也是目前所知中宗留下的唯一墨宝。唐中宗两次执政时间都很短,并没有给后人留下文化艺术作品。这在唐代皇帝中也很少见,初唐的几个皇帝都有书法作品流传下来,太宗李世民的《温泉铭》,高宗李治的《李勣碑》,武则天和睿宗李旦、玄宗李隆基更是有很多墨宝流传下来,只有中宗李显罕有墨宝传世。

据说唐代碑文是书写者直接在石头上用墨笔写上,然后按照墨迹雕刻。而述圣纪碑如此之大,内容又如此之多,中宗写的时候是多么的困难。但是从剩余的字迹来看,碑文书法工整俊秀,实在是唐朝楷书的典范。

述圣纪碑对于中宗来说,是母亲为父亲亲手写的碑文,是儿子亲自为父亲撰写,而石碑本身又十分独特,因此称它为唐代三绝碑,名副其实。

第三章

一座陵墓，两朝帝王

原本，乾陵的修建到这里就结束了，但是后来，武则天去世后也要埋葬在乾陵。神龙元年（705）十一月二十六日，武则天在上阳宫的仙居殿中去世。武则天在弥留之际，要求与唐高宗合葬。武则天死后，有人反对将两人合葬，因为"尊者先葬，卑者不合于后开入。则天太后卑于天皇大帝，今欲开乾陵合葬，即是以卑动尊"。更何况如果开陵，必然要动土，恐怕会惊动亡灵，于是提议在乾陵旁选一个地方，别起一陵。唐中宗心中也有些动摇，诏令群臣商议，武三思等人通过上官婉儿、韦后表达了自己的反对意见，唐中宗便停止了商议，之后按照武则天的遗言安葬。

神龙二年（706）一月二十一日，唐中宗"护则天灵驾回京"。其实那个时候国家政局还没有稳定下来，武三思想借助武则天的亡灵庇护自己，韦后想效法武则天当皇帝，中宗是为了表达自己的孝心，三个人的目的不一样，但是他们都决定，要为武则天举行一场盛大的葬礼。同年五月十八日，武则天的灵柩从唐高宗灵柩经过的地方缓缓驶入了乾陵地宫。武则天的葬礼完成之后，这座陵墓的建设才正式完成。

一、 中华第一预言

让我们继续看看乾陵的另一个主人武则天后来发生的事吧。虽然此时武则天已经贵为太后，并且协理朝政，但是她并不满足。

嗣圣元年（684）二月，也就是李治驾崩的第二年，才当上皇帝没几天的李显打算任命韦皇后的父亲韦玄贞为侍中，宰相裴炎不同意，不停上书阻止，李显怒道："就算将天下交给韦玄贞，又有何妨？区区一个侍中又算得了什么？"

这话传到武则天耳中，她以这件事为借口，废黜李显为庐陵王，把他迁到房陵。

或许在你的想象中，李显由皇帝被废为庐陵王，并且还被流放是一件很可怜的事情，就与李贤一样，甚至都没有衣服穿。那你就错了，当然李显身份地位上的变化，确实让他很痛苦，他也可能经历了路途上的奔波。但是，他并没有像李贤那样穷困潦倒。

李显与历史上很多被放逐的人不一样，毕竟他还有"王"的头衔，而非亡国之君或者犯人。他也没有造反，纯粹是被武则天搞下去的。同时，大唐盛世，国家昌盛，经济飞速发展，综合实力、文化水平均居世界前列，再加上武则天对李显比较宽容，李显在房陵的生活其实还是不错的，毕竟他有一座"别宫"，而不是"土屋"。这一点从《房县志》中贡生汪魁儒的诗作就可以看得出来。诗中写着："百丈城兴，九层版缩，璇琢琼雕，栏目磴复。其上也，楼观翚飞，帘牙鸟啄。其下也，芙蓉池开，琵琶亭续。其井也，黄琉八角以金镶。其城也，白石千綮而玉蠹。由是人疑仙子，境胜蓬莱，珠帘星卷，宝镜月开，巧梳蝉鬓，淡抹鱼腮，眉间晕柳，额上妆梅，温柔香去，脂粉气来。"李显的府邸不仅建造得富丽堂皇，而且用度都很奢华。这种浓厚的宫廷文化特征，对房县的地域文化产生了深远的影响。

李显被发配到房陵的时候，随行的三百余名随从，除了嫔妃子女之外，还有近臣、侍从，以及许多文人墨客、能工巧匠。他们在宫廷中生活了很长时间，代表着最高等级的宫廷文化。到了房陵后，在他们与百姓的交往中，促进了宫廷文化的传播。民间对宫廷生活、礼仪的追求和接受，使宫廷文化得以融入民间文化，形成了宫廷文化和民间文化融合的产物。

后来李显奉旨回洛阳，乃是暗中进行，随身携带的东西不多，仅带家眷，其机密之深，让狄仁杰这位宰相在皇宫里看到李显时，也是大为吃惊。与李显一同前往房陵的亲信、侍从，大部分都留在了房陵，更有不少人选择永远留在了房陵。他们是宫廷文化的继承者，也是宫廷文化与民间文化融合的产物。

武则天改立豫王李旦为皇帝，即唐睿宗。李旦比较聪明，并不敢真把自己当皇上，他上表请辞，后来由武太后临朝称制，把持朝政，睿宗成为历史上有名的傀儡皇帝。九月，武则天改元光宅，也就是"建都"的意思，把东都改成了神都，表示首都是洛阳；与此同时，又改了旗帜、官服、职省等的颜色和名称，赐宫城名为太初宫，表示新的起点，这些都标志着武则天时代的开始。

但是武则天把持朝政并不是那么容易的，同月，李敬业（636—684）、李敬猷兄弟联合唐之奇、杜求仁等人号召支持庐陵王，在扬州发动叛乱，不到10天，便集结了10万大军。

发动叛乱的人我们虽然不够熟悉，但是他们的长辈之前有介绍过，李敬业和李敬猷兄弟的爷爷是李勣，杜求仁的叔叔是杜正伦。他们的长辈会不会知道有这一日？不过李勣却靠着相面有所预感。李敬业十几岁的时候，最爱的就是骑马和射箭。爷爷李勣曾经无数次感慨："此子面相极差，只怕会给家族带来灭顶之灾。"所以李勣在打猎的时候，让李敬业去山林深处驱赶野兽。李勣放火，想将李敬业活活烧死。李敬业眼见火势已起，自知难以全身而退，当即将马杀死，藏于马腹之中，待火势稍熄，才满身是血地逃走。李勣见李敬业平安归来，既惊讶，又钦佩。这段在明代冯梦龙的《智囊全集》中有记载。

武则天立即任命李孝逸（生卒年不详）为扬州道大总管，李治的亲信魏元忠也在其中，率领 30 万大军出征。十一月，李敬业战败，自尽而亡。武则天将李敬业祖父李勣的官爵削除，还把李勣的坟墓给挖了，恢复他的原姓徐氏。所以有的时候在一些资料中可以看到李敬业也叫徐敬业。

垂拱二年（686）三月，武则天在洛阳皇宫（紫微城）前，命人制作一只青铜匣子，随时准备接受臣下的奏折。还宣布，谁都可以举报。凡是通风报信的，都由政府提供驿站的车辆和食物。武则天甚至还亲自接待了农夫樵人。所告之事，若能与旨意相符，则可获特例提拔。若他说的是假的，武则天也不会追究。

武则天还任命索元礼、周兴、来俊臣、侯思止等一大群酷吏负责制狱，一旦犯人被关进监牢，就会被严刑拷打，能活着出狱的寥寥无几。因此，在这种情况下，由于报信风气越来越盛，被酷吏折磨至死的人也越来越多。所以朝堂内外，都有一种极为可怕的政治氛围，以至于朝堂上的官员，每次上朝之前，都要和家人诀别，整日提心吊胆。

而武则天之所以重用这些酷吏，也是出于政治上的考虑，目的就是打击政敌，巩固自己的统治。是年，武则天颁布了一道旨意，处死了南安王等 12 名宗室，还杀了已故太子李贤的两个儿子，唐朝宗室被杀得干干净净，幼小的幸存者，都被发配到了岭南。

武则天谋夺李唐江山，诛杀宗室，令众王心生不安，众王欲起兵反抗。在还未达成共识的时候，就有宗室举兵，最后被武则天镇压。武则天想尽一切办法除掉李氏诸王，她让周兴等人审问，逼迫韩王李元嘉、鲁王李灵夔、黄国公李撰、东莞郡公李融、常乐公主等自杀，他们的亲信也被杀死。在政敌被杀、政局稳定后，武则天对这些酷吏的态度从重用到打压。酷吏不久后就走向了灭亡。史载天授二年（691），武周政权刚刚稳固，武则天便将索元礼等人全部斩杀。

经过屠杀唐朝宗室、平息叛乱之后，武则天终于按捺不住自己称帝的野心，但她还没有机会称帝。为了称帝接下来就要开始造势了。武则天的侄子武承嗣，命人在白石上刻下一行字："圣母临人，永昌帝业。"据说这是在洛水里找到的，武承嗣将白石献给武则天，武则天欣喜若狂，给这个石头命名为"宝图"。之后武则天加尊号为"圣母神皇"。

据《资治通鉴》记载，载初元年（690）九月五日戊寅，朝臣奏曰："有一凤自明堂而起，停于上阳宫中的肃政台梧桐树下。"武则天急忙带人去看，只见凤凰见到武则天后，立刻向东南方向飞去，而在她的身后，成千上万的朱雀聚集在一起，在朝堂上翩翩起舞，久久不散。一名官员见状，立即跪了下来，对武则天说道："这只凤凰代表着神皇，它飞到肃政台，见了您才离开，这是暗示你登上大宝之位。这些朱雀代表着我们，如果您再不登基，那就是逆天而行，朱雀不会离开，我们将长跪不起呀！"

武则天在"迫不得已"的情况下，决定接受天命，成为皇帝，而天上的朱雀也果然都飞走了。事实上，这并不是什么祥瑞，只是武则天为了登上皇位而制造出来的舆论。其实根本没有什么凤凰，是孔雀装扮的。而之所以能聚集那么多的朱雀，是武则天让人在朝堂的屋顶上铺满了鸟粮，然后在合适的时候放出了数以万计的朱雀，饥肠辘辘的鸟儿们看着这场"饕餮盛宴"，久久不愿离开，给武则天造势。

载初元年（690）九月，侍御史傅游艺（？—691）带领关中900多名百姓来到神都，上表请武则天改国号为周，赐皇帝姓武，但武则天并没有批准。皇族、百官、远近百姓、四夷酋长、沙门道士等6万多人，纷纷上书请愿，睿宗也向武则天请示，请她赐自己姓武。不久之后，武则天终于答应，于九月九日亲临则天门，大赦天下，改唐为周，改元天授。乙酉日，上尊号曰圣神皇帝，以皇帝（睿宗）为皇嗣，赐姓武。丙戌，又在神都立武氏七庙。

其实在武则天称帝之前，就有人预言过她会成为皇帝，这个人就是前面说过的袁天纲与李淳风。唐代对算命先生的信任度很高，袁天纲也是皇帝最宠信的方士。唐太宗曾让袁天纲推算未来的事。当然，作为皇帝，唐太宗也知道不能只听一个人的预言，于是唐太宗让他和李淳风一起推算。唐太宗生怕这两个人串通好骗自己，于是让李淳风、袁天纲背对背地进行预言。李淳风以大唐江山为起点，推算出了2000多年之后的事情，已经沉醉其中，不肯罢休，就在这个时候，袁天纲在他身后，推了推他的背，说道："天机不可再泄，回去休息吧！"这就是《推背图》的由来。

两人的推演，虽然句子不同但是意思竟然是一模一样的，可以用其中一个为另一个注解。后来，这些"天机"被辑录成中华第一预言奇书《推背图》，因为它能预知国事兴衰，所以在历朝历代都有流传。从皇帝到百姓，都有人想要去看一看。

在《推背图》当中记载了7个奇女子，5个女子已经被证实，分别是武则天、杨贵妃、北宋章献皇后刘娥、明朝奉圣夫人客氏还有慈禧太后。关于武则天的预言如下：

第三象 丙寅 艮下乾上 遁

谶曰：

日月当空，照临下土。

扑朔迷离，不文亦武。

颂曰：

参遍空王色相空，一朝重入帝王宫。

遗枝拨尽根犹在，喔喔晨鸡孰是雄。

金圣叹曰："此象主武曌当国，废中宗于房州，杀唐宗室殆尽。先武氏削发为尼，故有参遍空王之句。高宗废后王氏而立之，故有喔喔晨鸡孰是雄之兆。"

　　第一句很明显说的就是"曌"这个字，因此就是武则天。至于其他两位女子还没有被解出来，感兴趣的朋友可以自己去探索一下。关于《推背图》还有一个小故事。《推背图》具体的内容，其实是有变动的。在北宋宋太宗执政的时候，一种使人心不安的谣言突然流传开来。有不少人说，唐代李淳风曾写过一部《推背图》，这是一部传世之作，可以预测一个朝代的兴衰，预示着大宋将会在宋太宗时期覆灭。这本来只是一个谣言，听起来十分荒谬。但是，谣言来势凶猛，不久就传遍了京城开封，使开封的百姓们都惊慌失措。

　　宋太宗当即下诏，将《推背图》列为禁书，凡有藏书者，一律严查，凡是有意造谣、蓄意造谣者，一律严惩。《推背图》在民间流传了数百年，民间也有不少人知道，想要彻底查抄，也不是一件容易的事情。宋太宗又想了一个办法，大禹治水就是疏而不是堵，他下令修改《推背图》，删去了许多内容，添加了许多不相干的内容，并将其重新刊载，供普通民众自由选购和阅读，并且在《推背图》上写着："是国家新印的《推背图》，而民间的《推背图》则是赝品，有不少内容都是假的。"人们买了新出的《推背图》，一看之下，并无新意，也就没人再去看了。

　　关于武则天称帝的预言，还有一则比较易懂的传说。

　　贞观初年，太白金星曾数次在白天出现。太史令李淳风占卜说："这是女主昌的征兆。"当时还有人称"唐三世之后，女主武王代天下"。唐太宗听后很不高兴。之后，左武卫将军李君羡在酒宴上道出自己的小名为"五娘子"，而且他还是武安人，太宗对他起了疑心，最后他被皇帝处死。

　　太宗曾经私下问过李淳风："唐三世之后，女主武王代天下是不是真的？"李淳风回答："微臣观察天象，推算出，这人就在皇帝的宫中，是皇帝的妃子，三十年之内，她就会成为皇帝，李唐的子孙后代，都是她的囊中之物。已成定局。"太宗说："既然如此，所有有嫌疑的人都杀了，怎么样？"李淳风无奈地答道："这是天意，不可违逆。将来的王是杀不了的，再杀也只能徒增无辜。况且三十年后，这人年纪大了，也许心存善念，祸患就少了。就算我们把她抓起来，把她杀了，说不定会有更厉害的人物降临，到时候，你的子孙后代可能都会被杀。"太宗觉得李淳风说得很有道理，也就没有再多说什么。

武则天成为女皇帝，充满了戏剧性和神话色彩，所以出现了很多的传说，但是对于当时的武则天来说，她真正的辉煌人生刚刚开始。武则天是否从一开始就以当皇帝为目标呢？我想应该不是的，李治在死的时候都没有想过杀武则天，甚至没有废后，因为李治没有想过女子成为皇帝的可能。武则天可能自己都没有想到过这件事。但是架不住武则天活的时间太长了，也架不住她的几个儿子都比较软弱，不软弱的也先病死了。因此武则天抓住了这个机遇。

天授二年（691），也就是武则天登基的第二年，之前那个因为谣言被处死的李君羡的家属来到京城申冤。武则天一听，觉得这人为自己挡了灾，而且她认为自己才是"女主武王"，因此恢复了李君羡的官爵，以礼改葬。

天授二年（691）七月，僧人法明等撰《大云经》四卷，里面称武则天乃弥勒佛转世，应为人间之主，武则天下令将《大云经》颁行天下。她命两京诸州各设一座大云寺，藏《大云经》，并命僧人讲授，使佛教的地位高于道教。

长寿元年（692）九月，武则天命王孝杰和阿史那忠率领大军向西北进发。十月，王孝杰攻陷吐蕃，收复龟兹、疏勒、于阗、碎叶等安西四镇，设安西都护府于龟兹。武则天不顾大臣们的反对，果断向安西四镇增兵3万。这一举措，使得安西四镇得以稳定，直到唐玄宗时也没有再动荡。

长寿二年（693）正月，武则天的侍女韦团儿，因为勾引李旦不成，怀恨在心，污蔑李旦的妃子刘氏和德妃窦氏诅咒武则天。武则天听信谗言，于是暗中处决了刘妃和窦妃，并将她们葬于皇宫。李旦根本不敢提起自己的两位嫔妃失踪的事，面对武则天，他也是一副若无其事的样子。韦团儿也企图谋害李旦，却因被揭穿而被杀。没过多久，尚方监裴匪躬和内务侍郎范云仙，因私会李旦而被杀害。武则天又剥夺了李旦接见公卿百官的权力。之后李旦被人诬陷造反，武则天命酷吏来俊臣审理。来俊臣对东宫属官严刑拷打，让他们"招出"李旦谋反之事。乐工安金藏在大庭广众之下剖腹，以表明李旦没有谋反。武则天大受触动，对李旦再无疑虑，命令来俊臣终止审讯。李旦因此幸免于难。

九月，武则天加号"金轮圣神皇帝"，制作金轮、白象等七宝。又加封了她的曾祖父和父亲。

长寿三年（694），武三思率领四夷之主，以铜铁铸造天枢，以示武则天之功。武则天亲笔题字："大周万国颂德天枢"。

证圣元年（695）正月一日，武则天加号"慈氏越古金轮圣神皇帝"。正月十六日夜，武则天的面首薛怀义（662—695）失宠，放火烧毁了天堂，火势一直蔓延到了明堂，到了天亮，二堂都被夷为平地。她下令重建明堂，把原来的天堂改作佛光寺。

薛怀义本名冯小宝，原本是洛阳城的一个小货郎，以贩卖草药为生。冯小宝身材魁梧，口齿伶俐，被一个府邸的侍女看中，成为了她的情人。这侍女的主人是公主，有一次她与冯小宝在公主府偷情，被公主发现。公主看到冯小宝如此英俊，非但没有责罚他，反而将他留了下来。公主为了取悦武则天，将冯小宝送给了她。

武则天召见冯小宝，喜冯小宝身材健硕，相貌堂堂，便把他留在宫里。为了不被人发现，也是为了冯小宝方便进出，她让冯小宝剃度出家。后来，冯小宝改名为薛怀义，和太平公主的夫婿薛绍成了一家人，武则天命薛绍认薛怀义为季父。自此，薛怀义便在洛阳的僧人法明、处一等的带领下，在皇宫中念经。前面说的《大云经》就是这几人编出来的。武氏王公大臣都对他毕恭毕敬，称他为薛师。

前面说的明堂和天堂，是在垂拱四年（688）修建的。当时，武则天将乾元殿拆了，在原址上修建了明堂，薛怀义为监工，征民夫数万。"明堂大屋凡三层，计高三百尺。"明堂建成后，在北边建了一座天堂，规模仅次于明堂。

只是后来武则天成为皇帝，身边的男宠也越来越多，她对一个名叫沈南璆的男人产生了好感。薛怀义一怒之下，没有再去皇宫面见武则天，而是留在白马寺，和剃度的那些小流氓胡闹。针对慢慢失宠，薛怀义不是没有争取过。在上元佳节，为了庆祝，薛怀义安排了一批人，在明堂的地下，掘了一个五尺深的大坑，将佛像埋入其中，装上机关。接着，用丝绸在上面建造了一座皇宫。武则天到了明堂，薛怀义便让人将那尊佛像缓缓从地底拖了出来，拖进了那座用彩缎建造的宫殿里。从侧面看去，就像是一尊从地下冒出来的佛陀。

而且，薛怀义还杀了一头牛，用牛血画了一尊二百尺高的佛像，将它悬挂在天津桥上，告诉武则天，这是他用自己的鲜血画的。不过武则天只是微微一笑，并未在意。

薛怀义心中愤恨，第二天便放了火。

在明堂被大火焚烧了大半个月后，薛怀义被人杀死。

同月，武则天派王孝杰出兵去打突厥。十月，突厥默啜可汗遣使请求投降，武则天十分高兴，于是她决定也来一场封禅。过了两个月，武则天从神都出发，登嵩山，封神岳，大赦天下，改元万岁登封。这是一个非常符合当时情况的年号。

可能是因为经历过高宗泰山封禅，武则天也想封禅，不过封禅地点并不是泰山，她可能是想避开高宗封禅过的地方，所以选择了嵩山。嵩阳县的名字也改成了登封县，阳成县为告成县，天下百姓免当年租税，由此也可见当时国力强盛。武则天又自制升中述志碑，竖立于登封坛。整个封禅过程非常有仪式感。

万岁登封元年（696）三月，武则天重新建造的明堂落成，名为"通天宫"，改元万岁通天。不过一切并非那么顺利，五月，营州契丹中的松漠都督李尽忠、归诚州刺史孙万荣举兵造反，攻陷营州，武则天两次派兵征讨，但是都大败而归。

直到万岁通天二年（697）四月，武则天又派兵 20 万，讨伐孙万荣等部。孙万荣所部在六月的时候被击溃，其余的人都投降了。

同月武则天铸造九鼎，由玄武门进入紫微城，命宰相和诸位王公率领 10 多万亲卫，再加上大牛、白象共同拖曳；武则天又作《曳鼎歌》，以令其相互唱和。最终将九州鼎依照各自方位列于明堂庭内。这么看来，武则天其实很会搞一些仪式类的东西，来歌颂自己。

一切都在往好的方向发展。但是有人不乐意看到天下太平。

同年，酷吏来俊臣诬告武氏诸王及太平公主，并诬陷李旦和李显勾结共同谋反。武氏诸王与太平公主大惊失色，十分害怕，一齐揭发了他的罪行，来俊臣被送进了大牢。来俊臣心狠手辣，残害无辜之人，制造了无数的杀戮，武则天也知道天下愤怨，下令历数其罪状，斩杀来俊臣，并没收其家财。

圣历元年（698），武承嗣、武三思想当太子，曾派人向武则天说："自古天子都是姓一个姓的，没有把异姓当作继承人的。"武则天犹豫不决，大臣狄仁杰（630—700）向武则天说："武承嗣和武三思是陛下的侄儿，李显和李旦则是陛下的儿子。侄子和儿子哪个更亲近？皇帝立了儿子为太子，千秋万岁之后，会在太庙中被作为祖先祭拜。我从来没有听说过，侄儿成了皇帝，把姑姑放在太庙里的。"他劝武则天将李显召回。从那以后，武则天就没有再提起把武承嗣和武三思选为皇储，而是偷偷地把李显带到了洛阳。就连控鹤监内供奉吉顼、张易之、张昌宗都曾请求武则天立李显为储君，这三人，一个是酷吏，两个是她最宠爱的面首，而且皇嗣李旦亦请求逊位于李显。面对来自各方的压力，武则天终于意识到，李唐宗室才是民心所在，若执迷不悟，必会失去民心。后来一次征兵时，没有人应征，但是听说太子（李显）来了，北郊的山头上人满为患，再无容身之地。此事更加说明李唐才是众望所归。武则天权衡再三，最后还是把李显立为太子。

武则天在继位问题得到解决后，心满意足，再加上年纪渐长，开始耽于享乐，大修宫殿、佛寺，并建造"天枢"，歌功颂德。

武承嗣和武三思都争先恐后地讨好武则天的面首张易之、张昌宗兄弟，甚至还给他们牵马。那时候的武则天，已经是真正的垂垂老矣，久病不能上朝，对朝政的掌控力大不如前，二张兄弟就是她的耳目。二张渐渐介入朝政，诬陷宰相魏元忠，与群臣为敌，也使得武则天归还李唐皇位、传位太子的形势随之改变，政局变得更加复杂，武则天与群臣之间的关系，也变得更加紧张。

神龙元年（705）正月，武则天病重，在迎仙宫中卧病在床，身边只有张易之和张昌宗两个人。宰相张柬之、崔玄暐与大臣敬晖、桓彦范、袁恕己等，交结禁军统领李多祚，佯称二张谋反。于是发动政变，率领500名禁卫，攻入皇宫，将二张斩杀，然后将武则天的寝宫团团围住，请求武则天退位。武则天被迫将皇位传给了李显，然后迁往洛阳禁苑东边的上阳宫。李显上武则天尊号为"则天大圣皇帝"，武周一朝结束。紧接着，二月，唐朝复辟，之前被武则天改过的百官、旗帜、服色、文字等皆复旧制，都城的名字也改了回来，神都改称为东都。

神龙元年十一月二十六日（705年12月16日），武则天在上阳宫的仙居殿病逝，终年82岁。她留下遗诏省去帝号，称则天大圣皇后，赦免了王皇后、萧淑妃二族以及褚遂良、韩瑗、柳奭三人的亲属。当然这是不是她真实的想法就不得而知了。

神龙二年（706）五月，武则天与高宗合葬于乾陵。

虽然唐室依照她的遗诏加谥号，后来仍有数次修改：

唐隆元年（710），改为天后。

景云元年（710），改为大圣天后。

延和元年（712），改为天后圣帝，不久后，改为圣后。

开元四年（716），改为则天皇后。

天宝八载（749），加谥则天顺圣皇后。

谥号的变化，表现出当时当政者对武则天的态度。

武则天，是一个睿智、冷静、冷酷的女子。她在那个男尊女卑的时代，靠着自己的勇气和聪明才智，一路往上爬，终于获得了世人的尊敬，成为了九五之尊，坐拥天下。前无古人，后无来者。

二、无字碑的玄机

武则天这一生，两次以宫妃的身份入宫，侍奉过两朝皇帝，当了二十几年的皇后，做了 6 年太后，又当了十几年的女皇，是中国历史上独一无二的正统女皇。

如果确切地说武则天当政的时间，需要将她未当女皇的那段时间也算进来，大致可以分为三个时期：

第一个时期为幕后干政时期，从显庆五年（660）至弘道元年（683）共 24 年，在这段时间武则天当了 5 年皇后，而李治这个时期身体不好，眼睛看不清，武则天趁机干政，也是这段时间李治差点废了她。

第二个时期是临朝称制时期，即从中宗即位的嗣圣元年（684）至永昌元年（689）共6年，这个时期是武则天为太后的时期，她先立李显又废李显，之后又立李旦为皇帝。也是在这个时期武则天任用酷吏打压异己。

第三个时期就是武则天登基称帝时期，武则天从天授元年（690）自封皇帝到神龙元年（705）去世，做了16年的女皇帝。在她登基初期，酷吏进入末路，大部分酷吏已经死亡，只剩下来俊臣。

这样算起来武则天统治李唐皇朝的时间共46年。

我们一般把唐朝分为初唐、盛唐、中唐、晚唐，也就是"四唐说"。

初唐（618—712），大体上是指唐代开国至唐玄宗先天元年，就是到李旦禅位、唐玄宗继位那一年，一共约95年，具体划分可能相差一两年。但是在初唐这90多年，武则天执政44年，初唐时期的历史有一半以上都与武则天有关。

那么她在执政期间到底做了什么呢？从前面看似乎只是宠爱男宠，喜欢建寺庙，还有就是放任酷吏，屠杀李氏宗室。听起来似乎并不是明君所为，或许武则天也不敢称自己是明君，她之前亲手为高宗李治写了碑文，到了她自己这里，却只留下一座无字碑供后人评说。

乾陵无字碑位于司马道东面，北临土阙，南临翁仲，与述圣纪碑遥遥相对。巍峨雄伟，雕刻精美，是历代碑林之冠。

这座举世闻名的无字碑，是用一块巨大且完整的石头雕刻而成，高7米多，宽2米左右，厚1米多，总重量将近100吨，整体看起来厚重而又浑然天成。碑额无碑名，碑额阳面正中有一条螭龙，左右各有4条，共9条螭龙，所以又被称为"九龙碑"。石碑两侧各有一幅升龙图，气势恢宏，每一幅图画的都是一条栩栩如生的巨龙腾空而起，彰显着大唐的霸气。石碑正面也有一幅线刻的狮马图。马屈膝低头，雄狮昂起头，怒目而视。石碑上有许多花卉图案，线条流畅。

这座石碑从立起来就没有刻一个字，后人称之为"无字碑"。其实各地都有无字碑，出名的也不少，比如春秋战国时期的郑韩故城无字碑，但大家所熟知的还是乾陵的无字碑。为什么这座石碑评价最高？一是这座石碑非常神秘，与中国唯一的女皇帝武则天有关。二是这座石碑经历了无数年的风吹雨打，屹立不倒，没有受到太大的破坏。三是这座石碑巨大完整，是其他无字碑所无法比拟的。

无字碑最让人好奇的就是为何不刻一个字。关于这一问题众说纷纭，但至今仍是一个未解之谜。

这座无字碑是武则天之子、继位皇帝中宗李显所立。据说当时他已经令人撰写了《则天皇后纪圣文》，但是众人对武则天是否与高宗合葬一事出现了激烈的争议。中宗为了保证武则天的遗愿能够实现，又不影响自己的皇权统治，便以不镌刻碑文向反对合葬者妥协，这才留下了这座无字的千年巨碑。

还有其他关于石碑为什么没有刻字的说法，一种是"德大"，就是武则天自认功德无量，功绩无法用文笔写出来；一种是"自惭"，就是武则天死前突然"良心发现"，自愧之前的所作所为，所以不刻字；还有的说因为当时她的称谓没有定下来、这个"碑"不是石碑等，不过这些观点并不可信。

这些都增加了无字碑的神秘性，那么武则天执政时期到底做过什么呢？到底值不值得立碑？

武则天在高宗李治生病的时候，以辅佐高宗的名义参与朝政，之后她铲除异己，将国家的权力牢牢地掌握在自己手中。同时，这些行为影响着朝堂，官制和科举制度发生了许多变化，也奠定了建立武周政权的基础。这些行为可以归纳为以下几个方面：

一、打压旧式士族和重用北门学士。武则天不断地利用各种渠道培养庶族的精英。

显庆四年（659），武则天将《氏族志》改为《姓氏录》，规定皇朝得五品官者，皆升士族，又定下后族武氏为第一等。这就削弱了士族的实力，提升了庶族的政治地位。这些庶族拥护和支持武则天，奠定了后来武氏取代李氏的"阶级"基础。唐高祖在位的时候，所有的宰相都是士族。唐太宗时期，宰相的职位也大多由士族担任。至唐高宗时，大臣中有百分之二以上为庶族，比唐太宗时代还要多。前面已经说过这个北门学士群体。唐朝的宰相体制是承袭隋制的，而在唐朝，宰相的权力逐步被弱化、被分割，这是一个整体的发展趋向。武则天以北门学士削弱了宰相的权力，达到了制衡和控制大臣的目的。这些人为武则天巩固了皇后的地位，为武则天改唐为周打下了坚实的政治基础。唐高宗和武则天的智囊团就是北门学士。这些人多是庶族，武则天提高了他们的社会地位，他们成了武则天从政的重要帮手。

武则天继续延续贞观年间整顿吏治、严惩贪腐的方针，"尝与宰相议及刺史、县令"，并派遣"使者以六条察州县"，以考察州县官员是否廉洁奉公。对贪污腐化的官员，不管是什么级别，都要受到严厉的惩罚。相反，对有才华的人，可以破例提拔。武则天很看重那些清廉正直的官员，特别是那些有才华有学问的人，都会被她重用。

武则天整顿吏治，奖惩分明，善于审时度势，善于用人。《资治通鉴》上说："太后虽滥以禄位收天下人心，然不称职者，寻亦黜之，或加刑诛。挟刑赏之柄以驾御天下，政由己出，明察善断，故当时英贤亦竞为之用。"

二、在政治上，武则天将长孙无忌和褚遂良等人赶出了朝堂。关陇集团及其附属势力，是当时的一股保守势力。将其逐出政坛，结束了关陇集团自北周开始的一个多世纪的统治，同时也为社会发展、经济发展提供了有利环境。

三、在人才上，朝廷派出巡抚，在全国范围内招募才俊，然后送往京城，由皇上亲自考核，这就是制举、策问。《大唐新语》中有一句话：

"则天初革命，大搜遗逸四方之士，应制者向万人，则天御洛阳城南门，亲自临试。"成绩优异者，可破格录用。允许官员和百姓自荐，以免有遗漏。进一步发展由州县推荐人才为主的乡贡（贡举），不仅贡举科目增多，入学人数也大大增加，每年的录取人数，都是贞观时期的二倍以上。比如，在天授元年（690）二月，"太后策贡士于洛城殿，贡士殿试自此始"。

武则天的选官范围很广，挑选了很多优秀的人才，《新唐书》上说："太后不惜爵位，以笼络四方豪杰自为助，虽妄男子，言有所合，辄不次官之；至不称职，寻亦废诛不少纵，务取实材真贤。"这些人才不但是巩固武则天政权的主要骨干力量，而且他们当中也不乏姚崇、宋璟等之后辅佐玄宗开创"开元之治"局面的名臣、贤相。根据前面所写，难免给人一种武则天把所有良臣都杀掉的错觉，其实武则天一朝有"君子满朝"之称，有娄师德、狄仁杰等名臣。

四、削弱李氏朝臣力量的同时，打压本族势力。武后上台后，权势日盛，武后集团与李氏大臣之间的巨大冲突越来越激烈。等到上官仪死后，与上官仪有关系的很多官员都被贬，再也没有人反对武则天参政。而且前面说过高宗李治的很多心腹大臣都相对"默默无闻"，可见他们一直处于被打压的状态。武则天为了维护自己的权势，在诛杀异己的同时，也对武氏族人进行了大量的屠杀。这样既消除了来自武家其他成员的威胁，又树立了"公正"形象，赢得了中下级官员的好感。

武则天有两个同父异母的哥哥武元庆和武元爽，她的伯父家有两个儿子叫惟良、怀运，这四人生卒年不详，史料记载的并不多，只有两件事可说。一就是在武则天父亲死后，这四人包括他们的妻子，对武则天母亲不敬。二就是在武则天成为皇后之后，她的母亲被升为荣国夫人，这母女二人并不计较曾经的恩怨，还提拔了他们。一日，荣国夫人与亲戚举行了一场盛大的宴会。宴会上，荣国夫人向惟良问道："你还记得以前的事情吗？今日的荣耀又怎么样？"惟良答道："我们都是为国效力的人，很早就加入了当官的行列，以名望论才华，不求荣华富贵，却不想因为皇后的缘故，得到了朝廷的恩宠，整日提心吊胆，不以为荣。"他们的冷淡态度，让荣国夫人很是不满。武则天上奏高宗，让武惟良等人担任远州刺史。表面上是谦虚，压制自己的亲人，实际上是心里憎恶他们。高宗或许是知道武则天心里所想，便把几人安排在了比较远的地方当刺史，武元庆不久就病死了。

武则天还有两个亲姐妹，长姐武顺嫁给贺兰越石（生卒年不详，早逝），生一子一女；妹妹嫁人后与夫婿都早逝。武则天封姐姐武顺为韩国夫人。后来韩国夫人经常带着女儿入宫探望武则天，也因此受到高宗李治的宠爱。有人传言，武则天的二儿子李贤其实就是韩国夫人生的。而韩国夫人的女儿，也就是武则天的外甥女也得到了高宗的宠爱，赐号魏国夫人。唐高宗想要她做宫中的女官，因为害怕武则天而不敢下决心，所以武则天对她恨之入骨。巧的是，武惟良和武怀运带着各州的刺史前往泰山朝见皇上，又随皇上回长安。武惟良等进贡食物，武则天暗中下了毒药，魏国夫人吃后暴毙，武则天遂将责任推到武惟良和武怀运身上。最后将他们处死，改姓为蝮氏。武怀运的兄长武怀亮早逝，其妻善氏曾经对荣国夫人不敬。善氏因为武惟良等人的罪行，被贬为奴隶，荣国夫人便让武则天用荆棘将她抽得肉烂见骨，直至死去。

如此，武则天逐渐掌控大局。武则天辅佐朝政时的政绩也体现为她改革中央官制、促进农业发展以及继续推行少数民族地区羁縻政策。

武则天改革中央官制，设骠骑大将军，废尚书令，将门下省改为东台，中书省改为西台，尚书省改为中台，侍中为左相，中书令为右相，等等。可能是出于女人对服饰天然的喜好，武则天还改换了文武百官的服饰，几品官职可以清晰地区分开来，重要的是这些代表了武则天在执政方面与李唐区别开。这些变化表明，当时的官员选拔方法和制度更加健全和严密。

武则天曾在"建言十二事"中建议"劝农桑，薄赋役"。为了执行圣旨，朝廷制定了对当地官员的考评原则，以发展农业生产为主要标准，如果府州县官员所处地"田畴开辟，家有余粮"，给予奖励；反过来，如果"为政苛滥，户口流移"，就会受到严惩。为推广农耕技术，聘请农学学者编撰《兆人本业记》，分发给州县，供州县官员和农民参考。在这一时期，均田制逐渐解体，民间流民的现象也随之出现。武则天对土地兼并和流窜的农民，也是比较宽容的。所以武则天时代社会比较稳定，农业、手工业、商贸等方面都得到了极大的发展，户籍从唐高宗永徽三年（652）的380万户增至唐中宗神龙元年（705）的615万户，年均增长率在0.7%以上。这在中国古代是很快的增长速度，同时也是武则天时代经济发展的一个客观指标。

但是，民户的逃亡，也造成了国家赋税的流失，从而加剧了社会的不安定。武则天为了称帝，尊崇佛教，大修庙宇，修建规模宏大的明堂和天堂，使百姓的负担更加沉重。

武则天大力推行边疆地区的羁縻政策。设立州县，吸引少数部族首领担任酋长，以改善部族之间的关系。唐太宗年间，曾在周边少数民族地区置州。在武则天辅政的时候，这是很常见的事情。比如，在吐火罗和波斯建立都督府，这也反映了唐高宗在武则天的帮助下，国势越来越强，版图越来越大。

在武则天的辅政下，唐朝积极地对外扩张。总章元年（668）九月，唐军东征朝鲜，攻下了平壤城。十二月，唐高宗、武则天在蓬莱宫召见高句丽俘虏。高句丽平定，消除了唐朝东部的威胁。在西线的吐蕃之战中，双方却是僵持不下，朝野局势再度紧张，唐军不得不退兵。武则天称帝时期与周边诸国发生的局部小规模的战争时起时伏，以武周胜利为多。武则天在位期间基本上维护了国家的统一，此时唐朝国土广袤，国力强盛。

在文学方面，武则天也有很大的功绩，她把文官周茂思、范履冰等人召集来，编纂《要览》《字海》《乐书要录》等书。其中《字海》收录了武则天所创的"则天文字"，现在全书已失传。《乐书要录》在唐代乐律文献中极具历史和学术价值，极富实践意义，是中国古代音乐史的重要组成部分。全书共十卷，今仅存第五、六、七卷。

在辅佐朝堂时，武则天为了掌控朝政，不择手段，甚至不惜屠杀宗室。但她处事果断，顺民之心，为唐王朝的巩固与发展做出了贡献。武则天的才能和胆略，对后世也产生了很深远的影响。武则天曾说："朕辅先帝逾三十年，忧劳天下！"这是她对自己辅政时期政绩的一种比较公正的总结。

自宋金之后，便有游客在无字碑上题字，从而形成了一块有字的石碑。再经元、明、清三代，碑文上渐渐有了大量的文字，不但在内容上自然地形成了对武则天的评价，而且在书法上真、草、隶、篆、行五体俱全，这大概就是立无字碑的初衷。其中保存较为完整的《大金皇弟都统经略郎君行记》是1135年用女真文字刻成的，旁有汉文翻译。女真文字在今天已经消失，所以，石碑上的文字是研究女真文字和中国少数民族历史、文化的宝贵资料。

自唐朝以来，关于武则天的评价一直众说纷纭。唐朝初期，因为历代帝王都是她的嫡系后裔，而且儒家正统思想还没有完全占据统治地位，所以，当时对武则天的评价还是不错的。但是随着时间的流逝，尤其是当司马光主编的《资治通鉴》对武则天进行了严厉的批判后，关于武则天的负面评价也很多。她在位之初，大兴告密之风，重用酷吏周兴和来俊臣，再加上她违背了传统的礼教，有不少男宠，所以史书上对她的所作所为大加鞭挞，说她心狠手辣，善弄权术，与唐中宗时期的韦后，合称为"武韦之乱"。譬如明末清初，著名思想家王夫之曾评价武则天是

"鬼神之所不容，臣民之所共怨"。

但不得不说，武后治国有方，重视招贤纳士，开创了"殿试"，还能重用狄仁杰、张柬之、桓彦范、敬晖、姚崇等中兴名臣。武则天执政时期，政策稳妥，兵略得当，文化复兴，国富民强，素有"贞观遗风"之称，并为其孙唐玄宗的"开元之治"奠定了坚实的基础，武则天对历史做出了重大贡献。

三、武则天的男宠们

控鹤是指乘鹤，古代有一种说法，那就是仙人乘鹤而上，所以常用控鹤指代皇帝的近臣或者亲兵。然而到了武则天这里，控鹤有了新的含义，在她看来，男女之间是平等的，圣历二年（699），武则天为了让自己的特权制度化，设立了一个类似于皇帝"后宫"的机构，名为"控鹤监"，这是为了让他们的身份合法化。尽管这个机构设立的初衷是为了收集优秀的文稿和文艺作品，但是不久之后，便沦为了一个男性"后宫"。

这个时候武则天已经有 75 岁了，也不大可能怀孕，而且这个时候她大权在握，可以为所欲为了，尤其是在男女关系上。

武则天的前两任丈夫都是全天下最厉害的人物，但是她当时的角色是嫔妃，是丈夫众多女人中的一个，不管从感情上还是从身体上都不是唯一。现在她成为了全天下最厉害的人物，在男女关系中自然处于主动地位。

再后来，武则天身边有无数的男宠，但是最出名的是薛怀义、沈南璆、张易之和张昌宗四人。

高宗驾崩的时候，武则天已经有 59 岁了，当时已经没有人能够辖制她。武则天身边的第一个男宠薛怀义就要出现了。并没有确切的记载显示薛怀义是什么时候开始服侍武则天的。但是从前面的内容可以知道，薛怀义之前叫冯小宝，是武则天让他姓薛，让薛绍认他为季父。太平公主与薛绍的婚姻是在681年到688年之间，高宗驾崩是683年，那薛怀义出现的时间大概就是684年到687年之间了。

薛怀义那个时候不到30岁，正是身强力壮的时候，很快武则天成为皇上，薛怀义还帮助过武则天，一时间薛怀义飞黄腾达，很是受宠。这也导致他非常张扬跋扈。没想到薛怀义觉得武则天年纪大了，就很少入宫陪伴。

他经常居住在白马寺，并且招揽了很多年轻人来当僧人。他每天不在寺庙里诵读经文，而是在大街上骑着骏马，在洛阳城中横冲直撞，所到之处，行人都是避之唯恐不及。如果不能及时闪避，就会把冲撞之人打得头破血流，然后丢在马路上就走了，也不管其死活。尤其是见到了道士，更是嫉妒得要死，非要将他们捉去，剃个光头，一块儿出家。有时候甚至连道教中的高人也不例外。那时有个有名的道人，名叫侯尊，是弘首观的掌门，有一次薛怀义无意中看到他，强行将他拖入寺中当和尚，在薛怀义死后，他才重新蓄发当道士。

薛怀义对这些大臣，也是相当不客气。当时有一位御史看不惯他的做法，屡次弹劾，薛怀义一气之下，拦住了他，将他打得半死不活。这种恶行，做得多了，就会遇到麻烦。

一日，薛怀义入宫在门口与宰相苏良嗣相遇。薛怀义平日里嚣张跋扈，所以他并没有将苏良嗣放在心上，先进入宫门。苏良嗣气得七窍生烟，立刻让人将薛怀义拖了过来，一顿暴打。薛怀义去找武则天告状，武则天却是心领神会，拍了拍他的脑袋，说道："你记住，北门才是你出入的地方，南衙是宰相理政的地方，你没事到那里闯什么祸呢？"

但是花无百日红，薛怀义自以为是武则天的心上人，其实武则天已经渐渐不在乎他了。武则天当上皇帝，身旁的面首只会越来越多，后来她宠爱了一个叫作沈南璆的御医。

不过沈南璆在史料上几乎是没有记载的，生卒年不详，只知道他是个御医。而他之所以留下名字就是因为被薛怀义嫉妒。据说沈南璆是因为吃了丹药暴毙而亡，其他的就不得而知了。

薛怀义后来想重新获取武则天的宠幸已经不可能了，他放火烧了明堂和天堂后，就被杀死了。而他到底是被谁杀死的，也成为了历史上的悬案。

不过史书上记载了三种说法：第一种说是武攸宁杀了薛怀义，这在《实录》和《资治通鉴》中有记载。暗杀的地点是瑶光殿。瑶光殿四面环水，风景秀丽。一日武则天邀薛怀义到此相会，薛怀义兴冲冲地赶了过来，不料等他的是武则天的外甥武攸宁，武攸宁见到薛怀义，二话不说，带着几个大汉一拥而上，把他按在地上，一通毒打，他当场就死了。第二种说法在《旧唐书》中有记载，说薛怀义是被武则天之女太平公主的乳母张夫人带着几个大汉刺杀，细节与武攸宁的故事相似，也是在瑶光殿。也有将两种说法合在一起的，说是太平公主与武攸宁共同谋杀薛怀义。第三种说法在李商隐写的《宜都内人传》里面有记录。宜都内人是武则天的宫女，她劝武则天说，男人是阳刚的，女人是阴柔的，武则天要是用了男宠，那就是以阴求阳，自毁长城。所以，要除掉自己的男宠，培养自身的阳刚之气，只有这样统治才能长久。武则天一想也是，于是就下了杀薛怀义的命令。

薛怀义死的那一年是证圣元年（695），这个时候控鹤监还没有出现，他只是以僧人的身份出现。两年后武则天另外两个有名的面首出现了，是张昌宗和张易之，这两人是定州义丰（今河北安国）人。

万岁通天二年（697），张昌宗在太平公主的推荐下，被武则天看中又被宠幸。张昌宗趁机将自己的兄长张易之介绍给武则天，说他的能力比自己强，而且擅长制药。武则天马上召见张易之，张易之年幼时，靠着祖上的功勋当官。他20岁的时候，身材修长，皮肤白皙，体态优美，精通音乐。武则天很喜欢他。他们经常出入宫廷，修饰打扮，衣着华丽。武则天召见他们的那一天，张昌宗就被任命为云麾将军，担任左千牛中郎将职务，张易之为司卫少卿，被赏赐了一座府邸、五百匹绸缎，还有大批的仆人、侍女、骆驼、牛马。没过多久，张昌宗又被提拔，并且和朝臣们一样，可以在每月初一、十五入宫朝见武则天。并且他们的父亲得到了追封，母亲也被封为太夫人，宫中的尚宫每日都会来拜见太夫人。张昌宗入宫不过半个月的时间，权势惊天动地。张易之叫"五郎"，张昌宗叫"六郎"。

世人皆知张昌宗媲美莲花，一位官员奉承张昌宗："六郎貌似池中莲花。"另一位官员反驳说："不，莲花长得像六郎。"有传说，上官婉儿这个经常伺候武则天的人，看到六郎，忍不住惊呼一声："好俊美的男人！"当她的目光落在张昌宗身上的时候，武则天用利器砸在了她的额头上。后来，为了避嫌，她在额头上纹了一朵梅花。

武则天还为两人设置了控鹤监，任命张易之为府监。有了控鹤监，武则天整天和男宠们玩得不亦乐乎。有人拍张昌宗的马屁，当着武则天的面说他是神仙转世，武则天让张昌宗穿上羽衣，骑着假鹤吹箫，模仿仙子飞升。这两人虽然受宠，但是还是被狄仁杰整治了。在武则天设立控鹤监的时候，狄仁杰并不在京城，等到他回来的时候听说了二张嚣张跋扈的事迹，马上面见武则天，狄仁杰义正词严："二张整日与陛下为伍，有损陛下威名，陛下志向远大，请撤去控鹤监！"武则天虽然心有不甘，但碍于狄仁杰的威严，只能照做。只可惜，狄仁杰回朝不久便病逝，武则天立刻又将控鹤监改为"奉宸府"，更是肆无忌惮地与男宠们寻欢作乐。

控鹤监的设立，在以前是没有的事情，它纯粹是武则天为了消磨后半生安置面首而存在的。它还有一个重要职能就是举行宴会。"每因宴集，则令嘲戏公卿以为笑乐。"内堂设宴，张氏兄弟与诸武侍坐，陪着女皇说笑。再后来它已变成了到处都是狂欢、赌博、酗酒、不正常勾当和荒唐行为的地方。尽管武则天的身体每况愈下，但她仍然频繁地来到这里。

武则天年事已高，朝政由张易之两兄弟把持，邵王李重润、永泰郡主等人暗中议论，皆被处以绞刑。而这件事也触痛了李、武两家。

武则天病了很久，就住在了迎仙宫，大臣们都不能进去，宫中只有张昌宗和他的几个随从。张昌宗生怕武则天一死大祸临头，便率领他的同党，没日没夜地商量干不法的事。但是这事就连不相干的人都知道了，甚至有人在交通要道旁边张贴传单张扬这些事。

左台御史宋璟几次提出审查逮捕他们，武则天表面上同意，但很快就下了旨意，让御史离京，对幽州都督屈突仲翔进行调查，改令司刑卿崔神庆查问案情。崔神庆禀奏："张昌宗应当宽免。"宋璟禀奏："按照律法，张昌宗应该处死。"武则天不赞成，李邕又劝道："宋璟所言，乃是为了江山，请允。"武则天还是不答应。

神龙元年（705），张柬之和崔玄暐带着御林军，将李显迎入宫中，张易之和张昌宗被杀，他们的兄弟也都被砍头，百姓欣喜若狂。直到天宝九年（750），张昌之的兄弟张昌期之女上书，请求杨国忠帮忙，玄宗李隆基才下诏令恢复张易之兄弟的爵位，赐封张同休一子为官。

四、袁天纲与李淳风

武则天登上皇位主要是因为她的谋权能力，她本身具备很多成为帝王的要素，比如狠绝、会识人等。她还借助了舆论，除了民心所向外，还有神话传说等。其中有两人无意中也成为了她的助攻。

袁天纲（别名袁天罡，生卒年不详），四川成都人，隋末唐初玄学家、天文学家、数学家。

袁天纲的预言大多数是准确的，他被唐太宗召进了皇宫，成为他的谋士。传闻中，他精通"风鉴"，能根据风向判断凶险，且屡试不爽。还精通五官、六壬、五行。有《九天玄女六壬课》《五行相书》《易镜玄要》《三世相法》《太白会运逆兆通代记图》等著作，但大部分都已经失传。据说贞观十九年（645），袁天纲卒于火井县县令任上。

《隋纲赟拓》中说，袁天纲是袁守懿的次子，自幼孤苦，却酷爱读书，博学多才，对相术颇有研究。受好友张柬之的邀请，到洛阳任职。袁天纲初到洛阳时，住在清化坊，此时他已是名闻天下。当时杜淹、王珪、韦挺三人一起去找袁天纲相面。袁天纲预测杜淹会因文采斐然而闻名；十年之内，王珪就会官至五品；韦挺将来是个虎背熊腰的将军。他还说，这三个人都会被贬，到时他们还会再相见。杜淹果真在唐高祖武德年间被选为文学馆学士。王珪在李建成的推荐下，成为了五品的太子中允，而韦挺则是统领武将。在三人的仕途一帆风顺的时候，却因为一场宫廷政变，被流放到了隽州，果不其然，他们再次见到了袁天纲。袁天纲又算了一遍，结果是大家都会官至三品，后来也果然如此。三个人的前途和结局都在他的预料之中。

隋大业末期，天下大乱，袁天纲回到家乡，依旧靠着算命的方式生活。初唐重臣窦轨曾在德阳游历，此时他身无分文，袁天纲正好在德阳，窦轨就拜托袁天纲相面。袁天纲道："你的骨头从额头到发际都鼓了起来，一直延伸到了后脑勺，你的下巴又大又圆，右边的下巴凸出，光洁明亮，必在梁州和益州有建树。"窦轨说："若真如你所言，能立下大功，我必不会忘记你对我的指点。"

武德初年，窦轨跟随唐高祖反隋朝，立下大功，果然发迹。为了报答昔日的恩情，他将袁天纲推荐给了蜀中的詹俊赤并对袁天纲礼遇有加，袁天纲被任命为蜀郡火井县的县令。袁天纲向窦轨说："你的骨法还是老样子。不过，眼睛色红连着瞳仁，说话的时候脸红脖子粗，估计当了将军要杀很多人，希望你能一直保持警惕。"窦轨和唐太宗在攻打吐谷浑、王世充时，确实是大开杀戒，对手下管教极严，稍有不满他们就会被处死，就是自己的侄子也不例外。

窦轨在武德九年（626）被革职，被召回京中，他去见了袁天纲，对袁天纲说："我还能当什么官？"袁天纲道："你的面容依然洋溢着贵人的福气，没有半点消退，右下巴红润，神采飞扬，到了京城，必定会得到赏识，还在益州当差。"此后，窦轨果然成了益州的都督。

再后来就发生了袁天纲给幼时的武则天相面这件事了。

唐太宗得知袁天纲在占卜上是个天才，于是令他前往长安觐见。唐太宗召见袁天纲，夸奖他相面高明，并问他："古代有个叫严君平的，今朕得卿，他与你相比怎么样？"

严君平（约前86—10），本名庄遵，字君平，生于四川省邛崃市。西汉后期思想家、易学家。为回避汉明帝刘庄名讳，史称严君平。他居住在平乐山40余年，于平乐山传授《老子》，对"王莽篡权""光武中兴"等重大历史事件进行了预测。

袁天纲回答说："严君平是生不逢时，臣要比他强得多！"唐太宗听了大笑。之后，让袁天纲留在长安，以备不时之需，袁天纲从此成了唐太宗的智囊。

贞观八年（634），唐太宗在九成殿避暑，请他为岑文本算一卦，袁天纲看了一眼，说："额头圆润光滑平坦，眉长过眼，日后写文章成名。他的脑袋上长着一根骨头，但还没有发育完全，从表面上来看，他至少能当上三品官。不过，骨头和肌肉不对称，并不代表着长寿。"张行成、马周请袁天纲给他们相面，他说："马君伏犀贯脑，背有点驼，是显贵的表现。自古君臣相遇未有及公者。不过，他的脸是红色的，后骨没有隆起，表示寿命不会太长。而张君会在比较晚的时候得到官职，但最后能当上宰相。"这些预测，后来每一个都应验了。

房玄龄和李审素都请袁天纲给他们相面，房玄龄说："李君是个心高气傲的人。你先看看，他能当上什么官？"袁天纲回答说："五品官是可以做的，具体是什么官职，我就不知道了。"李审素也就不再多问，又询问房玄龄的仕途，袁天纲回答说："此人大富贵，你要想升五品官，就去找他。"李审素不信，但房玄龄后来成为宰相，李审素始终为起居舍人，并不是五品。到唐高宗继位，听说了袁天纲对李审素的预言，于是想追赠五品官职给李审素，经房玄龄提议，赠其为五品谏议大夫。也算是变相地应验了。后来，袁天纲预测如果自己继续留在皇帝身边，就会大祸临头，于是请求唐太宗允许他回到家乡，不做任何官职，唐太宗准许了他的请求，委以他火井县令回蜀郡赴任。

贞观十七年（643），袁天纲与李淳风又联手推演《推背图》。

据说在贞观十九年（645），高士廉问袁天纲："你以后当什么官呢？"袁天纲回答说："今年四月，我的寿元将尽。"果然，袁天纲在四月死于火井县。袁天纲死后葬在邛崃白鹤山，坟墓虽已被盗毁，但遗迹尚存。

李淳风（602—670），岐州雍县（今陕西凤翔）人，唐代天文学家、数学家、易学家，是世界上第一个给风定级的人。

　　他曾为唐太宗李世民的记室参军，后任将仕郎，入太史局供职。他的名著《乙巳占》是世界气象史上最早的一部论著，其与袁天纲的《推背图》以其精确的预测能力而闻名。

　　李淳风之父李播，在隋朝时曾任县衙小吏，后弃官入道，因博学多才，号黄冠子，从小就有"神童"之称的李淳风，受其父影响，博览群书，尤其精通天文、历法、数学等。

　　隋大业七年（611），李淳风9岁，前往南坨山静云观拜至元道长为师。

　　唐高祖武德二年（619），年仅17岁的李淳风，在李世民好友刘文静的举荐下，成为秦王府记室参军。

　　贞观元年（627），李淳风25岁，曾上疏朝廷，对道士员外散骑郎傅仁均所著的《戊寅元历》提出18条意见，引起了当时人们的注意。太宗采纳了他的7条建议，授他将仕郎，入太史局供职。他在执掌天文地理、制历、修史之职的太史馆工作了近40年，发挥了自己的聪明才智。

　　李淳风在太史馆学习天文、历法、算术、天文仪器，在这些方面都有一定的造诣。不久，他上奏唐太宗，提议对浑天仪进行改革，太宗欣然同意。贞观七年（633），新的浑天仪被制作出来，即铜铸浑天黄道仪。把古代的两重浑仪改为三重，最外为六合仪，中间是三辰仪，最内是四游仪。可以测量黄道经纬、赤道经纬、地平经纬。太宗以功加授李淳风为承务郎，令其将浑仪置于凝晖阁。他在研制浑仪时，对古代浑仪的发展过程和特征进行了深入的研究，写成《法象志》七卷，对历代浑仪的得失进行了评述。

　　李淳风在唐高宗显庆元年（656）被册封为昌乐县男，又与国子算学博士梁述、太学助教王真儒等受诏审定并注释《十部算经》，颁行于国子监。《算经》是中国、日本、朝鲜等国家最早使用的数学教科书，是衡量科技类官员的重要著作。闻名中外的计算球体体积的"祖暅定律"就是李淳风注释《九章算术》时，介绍传播开的。

麟德二年（665），李淳风通过40多年的观察、推算，发现傅仁均所著的《戊寅元历》中有许多漏洞，于是提出废止《戊寅元历》，改用新历。他参考了隋朝天文学家刘焯的《皇极历》，并以其先进的推算方法，完成了新的历法，并迅速地被采用，被称为《麟德历》，还被传到了新罗（今朝鲜）。他在《乙巳占》一书中，根据对风的观察，把风分为八级，是世界上最早对风进行分级的人。

咸亨元年（670），李淳风去世，唐高宗追复其为"太史令"。

第四章

皇陵之冠，价值连城

　　乾陵是唐王朝在关中地区修建的第三座陵墓，远远望去，乾陵宛如"睡美人"。梁山南面的两座山峰较低，中间有一条司马道，故这两座山峰叫作"乳峰"，当地人称它为"奶头山"。司马道，亦称神道，是在帝陵之前修的一条路，不同于墓道，谓神行之道，是引导墓主通往陵墓的道路。在古代，古人魂魄不灭的思想是很深的，陵园往往是模仿王朝的皇宫布局，以示视死如生的丧葬理念，表达对死亡的尊重。

　　《长安志图》中记载，乾陵周 80 里，陵园有两座城墙，内城南北城墙有 1100 多步，东西向有 900 多步；外城的城墙从南到北，大约 2050 步，从东到西，大约 1200 步。城中有献殿、回廊、阙楼等，但后来安史之乱中，所有的建筑都被毁了。《长安志图》是元代李好文编写的一部历史地图集，对研究汉唐陵寝制度、唐代宫城建筑等均有十分重要的价值。

　　所以根据记载，乾陵内城就是按照长安的九重宫阙来建造的。

　　乾陵坐落在今天陕西省乾县梁山山顶，而唐大明宫遗址在今天西安北郊的龙首原，一个是目前仅存的一对唐代帝王合葬墓，一个是最高规格的宫殿遗址。大明宫和乾陵陵园的设计、建造时间恰逢唐代社会政治、经济、文化发展的高峰，它们无疑是这一辉煌时代最好的历史见证。

一、　仿建唐都城

　　因此我们在了解乾陵的时候，也可以一起了解大明宫。

　　唐代都城长安有三大皇宫建筑群，即西内太极宫、东内大明宫和南内兴庆宫，合称三大内。大明宫是唐高宗、武则天以及其后唐代皇帝的宫廷、政治中心，是其中最宏伟、最有气势的建筑。据史料记载，大明宫是唐太宗李世民在贞观八年（634）十月，于龙首原南坡兴建，为的是给太上皇李渊"清暑"，当时资费紧张，于是由"百官献赀以助役"。最初叫永安宫，贞观九年（635）改为大明宫。不过，这一片区域还没有建好，李渊就病逝于大安宫。大明宫的建设也停止了。

　　高宗龙朔时期，再次大规模修建大明宫。永徽六年（654），武则天完成她政治生涯中的第一个重大转折——被立为皇后。正好这个时候高宗病倒了，政事均由武则天以天后的身份来决定。她着手修建宫殿，选择修建之前停建的大明宫。龙朔二年（662），武则天以高宗患风痹为由，集资兴建了一座大型宫殿，名为蓬莱宫。建好后，高宗和武则天从太极宫迁居到这里。咸亨元年（670）三月，又改称含元宫。直到长安元年（701）十一月，又改称大明宫，从此一直叫这个名字。

　　武则天当皇后时期首次修建宫殿，就是为了给高宗和她自己修建一座新的寝宫——大明宫。武则天成为皇太后临朝称制时第一次大兴土木，就是仿照长安城的样子，修建乾陵。不管是皇后还是太后，手握实权的武则天无疑是这两项浩大工程的总推动者。

　　从布局来说，两者都是以中轴对称的原则设计的。

　　整个大明宫可分成南北两块，北面是后宫区，因地势而建有太液池，殿堂众多，其中麟德殿最为庞大。南面是朝政区，布局严谨，以含元殿为主；这里是按中心轴对称的原则进行布局，这条中轴线由南至北依次是丹凤门、御道、含元殿、宣政殿、内宫紫禁殿等。左右有金吾仗院、东西两个朝堂、中书省、门下省、御史台、史馆、弘文馆、命妇院、集贤院等，这些都是对称排列在宣政殿与含元殿的中间。这里是皇帝主持"外朝"典礼、管理政务的地方，是全国政治活动的真正中心。

布局大致如下：

北

内宫紫禁

宣政殿

命妇院　集贤院　中书省　门下省　弘文馆　史馆

御史台　御史台

西朝堂　东朝堂

含元殿

右金吾仗院　御道　左金吾仗院

丹凤门

南

乾陵陵园的布局，仿照长安城的格局，分为三个区域，分别是内城、外城和陪葬墓区，相当于长安城的宫城、皇城和外郭城。内城墙的四面，分别是青龙、朱雀、白虎、玄武四座城门。城内外建有献殿、偏房、回廊、阙楼、狄仁杰等六十朝臣画像祠堂、下宫等多个恢宏的建筑群。

乾陵园中南侧有大量的阙楼、石刻。这与大明宫南侧的朝政区布局类似。由南至北依次是神道、内城南门（朱雀门）、司马道、献殿、玄宫、内城北门（玄武门），以它们为中轴线，东西两侧分布有一对鹊台、一对乳台。之后左、右对称依次排列华表、翼马、鸵鸟、仗马及牵马人、直阁将军（翁仲）、蕃酋像、石狮等百余件大型石刻。

布局大致如下：

北

内城北门（玄武门）

玄宫

献殿

石狮　　　　　石狮

蕃酋像　司马道　蕃酋像

直阁将军（翁仲）　　　直阁将军（翁仲）

仗马及牵马人　司马道　仗马及牵马人

鸵鸟　　　　鸵鸟

翼马　司马道　翼马

华表　　　　华表

内城南门（朱雀门）

乳台　　神道　　乳台

鹊台　　　　　鹊台

南

以中轴线为中心对称布局，是中国传统的建筑设计理念，运用于大型的建筑群中，既具有传统、规则、整齐的感觉，又具有庄严肃穆的气氛。

唐代崇尚道教，崇尚自然，大明宫中各殿及乾陵陵园的总体布置与建造，充分反映了唐代建筑与天然地貌相结合的理念。大明宫内的建筑多处于地势高低不平之处，建筑布局大多与天然地势相结合。从大明宫主殿宇含元殿、宣政殿、紫宸殿的遗址可看出，主殿所处的位置地势较高，南、北、东三面地势较低。在人工建设中，充分利用了这种地形，高地修筑成上朝区，北部低地修筑成后宫区，实现了大自然与人造建筑的和谐。

而乾陵"因山为陵"，本身就是一种自然地貌与人造建筑的结合，由下而上的神道是梁山天然山势的延伸，这里地势东高西低，不易形成均匀斜坡的地形与人工修建的平坦地势相结合，使得坡度均匀。丰富多样的天然地貌，在人工的处理下，显得既生动又庄重、规整，人类的设计理念与大自然完美融合。

宫殿和陵墓是唐朝最高级别的建筑项目，它反映了唐朝皇帝对最高级别的要求。在中国古代，"三重"为最高等级，这在大明宫和乾陵上，都有非常明显的体现。大明宫内的含元殿位于三重台基上，龙尾道沿着含元殿前三重台阶盘旋而上，东、西分别是翔鸾阁和栖凤阁。根据考古发现，栖凤阁是一座典型的三进三出阙，简称"三出阙"。而麟德殿台基上的三重大殿构成一个整体，高低错落，与楼阁、亭台融为一体，气势恢宏。

大明宫前朝区有三道平行的宫墙，东西两侧各有一扇大门，在通往后宫的通道上，形成三重门。沿着中轴线，有三个正殿，分别是含元殿、宣政殿和紫宸殿，三个正殿在一条直线上，紫宸殿在最高处。对于被宣召到紫宸殿中议事的文武百官来说，这是一种莫大的荣耀，代表着紫宸殿的不凡。

同样，乾陵墓园的总体设计也突出了"营造为三阶三阙之效果"。从南到北，形成三个层次的景观，以鹊台为第一层；以乳峰阙台为第二层；以朱雀门为界，朱雀门北为第三层。这就是三阶，第三层的上面就是地宫和寝殿了。三阙是鹊台，乳台，南门之处的外阙、乳阙、朱雀门阙。南门以内、献殿、主陵同样营造出三重升高之势。从正南方看，两座宫殿遥遥相对，一峰高耸，就像是大明宫的含元殿。主峰的位置，与大明宫中的紫宸殿，有着异曲同工之妙。

它们同样体现了唯我独尊的帝王气象，大明宫中的含元殿，巍峨雄伟，庄严肃穆，这里的地势很高，风景很好，可以看到终南山和群山；近距离的话，可以看到长安城的全貌。三层平台上矗立着一座恢宏的大殿，比起一般的大殿，气势恢宏，彰显着皇帝的威严。

乾陵是以梁山主峰为基址，其山顶与墓葬群的分布形成鲜明对比。从西边看，它的主峰是一座巍峨的山峰，直插云霄。生前的寝宫是高高在上的，死后的陵寝也是高高在上的，这就是皇帝唯我独尊的气势。

唐大明宫、唐乾陵，都是高宗、武则天时代的杰作，这两座建筑的设计理念，都体现出了掌控最高权力的特点。接下来就让我们详细地说说乾陵吧。

乾陵的主体包括地下宫殿和地上建筑。地下宫殿的主体是墓室，其构造复杂。地上建筑包括城阙、献殿、寝殿、神游殿等。地下宫殿和地上建筑修建起来难度很大。但由于当时物力人力充足，再加之布局合理，兵马日夜劳作，半年左右，便已基本完工。

前面已经说过，乾陵是仿照唐高宗生前居住的大明宫而建，故而修建了两重城郭。第一重是地宫和寝宫，就是皇帝居住的地方；第二重是朝廷的仪仗，相当于行政机关；第三重是陪葬区，相当于城郭外或百姓的居所。陵墓坐北朝南，气势恢宏。由于岁月的摧残和人为的破坏，乾陵的建筑已经不复存在，但建筑的痕迹却还能看到。根据史料和考古资料，地面上有城阙、封丘、寝宫、神游殿、下宫和陵署等。

城阙：是指乾陵四周的围墙，城阙的存在是为了保护陵墓的安全。乾陵的城墙比普通的城墙要高得多，都是用黏土砌成，历经千年风雨，如今大部分都被毁掉了，仅有几处残垣断壁，依稀还能看出昔日的辉煌。乾陵城墙中的四个方向，都有一道门。南门名为朱雀，北门名为玄武，东门名为青龙，西门名为白虎。白虎门和青龙门称为"西华门"和"东华门"，"因山为陵"以自然山为基础建造，所以四道门不能完全对称。四道门外还有木质结构的楼阁，称为门阙，然后四个角也都有阁楼，称为角阙。鹊台和乳台上也有阙，称为台阙。这些大量存在的阙，是极为壮观的建筑，它们形态各异，气势恢宏。在进入朱雀门之后，会有一段台阶，这段台阶并不是当时留下来的，而是国家投资修建的。这些台阶也都被赋予了一定的象征意义。台阶一共有18个平台，象征着唐十八陵，第一个平台有34个台阶，代表着高宗执政34年。台阶之后就是司马道和石刻了。

封丘：就是通常所说的坟墓，也就是地宫上方的封土堆，考古学家习惯于把它叫作"陵台"。乾陵以梁山的自然山峰为坟墓，并不存在修建封丘的问题。但为了增加乾陵的威严，在山峰上也做了几处改动。乾陵"封丘"在陵园中处于居中偏北的位置，与当时"尊君""坐北朝南"的观念相吻合。而且城内还有献殿等建筑群落，这些建筑在封丘的南边，所以封丘偏北一些。

寝宫：又称上宫，在朱雀门内正中的地方。寝宫既是"寝"又是"庙"。顾名思义就是可以休息也可以祭拜。史书中记载唐帝"亲谒陵"的时候，就提到了"寝宫"。所以，陵园中寝宫的地位很重要。但长久以来，学术界对寝宫的理解却并不相同。有人说，唐陵里只有献殿，没有寝殿；有人认为，有献殿，有寝殿，但没有寝宫；也有人把献殿当成了寝宫。事实上，寝宫是一片庞大的建筑群，里面有献殿、寝殿等建筑，气势恢宏。

其中献殿又称"享殿"，是寝宫的主体建筑。元李好文的《长安志图》中《唐乾陵图》里面，"献殿"就是在南门的内部。另一边，考古学家们也发现了乾陵献殿的遗址。献殿是一座长方形的建筑，坐落于朱雀门的内部。在献殿和南神门之间还有东西两座小阁楼。献殿象征帝王在朝堂上管理政务的地方，献殿中的陈设与朝堂一模一样。因为朝堂上的重臣们都会在这里举行祭祖活动，所以得名"献殿"。因为这里类似于皇帝在世时办公的主殿，故而也被称为"衙殿"。

寝殿是寝宫中最重要的一座建筑，在献殿的北面。这里象征着皇帝生前居住的大殿，里面摆放着死者的彩塑或者死者的牌位，供奉着死去的人的各种物品，就好像人还活着一样。凡帝王拜陵，在献殿祭拜后，都要去寝殿献上食物和祭品。《大唐开元礼》卷四五《吉礼皇帝拜五陵》中对此有详细的记录，其中包括当时的帝王祭奠仪式。仪式中的许多地方都与寝殿和其他建筑有关。这些记录至少可以证明：寝宫有二廊，大殿中有神位，寝殿与帝王生前居住的地方一模一样，床帐、冠冕、衣裳应有尽有。

下宫：是守陵人居住的地方，也是供奉皇帝日常饮食起居的地方。"下宫"的位置并不确定。《唐会要》中记载："伏以陵园宫寝。非三代之制。自秦汉以来有之。但相沿于陵旁制寝。未闻去陵有远近步数之节。"唐陵的下宫只是在柏城中随意修建，并没有严格的位置限制。根据《长安志》中的记载，唐陵的下宫大多位于陵园的西南方向。今严家嘴村东，陵前村南，有大量唐代砖瓦，有可能就是乾陵的下宫遗址，从现有的遗迹来看，乾陵下殿是一个大型的建筑群。由于文献资料匮乏，又没有进行考古发掘，所以乾陵的布局和摆设都是未知的。

乾陵除了上述建筑外，还有其他一些设施，如神游殿、陵署等。乾陵的神游殿，坐落在梁山的山顶，是用来祭奠死者的灵魂的。陵署是管理陵园的部门，在关中18个陵墓中都有分布。以前的当地人将乾陵的陵署称为"看墓司"。

还有一些其他的建筑物，比方说上仙观，它是一座带有仪式感的建筑。古代，人们把皇帝的死称为"上仙"，并以"死后登仙"等封建迷信观念为基础，建立了他们的精神栖息之地——上仙观。《旧唐书·代宗本纪》记载："乾陵上仙观天尊殿有双鹊衔紫泥补殿之隙缺，凡十五处。"天尊殿，便是上仙观中的一座建筑。

六十朝臣画像祠堂，坐落在司马道东边的东乳峰山脚。是一座坐东向西的祠堂，里面有狄仁杰等60位大臣的画像。阁楼里每个小房间的南壁和东壁各画一人像，北面的墙壁上记叙和赞美他们的功绩。

地宫：穿过地下玄宫，便可进入墓室。墓室就是这座地下宫殿的主体。唐朝时，常常根据墓室的数量来区分墓主的地位。一般官吏为单室墓，重要的文武百官和宗室皇亲都是二室墓，皇帝不能与臣子相提并论，所以，皇帝的陵墓应该是三室。可以从五代皇帝的陵墓中发现：前蜀王建永陵和南唐墓，都是三室墓。不过，这也不能肯定乾陵就是三室墓。根据《五代史》中温韬对进入昭陵后所看到的情形的记载以及《大唐元陵仪注》中的记载来看，乾陵也有可能是一座巨大的单室墓。但是就算是单墓室，也有可能会象征地分成前、中、后三部分。

关于墓室的形状，从已挖掘的唐代王公大臣和皇亲国戚的陵墓来看，应该是上圆下方，顶部为穹隆式，底部呈四方形。陵寝是皇帝的葬地，其造型和特征充分反映了帝王的庄严和高贵。唐高祖下葬时，朝廷曾商议陵寝形式，房玄龄觉得汉高祖的长陵高9丈太大了，如果高3丈又太小了，于是折中，以汉光武帝陵墓的尺度高6丈为标准，这也成为唐代后人所遵循的基本规则。

那么乾陵的地宫里到底有什么东西呢？

《大唐元陵仪注》中记载了唐陵地宫的一些资料，其中提到过，地下宫殿中有一张"棺床"。棺床上摆放着高宗、武则天的"梓宫"，即棺椁。在棺木的底部铺着防潮的材料和珠宝，有一块"七星板"。板上有席、褥以及圭、璋、璧、琥、璜、琮等"六玉"。高宗、武则天穿着华丽，口含贝玉，仰面躺在被褥上，面向棺材。棺材的盖子内镶着一块黄布，上面画着日、月、星、龙、鱼。在地下宫殿的后面有一张石床，石床周围摆放着衣冠、剑佩以及死去的人的遗物。前面的房间有"宝帐"，帐里放着一张神座。在神位的正西方，有"宝绶""谥册""哀册"。在神座的东边，摆放着一些"玉币"。周围摆放着"素幡""明器""白佩"。除此之外，乾陵的地宫里，还有不少典籍。在这些陪葬品中，最重要的是明器。

根据《大汉原陵秘葬经》《宋会要辑稿》《宋朝事实》等文献记载，

乾陵地宫中的陶器、木器数以千计。这些明器都是用金银装饰的，十分
精致。另外，金银和宝石也是陪葬品中的重要组成部分。虽然唐朝皇帝
在临死前告诫自己的子孙后代要"陵园制度，务从节俭""不得以金银锦
彩为饰"，但他们的子孙所作所为却与此相反。唐高祖过世后，太宗令依
长陵故事，务必要厚重。虞世南觉得不能这样铺张浪费，但太宗还是坚
持己见："朕既为子，卿等为臣，爱敬罔极，义犹一体，无容固陈节俭，
陷朕于不义也。"（《通典》）所以乾陵中应该也有金玉宝器。为了确保地
宫的安全，在埏道的入口处填上了石条，用来加固地宫的内部。

　　唐代作为中国古代政治、经济、文化、艺术的鼎盛时期，经过一千
多年的风风雨雨，还能够让人们直观地感受到唐朝社会蓬勃发展的磅礴
气势。乾陵的设计思想、营造规模及其所蕴含的文化意蕴，都充分体现
了唐人的物质文化和精神文明。

二、首创石像生

　　根据文献记载，中国的墓葬雕刻是从春秋战国时期开始出现的。在陵
墓外部的猛兽雕像，是一种有象征意义的"石像"，这些雕塑也称为"石像
生"。"石像生"顾名思义，好像活的石像一样，一般特指帝王或者贵族陵
园中的雕塑。它们在神道两旁，守卫陵园，也能表现墓主人的威仪。

　　自西汉中期以来，在一些高官和王公的墓前，已有石雕列队，如霍
去病墓前列置有"马踏匈奴"、跃马、卧牛、伏虎、卧象、野人、石蛙和
石鱼等。但到了东汉，"石像生"中出现了狮子，汉安邑长尹俭墓"阙东
有碑，阙南有二狮子相对"。在魏晋南北朝的墓葬中，摆放石狮子是比较
普遍的。帝王陵前置石狮最早出现在北魏孝庄帝（元子攸）的静陵，当

时在石狮的数量上，并没有太多的限制，直到唐朝的乾陵，狮子才成为了皇帝的守护者，石狮的朝向、数量、规格都有了统一的标准。唐朝之后，除了元朝之外，其他各朝代的皇帝陵寝基本遵循唐朝的制度，因此，狮子作为皇帝陵寝中一种重要的文化符号，也就成了皇帝陵寝中不可缺少的保护神。

乾陵不但规模大，而且以石刻众多著称。在乾陵之中，雕刻着数百尊石像。这些石雕有的巍峨雄壮，有的神乎其神，有的栩栩如生，都是极为珍贵的艺术品。无论是数量，还是品质，都远远超出了历代的陵墓石刻，对后世的研究产生了巨大的影响。乾陵石刻在中国古代帝王陵墓石刻中具有划时代的历史意义，反映了唐代石刻艺术的最高成就，同时也反映出了唐朝的时代特点。

乾陵石刻仿照唐皇在位时的仪仗所制，有华表、瑞兽、祥鸟、马、侍臣、狮像、石碑等。这些石刻雕刻的对象是现实中的朝臣和马，还有想象中象征着吉祥的瑞兽。可以将这些石刻按照内容分为四类：陵墓标志、祥瑞鸟兽、仪卫人马和纪念性石刻。到了唐代，石刻也有了变化，我们可以看出唐代雕塑艺术发展的轨迹。

这么多的雕塑，这么多的种类，这其中的主题是怎样的？

通过对碑文的分析和研究发现，不管是哪一类的石刻，除了有保卫、仪卫的功能外，都要遵从整个墓园所要传达的内容，体现封建君主的统治、封建帝国的强大以及天下统一。这样的话，就可以让雕塑群的内容得到传承和革新。从石雕的平面布置来看，它继承了北朝帝陵和献陵在陵墓的南神门外神道两边布置石像的做法。

司马道上从南至北的石刻大多数是按照先陵墓标志，再到祥瑞鸟兽，后面是仗马及牵马人和纪念性的石刻的顺序排列。其中华表是陵墓标志，翼马、鸵鸟是祥瑞鸟兽，奉阁将军（翁仲）、蕃臣像是纪念性石刻。

由南至北完整地说来：八棱形石华表一对，翼马也叫天马一对，高浮雕凤凰也叫鸵鸟一对，石仗马及牵马人五对（每匹马旁边有一个牵马人），奉阁将军（翁仲）十对，无字碑和述圣纪碑，蕃臣石像六十一尊（东面有二十九尊，西面有三十二尊）。内城四门外各置石狮两尊，北门外另有石仗马及牵马人三对。

华表

华表是乾陵石刻中唯一的标志性石刻，又名"石柱""石望柱"，位于神道最南端，是第一个石刻，十分醒目，当你来到唐陵，第一眼看到的石刻就是华表，因此它是唐陵神道的标志。华表起源已久，最初仅作为"谤木"或指路标志，与陵墓无关。传说中，尧、舜为了听取人们的批评意见，设立了一个木桩，让人"书其过以表木"，所以被人称为"诽谤之木"，后来人们逐渐发现，以它作为交通标志也很方便，于是在城门、桥梁、邮亭等地竖起了这个木桩，也就是华表，表示道路畅通。华表被用在陵墓中始于春秋时期，在战国时期燕昭王陵前就有华表，两汉时期，一些王侯和官员的陵墓前也有华表。

当时的华表大多是木头做的，无法长久保存，所以现在不能见到。在魏晋南北朝，尤其是南朝，华表被广泛地应用于陵寝中，并形成了一种固定的制度。这个时期的华表就是石头做的了，但是造型比较简单古朴，一般由三个部件构成：底座、柱身和柱头。底部是下方上圆的形状，上面雕刻着头部和尾部相交的螭龙。圆形柱身，有棱纹；顶部是莲花状的，上有一只小辟邪。

经过时光的流逝，乾陵的华表已经有所不同。乾陵华表高8米多，比献陵的华表高一点点。底座是由础石与石座组成，础石雕刻云纹，石座为覆莲式环座，四周雕祥兽纹。柱身呈八棱形，向上收拢，每一个棱面雕刻着缠枝海石榴图案。柱顶是由一个托着一颗宝珠的八角形圆盘和仰莲盆组成，圆盘就在盆中。这与献陵华表并无二致，显然是受了佛教的影响。武则天自幼信奉佛教，与佛门关系密切，在登上皇位的过程中，也得到了佛门的支持，所以她成为女皇后大力推广佛教，在全国范围内掀起了一股对佛法的狂热。武则天死后，唐中宗、唐睿宗都对佛门推崇备至，因此佛教在很多方面都产生了影响，包括艺术领域。乾陵华表盘上的那颗珠子，与洛阳天枢上的那颗火焰珠子很像，其实这就是佛门中的一颗摩尼珠。华表上的莲花和莲台亦与佛教有关。莲花是佛门中的圣药，在佛经中，佛陀每走一步都会开出一朵莲花，所以佛教的艺术品，都会用它来装饰。乾陵华表雕刻精致，是唐陵华表中最具代表性的作品。乾陵以后的唐陵中的华表，都受到乾陵华表的影响。

翼马

在华表后面的是翼马，它是瑞兽的代表。它头生独角，背生双翼，乍一看，既像是马又像是鹿，让人难以捉摸，有人叫它天马，还有人叫它"独角兽"。尽管名称不同，说法也不同，但大家都把它看作是吉祥之物。天马也象征着天下太平，《汉书·武帝记》中记载："大宛旧有天马种，蹢石汗血，汗从前肩膊出，如血。号一日千里。"大宛马不仅体态优美，身手矫健，在没有水草的情况下，也显示出了令人赞叹的持久能力。为了增强自己的骑兵实力，汉武帝派使者带着数千两黄金去大宛采购战马，但都没有成功。所以向大宛出兵，经过三年的征战，大宛终于投降了。西汉在大宛国获得了3000匹汗血战马，组建了一支强大的铁骑队伍。汉武帝欣然把大宛的汗血马叫作"天马"，又写了《西极天马歌》："天马来兮从西极，经万里兮归有德。承灵威兮降外国，涉流沙兮四夷服。"所以天马也代表了能降万国，服四夷。但这种天马，恐怕从来没有人见过。甚至在陵墓中放置天马，也是以嘉瑞来彰显明君盛世。

乾陵的这对天马稍微有些不同，一尊天马体型较小，鬃毛浓密，瞪着眼睛闭着嘴，身体圆润，四肢笔直，足为马蹄，腹部雕刻着五层云纹翅膀，翅膀像是一把展开的扇子。另一尊天马比较大，额头上有角，其余的都与另一尊一样。两尊天马的四肢和尾部都连接在石座上。石座四面刻花。花纹图案精美，有纤丽的云，还雕刻着神龙，浑然天成，极具装饰作用。

高浮雕凤凰（鸵鸟）

天马后面的石刻是浮雕石鸟，这个石鸟可能是凤凰也可能是朱雀，大多数人说是鸵鸟。总之这些鸟是代表吉祥的祥鸟。石雕鸵鸟是唐代与非洲人民千年来友好交往的实物证据。高宗李治逝世后，将鸵鸟刻石放在陵前，以示悼念。而颜师古（581—645）则将鸵鸟称为"金吾"，认为鸵鸟是"主辟不祥，天子出行，职主先导，以警非常，故执此鸟向前"。故而刻置于司马道前，以示祥瑞。从乾陵开始，后来每一座唐朝皇帝陵墓中的鸵鸟石刻，都沿用了乾陵的传统，并且形制也发生了变化。所以普遍都称呼它为鸵鸟。

但这个石鸟的形象也有可能是凤凰。那就从凤凰的角度说一下。

朝有凤凰，天下太平。唐代人非常喜欢凤凰，史载："上元三年十一月一日，陈州上言：'宛丘县凤凰集，众鸟数万，前后翔从，行列齐整，色别为群。'三日，遂改元仪凤。"在唐高宗的时候，有臣子上报，看到了凤凰出现，唐高宗就把年号改为仪凤。后来武则天称帝也是因为出现了凤凰，才顺势登基，可见当时人们对凤凰的重视程度。如此一来，乾陵神道上的祥瑞，应该就是凤凰，以示太平祥和。乾陵现存的祥鸟看上去很像鸵鸟，所以一些人都认为它是鸵鸟而不把它和凤凰联系起来。凤凰是想象中的祥瑞，鸵鸟是真正的珍贵鸟类。如果我们对唐陵中的祥鸟加以观察，就会发现它们和现实生活中的鸵鸟有很大的不同，比如鸡头、蛇颈、燕颌、鱼尾，更像凤凰的形象。乾陵祥鸟雕刻在石屏上，站得笔直，昂首挺胸。这是一种与其他石雕不同的雕刻手法，在乾陵中是独一无二的。除此之外，这只祥瑞之鸟的造型也与其他陵墓中的不同。其余的祥鸟，脖子是弯曲的，只有乾陵的石鸟，昂着头，望着远方。有人说，这是武则天性格的一种体现。

石仗马及牵马人

在浮雕凤凰石碑的后面是五对高头大马，称之为石马。石马不是一般的马，也不是战马，而是一种"仗马"，充当仪仗队的角色。在古代，马是一支军队的根本，一个国家的力量。秦始皇陵有兵马俑，汉景帝阳陵也有兵马俑，可见当时对马的重视程度。自从霍去病墓前放置了石马后，文武百官墓前放置石马的现象也越来越多，而在皇帝的墓前，石马也多了起来。这些石马石雕，都是仿效皇帝在世时的仪仗队。乾陵的石马一共10匹，分成5组，分别站在神道的两侧。唐代南衙外的仗马是8匹，有大的庆典的话，会再加2匹，而乾陵神道上有10匹。因此在乾陵之后，陵墓中的仗马基本上都是10匹。仗马都是经过严格选拔和训练的，这就需要牵马人了，牵马人又叫进马官。每一日，都要由进马官看守仗马，仗马不得鸣叫，不得随意走动。仗马是为了显示朝廷的礼仪，而陵墓中的仗马自然也是为了彰显皇帝的威严。唐陵除了在陵前神道上设10匹仗马外，还在北门摆了6匹仗马，用意与南门外的神道仗马如出一辙。唐人选择骏马的标准是：方脸、眼睛明亮、眉骨要高、竖着耳朵、鼻孔要大、脊背要强、腿膝要长，等等。这些特点，在乾陵的仗马身上都有所体现。乾陵的仗马头有衔镳，背有鞍鞯，备马镫，十分考究。乾陵的石马每一匹的细节都不同。马鬃多为披鬃，马的尾巴有垂落的，也有束缚的。乾陵仗马在雕刻上趋近于写实。马头部一般不大，但马肌均比较发达。由于支撑着巨大的身躯，它的双腿显得更加粗壮，而其他部位都是匀称的，看起来十分精神。

奉阁将军

仪卫人马中还包括文武侍臣像，它们也叫作翁仲。传说中，翁仲是秦朝的一员大将，后来才成为陵墓中石人的称呼。《山堂肆考》记载，"翁仲姓阮，身长一丈二尺。秦始皇并天下，使翁仲将兵守临洮，声振匈奴，秦人以为瑞。翁仲死，遂铸铜像置咸阳司马门外"。他死后，秦始皇令工匠为他铸了一尊铜像，立在咸阳宫门外，震慑异族。所以，后来的帝王们也都效仿，把它作为陵墓的守护神，保存在陵墓的建筑中。北魏孝庄帝静陵和西魏文帝永陵中的石人，都是出现比较早的。乾陵、定陵和桥陵，都有10对石像，都是双手持剑。官职可能是直阁将军，又称中郎将，这是秦汉时期官职的一种称谓，负责统领皇帝身边的侍卫和随从，镇守宫门。唐代的翁仲布局大体相似，但形制却有很大的不同。

乾陵中各个翁仲的造型一模一样。他们头上戴着帻冠，宽大的袖子，脚上穿着长靴子，手中握着一把长剑，摆出一副戒备的架势，都是八字胡。这是当时武将军的特征。乾陵翁仲的数量很多，雕刻的风格也有独到之处。乾陵的这些翁仲都是用一块巨大的石头雕刻而成，足有4米多长。所有翁仲的动作都是持剑凝视着前方，这就保证了雕像肃穆的效果。但仔细一看，就会发现有许多不同的地方。首先，虽然他们的动作一样，但当时的工匠们将石人的运动状态进行了细微的区分，使得每一尊雕像都具有不同的气质。他们的神情都是丰富的，有的怒目而视，不可侵犯；有的温和而优雅，有一种书卷气息；有的鲁莽；有的坦然自若，举重若轻；有的含笑和蔼；有的脸上满是哀伤，似乎在想着什么。不同的雕塑工匠，在塑刻相同身份的人物时，有不同的理解。但无论哪一种，都让人觉得这些石像是活生生的人，而不是单一的武士石刻。

每一尊雕像从近处来看，它们的身体长，双腿短，有一种不协调的感觉。但是远远望去，每一尊雕像都威严而自然，相得益彰，极具视觉冲击力。从这些翁仲身上，可以看出唐代雕刻艺术的阳刚之美。

再往北就是述圣纪碑与无字碑，这两个石碑属于纪念性的雕刻，在前面已经单独讲过。两个石碑的北面，就是南门前的狮子。

石狮

石狮并不在神道上，而是在陵园四道门外，也是乾陵中十分醒目的石刻。千年来，有些石狮被毁，但也有一些还算完好。以石狮为陵墓的

武则天陵密码

石雕始于东汉，到魏晋、南北朝，墓葬中的石狮更为常见。在帝陵中，北魏静陵是最早出现石狮的。南朝大臣的陵墓中有石狮，帝陵有天禄，有辟邪。李虎、李昞在唐朝初期被追封为皇帝，他们的永康陵、兴宁陵中都有石狮，昭陵的南面也有一对石狮子。从乾陵开始，到后来的唐陵，每一座陵墓的四个门口，都有一对石狮子。

狮子源于非洲大陆及亚洲西部地区，约在西汉时传入中国。《汉书西域传》记载："巨象、狮子、猛犬、大雀之群食于外囿，殊方异物，四面而至。"自从张骞开辟了"丝绸之路"以后不久，狮子就出现在我国。但那个时候大家并没有把狮子当作神兽。直到佛教传入，才开始重视狮子，佛教把狮子神化了。比如佛祖讲经"演法无畏，犹狮子吼"，人们对狮子产生了一种敬畏，认为狮子能撕碎老虎，撕碎犀牛。狮子这么厉害，就将它雕刻在门外，用它来驱邪，使之成为守护者。不仅宫殿外多了石狮子，陵墓外也有石狮子，它成为陵墓中新生的一员。据史料记载，唐陵四门外面有狮子应是从献陵开始的。献陵的石狮子是母狮，也叫作"石虎"。在武则天的母亲杨氏的顺陵，狮子体型巨大，被称为"巨狮"。狮头昂起，张着嘴，像是咆哮，鬃毛向后倒竖，四肢有力，身材魁梧，肌肉虬结，看起来威风凛凛。武则天为太子李弘建恭陵，开始在陵墓前面设狮子，到了乾陵，就成了定式。唐高宗乾陵门狮一左一右，高大威猛。初唐的献陵、昭陵的狮子在形制上是"走"式的，在雕工手法上也有魏晋时期的痕迹。乾陵门狮由步态变为蹲态，身躯高大，造型优美，雕刻精巧，雄壮有力，既保留了狮子的凶猛之气，又使狮子的造型理想化。之后唐陵的石狮，皆为蹲伏状。

乾陵石狮的整体造型，刚健而饱满，与西方狮的精悍、灵巧迥异，异域的兽类已经中国化，由平直的线条转为圆润、富有弹性的线条，类似于秦汉的石虎、辟邪，而螺旋纹的鬃毛，也是中国狮子的定式。石狮不管从正面看还是从侧面看，都没有太大的缝隙，几乎所有的空间都被填满了。从正面看，这些狮子个个昂首挺胸，前肢粗壮，像是两根粗壮的柱子，屹立在天地之间，与整座陵墓的风格联系在一起，给这座陵墓增添了一种庄严、神圣的气息。

乾陵修建在梁山的山腰，周围群山环抱，绿意盎然，陵寝和寝殿庑廊井然有序，一条宽阔的神道从南坡一直延伸到山顶，两侧是一座座巨大的雕像，整体上看起来很是和谐，很是壮观。由此可以看出，唐朝皇帝陵墓中的狮子，与陵寝融为一体，是为逝者和生者服务的。君王修建陵墓，雕琢石像生，就是要彰显君威，彰显荣华富贵。唐朝皇陵的石像，通常有 3 米多高，非常高大。远远望去，浩浩荡荡，屹立于天地之间；近距离观看，更是威风凛凛，让人不得不仰望。石狮的规模之大，使人感受到它的庄严、冷峻、威严，从而实现了宣示君威的目的。这种高贵与卑微、伟大与渺小，在情绪上形成了一种强烈的反差。

与东汉时期的石狮、南朝的驱鬼兽相比，唐代的狮子更具"人"味儿，更具灵气，这是唐朝工匠给了狮子"人"的属性。通过对狮子的体型和眼神、鼻孔、嘴巴、卷发等具体的描绘，充分体现了雄狮的气韵、气魄和傲视一切的神力。以现实为基础，经过匠人的精细雕琢，使之成为一种神化的艺术形式，一见而敬畏。一见即惊，正是唐代墓葬中的狮子艺术的另一种魅力与特点！

六十一尊蕃臣石像

乾陵陵园中，除了司马道两侧的武士和石马旁的牵马人外，还有几尊少数民族人物的石像。习惯上，人们把它叫作"蕃像""蕃人像""宾王像"，因为他们手中拿着的都是朝堂上用的笏板，腰间系着皮囊或鱼袋，而且大部分都是朝中官员的形象，所以叫他们"蕃臣"比较合适。唐代以前，陵园中没有太多的蕃臣石像，除了西汉霍去病的墓前有"马踏匈奴""野人"像外，其他的帝王陵园中是没有蕃臣石像的。但是在唐代有所改变，蕃臣石像首次出现在昭陵，设在昭陵北侧的司马门里，这是因为高宗要宣扬太宗的地位，显示他的军功，炫耀他的武力。

乾陵中出现了大量的蕃臣石像，这是乾陵石刻的一个显著特征。乾陵仿照昭陵在北城门设置蕃臣石像的先例，也在乾陵内场门东西两侧设置石像。原来是 64 尊蕃臣石像，部分蕃臣石像已经被毁了，现在的蕃臣石像只剩下 61 尊，在东侧有 29 尊，在西侧有 32 尊，他们都双手握一把笏，笏板都已经不存在了，中间只有一个用来固定笏板的方孔。在建立之初，这些石像后面都刻有自己的民族、姓名和头衔，但大部分文字已经模糊，只有 7 个人能辨认出来，分别是：

朱俱半国王斯陀勒

于阗王尉迟璥

吐火罗王子特勤羯达健

吐火罗叶护咄伽十姓大首领阿史那忠节

默啜使移力贪汗达干

播仙城主何伏帝延

故大可汗骠骑大将军行左卫大将军昆陵都护阿史那弥射

通过文献记载能得到 36 个人名，其中有 11 尊石像的名字前面刻着"故"，表明他们在立像时就已经去世了，而阿史那弥射的死期在史料上是有记载的，是在龙朔二年（662），比高宗和武则天死得早，所以这些石像不可能是以参加高宗和武则天葬礼的人的形象雕刻的。乾陵蕃臣石像不仅数量上比昭陵多，而且地位也发生了变化。昭陵的蕃臣石像，只有国王或者同等地位的可汗，而乾陵的蕃臣石像，不仅有国王和可汗，还有大臣、王子、城主、刺史、部落首领，还有大部分唐王朝册封的将领。一些人名衔中包含了皇帝或亲王的头衔，这是唐王朝册封的，属于唐朝的藩属。不同于昭陵中的俘虏蕃臣，他们接受了唐朝廷的统领、参与了唐朝的军事统治，很多人都参加了唐统一西域的军事行动，并立下了汗马功劳。阿史那弥射，是61尊蕃臣石像右边的第一人，古人以右为尊，他应该是蕃臣石像中地位最高的一个。当唐和贺鲁陷入僵持的时候，弥射采取了分兵包围的战术，取得了胜利。他的谋略和他的部下的拼杀，对战争的胜利起了决定作用。这些蕃人的事迹多发生于高宗和武则天时期，其中有一个蕃臣使节悉曩热在神龙三年（707）到达长安。因此蕃臣石像极有可能是中宗在景龙初年（707—710）安置的。但是这个证据只能证明武则天并没有立下悉曩热的石像，64尊蕃臣像，极有可能并非一次建成，而是像昭陵陪葬墓一样，逐渐增加到最后规模，而且中宗和睿宗都有可能立下石像，最后慢慢扩大到现在这样的规模。唐朝把立石像当成一种奖励，以修陵为契机，对为唐朝作出过突出贡献的少数民族首领予以表彰，并缅怀其历史功勋。这不仅继承了突厥人的传统，更增加了乾陵的雄伟气势，也为民族的友好交往提供了便利。

在现有的36个人名中，只有3个是武则天时期被派遣到长安的使节，他们都是各国使者，是前来求婚和受接见的。除了众所周知的文成公主、金城公主之外，唐朝与吐蕃等6个蕃国、蕃州君长联姻者达28人之多，因此，联姻是唐朝统一各民族的战略。

关于石人的传说，大多产生在唐高宗李治去世、武则天和中宗李显统治的时候。很显然，这些石人是武则天和中宗李显统治期间建造的，是武则天与李治在乾陵合葬之后，才被设立的。他们站在乾陵，双手合十，举手投足的姿态，显示出臣民归心、护卫皇帝、侍卫宫阙的独特气派，是太宗和高宗时期国家统一，以及统治集团多民族成分的历史见证；同时也反映出，作为地方官员或部族的头目，到长安、洛阳接受皇帝的召见，听从皇帝的号令的真实情况，这正是太宗、高宗、武则天"统治四夷"的最好写照。这不仅反映了唐朝前期在"四海同归"和"蕃汉一家"的思想引导下，对蕃将进行笼络和优待，同时也表现了蕃将

武则天陵密码

"依唐如父母"的动人情景。因此，明初军事家、政治家、诗人刘伯温（1311—1375）写下了一首诗："蕃王俨侍立层层，天马排成势欲腾。"好像岐山上尽是昭陵。

中国古代并无近现代国家观念，王朝所持的是"溥天之下，莫非王土；率土之滨，莫非王臣"的理念，乾陵蕃臣像正是表达了这种政治理念。

乾陵蕃臣石像的增加，与高宗、武则天时期的民族状况密切相关。在唐高宗和武则天时期，唐朝的国力比以前更加强盛。周边的少数民族与唐朝廷来往频繁。唐中宗在安葬武则天时，效仿唐高宗埋葬太宗时的做法，将当时在朝堂上任职过的蕃臣，雕刻成雕像，置于乾陵之中，以此来衬托出唐高宗、武则天的统治地位，以及各族与唐王的关系。这些大臣的官职都不低，这61尊蕃臣石像中，只有五六位真正的客使、侨居的王宾，其余的都是朝廷官员，质宿京师的国王、王子，大多都是大将军或兼地方边疆行政官职的重臣，大部分都是三品以上官员，也有一品以上的官员。这也就意味着，在高宗、武则天时期，朝中任职的官员中有少数民族首领的情况很普遍。

在明朝中、后期，乾陵蕃臣石像遭到了严重的破坏，那时的蕃臣石像大部分都是无头的，到现在这些雕像的头颅全部消失了。至于石像为何会失去头颅，目前尚不清楚。传说中石人成魔，践踏农田，被当地人砍了脑袋。很明显，这是不可能的。还有人说，蕃臣石像的头颅，是在近代被外国的文物贩子抢走的。这种说法也没有确凿的证据。这些蕃臣石像的破坏既有自然因素，也有人为因素。明朝以来，关中一带发生大地震，可能会有石像倒塌。不过，大部分蕃臣石像的头颅也可能是被人故意挖走的。也有一种说法，后来又有蕃臣到来，看到这些石像，却觉得放在这里丢了自己国家的脸面，因此将头颅带走。由于这些石像的头颅都不见了，就看不出他们的相貌了。

从现存的蕃臣石像来看，他们的衣着和发式是大同小异的。大多穿窄袖的衣裳，个别袖子较长，有圆领、大翻领或斜叉领，腰间系着腰带，脚上穿着靴子，两只脚并拢，两只手向前伸着，头发有卷曲的，也有披散的。其中有一尊石像比唐乾陵其他 60 尊石像都要特殊，它的穿着是完全不同的。与唐初的高句丽、百济、新罗三国的服饰也大相径庭。这尊石像的衣着式样为右襟大袖短袍，下身穿一件宽大的长袍，束着腰带。它的式样与唐章怀太子墓中的东客使画像上的人很像。最后，从蕃臣石像左手握弓的特点来看，这与古代新罗人善于骑射的习惯是一致的，因此应为新罗人。虽然它的损坏程度很大，但仍具有较高的写实性，它在一定程度上重现了当时新罗人的衣着和风姿。

蕃臣石像为我们研究服饰文化提供了不可多得的第一手资料，弥足珍贵。站在这些大臣的塑像面前，我们仿佛看到了当年朝堂上那些臣子的模样。

乾陵蕃臣石像还反映了唐朝的开放，这使得当时的"丝绸之路"前所未有的兴盛。

自从汉武帝派张骞出使西域以来，中国的各个政权一直是东部地区的重要守卫者，担当着经贸交流和文化交流的重要角色。"丝绸之路"从几千年前的零星自发状态发展到以强化东西交往为主的一种国家行为，它给丝路文明带来了巨大而显著的正面影响，从而推动丝路向东西文明交流、相互学习、相互促进的方向发展。从贞观十四年（640）开始，唐在西州设立了安西都护府，这是西域东南地区的最高军事机构。唐统一了南疆后，安西都护府就迁到了龟兹。长安二年（702），唐在庭州设立了位于天山和中亚北方的北庭都护府，北庭都护府是天山与中亚地区的重要组成部分。都护府是汉、唐时期中原王朝为督察边境各民族而设置的军事机关。

武则天作为乾陵的第二主人，对西域的军事贡献也很大。从太宗至武则天，唐代先后设立了九个都护府，分别是安东、东夷、安北、单于、安西、北庭、昆陵、蒙池、安南。唐朝前期设置的都护府是唐代加强地方统治、处理民族关系的一项重大举措，这也是唐代前期政治清明、经济发展、社会繁荣的重要因素。唐政权在安史之乱之前，对西域的统治是直接而有力的，这为西域的和平与持续发展提供了有利的条件。

乾陵是第一座在陵园中安放翼马和浮雕石鸟的帝王陵墓，也是第一座建立无字碑的帝王陵墓；自乾陵始，石狮子就成了主要的装饰，出现在陵墓的四道大门之前，之后这也成为定式。与之前的献陵、昭陵石刻相比，乾陵石刻不仅数量多，种类也比较多。尤其是神道两旁巨大的石雕，在唐陵中形成了一条壮观的风景线，不但起到了装饰的作用，也让唐陵显得更加威严。显然，乾陵石刻的组合与布局，是在之前皇陵的基础上进一步调整、完善的。乾陵的石刻，已趋于完美，因此受到后人的重视，后人以唐陵为代表，陵墓大部分都是模仿乾陵而建。石刻数目及排列次序，亦与乾陵相似。可见，乾陵石刻已成为一种体系，得到后世认同。宋、元、明、清以唐朝为基础，对陵寝制度进行了调整。但在石刻造型和气质上，却远远比不上唐陵。

唐朝是中国陵墓雕刻史上的一个重要时期，无论是造型的扩展和雕刻技法的运用，还是雕刻人物的气度和数量，都堪称历代以来最高峰。唐帝陵墓以西安为中心，绵延200里，有"二百里雕刻艺术馆"之称。

三、另一座乾陵

其实在中国历史上还有一座乾陵，也就是说在中国有两座乾陵，听起来有些奇怪，怎么会有两座呢？另一座是辽景宗耶律贤的乾陵，在辽宁的北镇。耶律贤的乾陵除了名字外与唐高宗李治的乾陵还有很多其他共同点。两位乾陵的主人都是登基后，因为身体不适，无法上朝，所以由皇后代管朝政，而且都是在他们死后，皇后以太后的身份临朝称制，为百姓为国家的发展做了许多事，两位皇后也都有过风流韵事。她们死后都与丈夫合葬在乾陵，这在历代帝陵中几乎是没有的巧合。

让我们看看这座乾陵的两位主人辽景宗耶律贤（948—982）和皇后萧绰（953—1009）的人生经历吧。

辽景宗耶律贤，字贤宁，辽天禄二年（948）出生，为辽世宗次子，母亲是皇后萧撒葛只。他4岁的时候，父母因"火神淀之变"而亡。他也险些丧命，被人救了回来，他因此受到惊吓，身体不好。

萧绰生于应历三年（953）五月五日。萧绰比耶律贤小5岁，父亲是后族重臣萧思温。她自幼聪明，做事干脆利落，无论做什么事都有一颗不屈之心，哪怕是鸡毛蒜皮的小事也绝不会放过，深得萧思温喜爱。有一次萧绰和姐妹们一起做家务，姐妹们都是草草收工，只有她还在细心地擦拭着，把所有的家具都整理得井井有条，萧思温不时赞叹道："此女必成大事。"

耶律贤被堂叔辽穆宗抚养，在永兴宫中长大。辽穆宗并不是一个明君，他纵情享乐，酗酒怠政，滥杀无辜，还因为夜夜饮宴睡到中午，被称为"睡王"，因为他的暴政国内时常有叛乱，但是都被他镇压。耶律贤在这种环境中渐渐成长起来，他身边有一群忠心耿耿的文武官员，秘密策划着夺取皇位。好在他们的计划非常隐秘，辽穆宗并未发现。

应历十九年（969）二月二十一日，耶律贤入宫觐见辽穆宗。辽穆宗说："侄儿已经长大成人，能把朝政交给你了。"

谁知道说完这句话的第二天，辽穆宗就死了。当日辽穆宗率领萧思温和他的心腹大臣，到黑山（今内蒙古自治区巴林右旗境内）狩猎。到了晚上，辽穆宗喝醉了酒，被侍从杀死。辽穆宗嗜杀成性，经常无缘无故地杀死侍从，所以侍从为了报复将他杀死。萧思温在辽穆宗的身边，将这件事压了下去，连忙告诉耶律贤。

耶律贤忙带着飞龙使女里、南院枢密使高勋以及千名铁骑，风驰电掣赶到黑山。之后耶律贤得到契丹及汉族诸臣的拥护登基，尊号天赞皇帝，即辽景宗，改年号为保宁。自那以后，辽国的皇帝之位便由辽景宗一脉传到了辽末，甚至是西辽。这对辽代后期实现封建统治、确立嫡系继承人制度具有重要的现实意义。

保宁元年（969）三月，耶律贤封萧思温为北院枢密使，并将他的女儿萧绰纳为贵妃。之后很快又册封萧思温为北府宰相，两个月后立萧绰为皇后。十一月萧思温被封魏王。而耶律贤身体不好，国家大事多由萧绰负责。

保宁二年（970）五月，耶律贤到闾山狩猎，萧思温陪同，谁知道在盘道岭的时候萧思温被暗杀。之后查出国舅萧海只及萧海里是罪魁祸首，最后他们全部被处死。

耶律贤为了安抚萧绰和萧氏一脉，追封萧思温为楚王，萧绰的爷爷胡母里为韩王。

这事也并没有结束，在保宁十年（978）的时候，查出来高勋和女里也有谋害萧思温的嫌疑，二人都被处死，高勋的财产被没收，赔偿给萧家。

　　而且也是在这一年，耶律贤召见集史馆学士，告诉他们，以后凡是记载皇后所说的话，亦称"朕"暨"予"，要成为定例，这样自己的妻子与自己平起平坐。久而久之，耶律贤便默认了萧绰独立决定辽国的日常事务。若是有重大军事要务，她会将蕃汉大臣聚集在一起，商议对策。辽景宗最多也就是听她汇报，然后说一声"知道"就行，不会插手。由于萧绰的努力，辽国军力日益强大，政治、经济都走上了正轨。

　　这也与大唐"二圣"相似。

　　不过景宗刚登基的时候还是实行了一系列的改革，为以后辽圣宗时期的全盛局面打下了坚实的基础。

　　一是通过对政治对手的宽容政策，来缓解统治阶层之间的冲突。比如尊耶律李胡为皇帝，不杀政敌。辽景宗还延续了阿保机的政策，大力招揽有才能的人，特别是汉人。在获得燕云十六州之后，曾挑选出一批汉族士大夫来管理各州政事，其中不乏人才。辽景宗也效仿汉族皇帝，命部属推荐贤能之士为其所用。之后，还下了旨意，只要在考试中表现出色，就可以直接升迁。

　　二是任命贤臣良将，如耶律屋质、耶律贤适等人，让百姓休养生息，谦逊地征询民众的意见。辽景宗对农业的发展非常重视，派人去耕种，发展生产，为了保障农业生产，避免契丹人故意或无意地破坏农事，辽景宗下令不准随从践踏农作物，行军时要军队绕行。农业的发展，极大地促进了辽国的多种经济发展，并使辽国的国力得到了加强。

　　三是清吏治，宽减治刑。设立登闻鼓院，让民众有申诉的地方，安抚民众。景宗也确实一直纳谏，在他在位后期，郭袭上书劝诫他要减少狩猎，说穆宗贪于打猎，疏于政务，最后怨声载道。十年的征战导致政治局势并未彻底安定下来。国家虽然年年丰收，但经济尚未完全复苏，正是奋发图强的好时机，听闻陛下对游猎情有独钟，应当克制自己，避免穆宗时的惨剧再次发生。而且，如今还有北宋的威慑，若是让他们知道陛下沉迷于狩猎，只怕会乘胜追击。还望陛下能适时收敛，一心以国为先，争取国泰民安。景宗读后，虽未全盘接受，却十分欣赏郭袭。此时，北宋已经开始力图收复燕云，景宗也在全力应战，他的游猎活动也停止了。

辽景宗统治辽国的过程，也是他研究汉族文化、总结汉族统治经验和军事实践的过程。他还尽可能地吸取汉人的习俗，允许契丹人与汉人通婚，促进各族间的交往和融合，使契丹人与汉人的关系更加紧密。景宗登基之后，将拥立他的汉族官员高勋封为南院枢密使，又加封其为秦王。辽对汉族官员的重用，主要是从这里开始。这意味着辽将汉官纳入了政权的中心，汉官的地位得到了显著的提升。重用汉官，使契丹政治体制的工作效率提高，并推动了封建社会的发展。景宗对官制进行了改革，以彻底扭转穆宗时代的乱象。他学习了历代的经验和教训，并将其应用于改革。在实行时，奖惩分明，对人才实行"任人不疑"的政策。这让百官尽职尽责，不敢有丝毫的懈怠。穆宗时代的很多弊病都被迅速地消除了。于是，在皇帝和大臣们的共同努力下，政局出现了一片明朗的景象，国力大增，农业和畜牧业繁荣，这也是他们战胜北宋的最大原因。

自此，辽步入中兴时期，开始向全盛期迈进，这与唐高祖奠定"贞观之治"的基础是相同的。

然而，契丹人的生活习惯却无法彻底改变，尤其是辽军南下中原后，因辽军缺乏补给，粮食只能自己解决，辽兵每到一处，必定要去掠夺粮食，因此，辽军受到了汉人的猛烈抵抗。人心一失，辽国在中原的地位便难以维持，辽景宗在弥留之际，终于醒悟，但为时已晚。事实上，即使他提前发现并采取了相应的措施，也不可能在短期之内改变民族习惯。

耶律贤幼时受过惊吓，身体虚弱，因此他的皇后萧绰趁机参与到辽王朝的政治和军事活动中。这与武则天的经历有些相似。

乾亨四年（982）九月二十四日，耶律贤在云州（今山西大同）去世，终年35岁，庙号景宗，葬于乾陵（今辽宁北镇）。留下遗诏让梁王耶律隆绪登基，一切军事上的事情听从皇后萧绰的命令。同时立耶律斜轸与韩德让为顾命大臣。这个方式也与武则天为太后时一样，只是耶律贤的寿命与李治比要差了十几年。

二十五日，12岁的耶律隆绪在灵前登基。萧绰的第一个念头就是主少国疑，200多名宗室亲王手握重兵，实力强大，形势瞬息万变。当着耶律斜轸、韩德让的面，她哭了起来："母寡子弱，族属雄强，边防未靖，奈何？"

韩德让与萧绰是旧识，耶律斜轸则是萧绰的侄女婿，既是亲人，也是心腹，如此说自然会让他们同仇敌忾，果不其然，这两个人立刻表明了自己的忠心："但信任臣等，何虑之有！"于是此后萧绰、耶律斜轸、韩德让三人，共同商议国事。之后萧绰把耶律休哥派到南京（今北京）坐镇，掌管南方军务，巩固边疆。任命耶律斜轸为北院枢密使，掌管内务，特别是对贵族严加管束。萧绰和圣宗母子的安全得到了保障。萧绰对韩德让十分信任，韩德让征询萧绰的意见，罢免了一批重臣。并在韩德让的提议下，向宗室亲王下了一道旨意："诸王归第，不得私相燕会。"敕令诸王各回自己的宅第等待，不得私下里相互设宴，借此机会，将他们的军权夺了过来，同时召回了所有的宗室亲戚作为人质，以化解内乱，这才稳固了萧绰和圣宗的地位。

统和元年（983），耶律隆绪率领文武百官，奉皇太后为承天皇太后，群臣则为皇帝上尊号为天辅皇帝，特赦天下，改元统和。八月十一日，耶律斜轸和耶律隆绪在萧绰的面前互相交换弓箭鞍马，相约结为朋友。

萧绰安抚了耶律斜轸，继续安抚韩德让，她与韩德让虽然没有任何联姻，但是两人关系不一般。韩德让"有辟阳之幸"。这就与武则天后期宠幸男宠有些像了。但是萧绰和韩德让的关系要更纯粹，而且韩德让远远要比武则天的那些男宠厉害。

萧绰少年时与韩德让定亲，但是在两人成亲之前，萧绰便被景宗选中做了妃子。萧绰私自向韩德让说："吾尝许嫁子，愿谐旧好，则幼主当国，亦汝子也。"意思就是说我曾经许配过你，现在愿意和你恢复之前的关系，国君年幼，以后也是你的儿子。《宋朝事实类苑》中有关于萧绰毒杀韩德让妻子李氏的记载。统和六年（988），萧绰一改往日在宫中宴请皇亲国戚的习惯，而是在韩德让的营帐中设宴款待群臣，并给予众人重赏。这次的宴席被后人视为萧太后和韩德让举办的婚宴，于是就有了韩德让和萧太后成亲的传闻。有人说萧绰和韩德让是一对半公开的恋人。不过就算萧绰和韩德让是公开的夫妻，也没有违背契丹的习俗。此后韩德让经常出入萧绰的帐幕，不论外出打猎还是处理政事，两人一桌吃饭，并排而坐。

无论萧绰下嫁是真是假，所有人都能看得见，萧绰对韩德让十分喜爱和看重。耶律虎古是涿州（今河北涿州）的刺史，他对韩德让和萧绰的关系很是不满，所以对韩德让的态度很是不敬。后来，韩德让当着众人的面杀了耶律虎古，萧绰也睁一只眼闭一只眼。有一次萧绰观看马球赛，韩德让上场的时候，契丹贵族胡里室不小心将韩德让撞下马。萧绰看到这一幕，直接把胡里室的脑袋砍了下来。

在统和二十二年（1004），萧绰废除了韩德让和耶律隆绪的君臣名分，将契丹皇室姓氏"耶律"赐给韩德让，并赐名"隆运"，封"晋王"，隶属"季父房"。韩德让一如辽国的皇帝和太后，也拥有私人"斡鲁朵"（宫帐）、宗州属城，以及万名士兵的护卫。因为韩德让没有子嗣，所以萧绰决定，皇室每一代都要有一位亲王，成为他的后人。

她还将契丹人和汉人之间发生矛盾时重责汉人的规定，改为契丹人和汉人同罪同罚，调整两族关系，巩固燕云十六州。

统和二十二年（1004），萧绰亲领20万大军南下，向宋国进发，直抵澶州，距离东京汴梁只有百余里。当时的北宋，已经乱成了一锅粥，一些官员更是提议，要抛弃城池，迁移到江南、蜀中。宋真宗在宰相寇准的鼓励下，亲自出兵，与萧太后在澶州缔结"澶渊之盟"。

萧绰与韩德让合力打完了这场决战，五年之后，萧绰觉得自己的身体越来越差，所以统和二十七年（1009）十一月，为自己的儿子耶律隆绪举办了"柴册礼"，将皇权归还给耶律隆绪。此时的她，正在南京城建造一座新的宫殿，准备南下休养，却在半路上一病不起，死在了行宫，终年57岁。

萧绰的死，对韩德让的打击太大了，他的身体一蹶不振。耶律隆绪和韩德让的关系一向很好，从来没有因为皇权和时代而改变过。圣宗皇帝耶律隆绪像亲生儿子一样伺候他，皇后萧菩萨哥也在一旁侍奉，但韩德让的生命却在迅速流逝。萧绰死后15个月，韩德让也跟着离世。

耶律隆绪亲自为韩德让举行了国葬，与萧绰的陵寝相邻。韩德让是唯一一个被埋葬在大辽朝皇陵之中的汉人。

辽景宗耶律贤的乾陵，三面环山，南边是鹰嘴山，北边是烟筒山，西边是龙门峰，东边是一片辽阔的平原。占地16平方公里，是一片从西北到东南走向的山谷，呈簸箕状，当地人把这个峡谷叫作二道沟。二道沟是北镇百里梨花带非常重要的一处观花点，每年梨花盛开的时候，到处都是琼枝玉叶。

与其他的皇陵不同，这里没有石像，没有御道、享殿等陵寝建筑，甚至没有陵墓区的石碑，因此也就没有游客。

据辽历史及相关资料记载，辽国有好几位皇帝都葬在了医巫闾山的显陵和乾陵内，因此在最初的时候并不知道乾陵具体在哪个位置。医巫闾山，占地足有3万平方公里。要确定乾陵的具体方位，更是难上加难。

1971年，富屯乡龙岗子村响应党的号召，深挖洞，搞防空时，掘到了辽第五代皇帝之孙魏国大王的陵墓，同时发现了耶律宗允墓，紧接着在这周围又发现了 10 多座大型墓穴。在附近的村子里也相继发现了辽代墓葬。

这些墓群已由相关单位抢救挖掘出 3 座，其他墓穴现已封存，在这 3 座墓中发现了 4 块珍贵的墓志铭。这些墓志铭对于研究辽朝王室，尤其是研究辽代皇陵的位置具有重要意义。考古学家们通过此次发掘，得出了乾陵位于龙岗村内的结论。

不过龙岗村方圆 10 多平方公里，要找到乾陵的确切位置，还得继续发掘才行。多年来，龙岗子辽墓已被多位辽史学家和部分专业考古学家研究，但是对于整个乾陵的确切方位却一直未有统一清晰的认识。期待有一天能找到它的确切位置。

关于辽乾陵被盗情况以及它的历史意义：

辽天庆九年（1119），乾陵、显陵凝神殿、安元殿并皇妃子弟影堂都被金兵毁坏，地面建筑全部被烧没了，两座陵墓都被掘了出来，里面的财宝也被洗劫一空，这是乾陵第一次失窃。

金朝迁都汴京，辽地贫瘠，大量的盗墓者乘虚而入，再次抢劫了辽陵，这是乾陵第二次被盗。

1912 年至 1915 年，乾、显二陵在民国初期遭到了当地灾民的发掘，这是第三次乾陵失窃事件。

1931 年至 1939 年，日本以调查名义对辽陵进行了发掘和搜查，这是第四次乾陵失窃事件。

1991 年，辽景宗、萧太后在世时的王冠饰品出现在锦州。

1991 年至 1993 年，丹东首次出现萧太后的凤袍。

1994 年至 1999 年，盗墓团伙在北镇辽墓中进行了一次疯狂盗挖，这是第五次乾陵失窃事件。

1995 年，辽宁流传着萧太后的黄金寿衣。

1999 年至 2009 年，"景宗皇帝手令背'宜速'金牌""景宗皇帝令铜牌""大辽承天皇太都统金铜牌"相继重见天日。

乾陵在 2003 年又一次失窃，这是乾陵最后一次被盗。盗墓者打入地下 8 米深的地方，挖出了一座千年古墓。

2006 年，北京出现了一批萧太后的玉佩，人们第一次看到契丹人亲自雕刻的承天皇太后像。

2005 年至 2015 年，若干与萧太后有关的锻制金钱"横空出世"。

2010 年至 2015 年，至少 4 颗与乾陵有关的金印重见天日。

第五章

星辰拱月，守护乾陵

在神道的东边也就是乾陵东南角的位置是陪葬墓区域，有皇亲国戚、重臣等陪葬墓 17 座。陪葬者有章怀太子李贤、懿德太子李重润、泽王李上金、许王李素节、邠王李守礼、义阳公主、新都公主、永泰公主、安兴公主、特进王及善、中书令薛元超、右仆射刘延景、礼部尚书左仆射豆卢钦望、右仆射刘仁轨、左卫将军李谨行、右武卫将军高侃、左仆射杨再思。这些陪葬墓根据墓主的身份，从远处到近处依次排列。可以概括为三王、二太子、四公主、八朝臣。这些陪葬墓是乾陵文化的一个重要组成，尤其是在永泰公主、章怀太子等的墓葬中，出土了大量的文物，让我们了解到更多的唐朝文化。

一、大臣陪葬墓

为什么会有陪葬呢？按照前面所说，古人认为死后也是有一个世界的，整个皇陵已经按照长安城大明宫的布局安排，那么有了皇上自然也就要有臣子了，因此是有大臣陪葬墓的。当然也并不只有这一个原因。在初唐，只要是重臣就都可以将墓地陪葬在皇陵内。

唐太宗曾经颁诏："（谋臣武将、密戚懿亲）自今以后，身薨之日，所司宜即以闻，赐以墓地，并给东园秘器，事从优厚，庶敦追远之意，以申罔极之怀。""与昭陵南左右厢，封境取地，仍即标志疆域，拟为葬所，以赐功臣，其父祖陪陵，子孙欲来从葬者，亦宜听许。"意思就是那些为国家奉献过的谋臣武将还有亲密的亲戚，从现在开始，如果离世了都要告诉我，我会赐给他们陵寝还有宝物，以表示厚爱。昭陵那边的位置不错，就用它当封地，纪念有功之人，他的父亲和他的后人，也可以随他一起埋葬。

嘉奖对象分为文臣、武将、外戚、内亲四个部分，主要是针对太宗的重臣，封地也只针对昭陵，只是起到了指引的作用，并不是强制的规定。而且，如果文臣武将都葬在了皇陵之中，这是一种不符合传统的家族合葬，这在礼仪上也是有缺陷的。因此昭陵是皇陵中最具代表性的墓葬制度，也是陪葬习俗盛行的典范，后世皇帝的墓葬与其几乎没有可比性。从太宗的旨意来看，"功臣密戚"这四个字很笼统，至于要不要一起下葬，还有一个主观条件，功臣的亲眷或亲属的子孙后代，都要向国家申请。也就是说，就算他是皇亲国戚，只要他不主动要求陪葬，也可以不陪葬。太宗的旨意，无疑是提倡"君臣一体""华夷一体""君明臣忠"的陪陵文化，旨在对大唐的文化进行一种有益的补充，让有功之臣可以享受死后的荣耀，从而有效地巩固了中上层统治阶级的地位。

其实，随葬官员的多寡，不仅与皇帝的文武功绩、个人声望有关，还与皇帝继承者的维护有关。太宗在世时，已经将长孙皇后去世以后去世的大臣安葬在了昭陵之中，等到太宗死后，高宗又按照太宗的诏令，将贞观时期的重臣和嫡系安葬在昭陵。高宗为了表彰宣弘太宗的功勋，多次在昭陵举行献囚大典。但是，高宗去世后，武则天在安排刘仁轨、薛元超、李谨行、高侃陪葬之后，就再没有高宗的老臣被安葬在乾陵了。

所以乾陵的墓葬数目和规模都不算宏伟，而乾陵之后的唐朝陵墓，更显得荒凉。乾陵陪葬墓数量比较少，可能有下面几个主要原因：

之前高宗出于孝心，让很多有功之重臣陪葬献陵、昭陵。那些曾经在贞观时期追随太宗的大臣，高宗都以昭示先皇君臣情分的理由让他们陪葬昭陵，等到高宗驾崩，那些曾经追随过太宗的功臣和宗室都已经陪葬昭陵，自然不可能再陪葬乾陵了。还有高祖也就是高宗的爷爷，他的直系后代都陪葬在献陵了。然后高宗还曾让一些大臣陪葬在自己儿子李弘的恭陵。这样，高宗自己的陪葬墓的数量就少了。

高宗子嗣较少，他虽然成亲比较早，但与太宗相比，高宗子嗣却很少，有多少呢？太宗有14个儿子21个女儿，高宗只有8个儿子3个女儿，全加起来都没有太宗的儿子多。所以太宗的直系后代有很多都陪葬在昭陵。太宗昭陵修建得比较早，从长孙皇后贞观十年（636）去世后，就开始修建，而高宗建造陵墓的时间较晚，是在高宗驾崩后才修建的，乾陵所有陪葬的人都葬于高宗下葬后，高宗时期的一些重臣在高宗未修建乾陵时就已经去世了，所以没有陪葬乾陵的机会，他们只能归葬在祖坟之中。

还有一个重要的原因，武后当政时期，手段狠戾，臣子多无好下场。因为之前很多大臣都反对立武则天为皇后，所以后来他们都因此落得了悲惨的下场，是不会有机会陪葬帝陵的。"二圣"时代的三品官员，无论死于任上，还是致仕后殁于私宅，结局都不大好，也不会陪葬于帝陵。武则天登基后，改国号为周，她自己的臣子几乎都没有陪葬唐陵的，之前附庸她的那些朝臣也没有陪葬唐陵，比如李义府等人，她自己也并不看好他们。在武则天临朝称制时，除4位大臣陪陵外，再无其他陪葬之人。在她称帝之后，只有在她晚年的时候有一位宰相陪葬乾陵。事实上，武后是太宗所提倡的"陪陵"文化的遏制者，武周政权完全消灭了李唐的陪陵文化。

下面按照陪葬时间介绍一下武则天临朝称制时安排的4位陪葬在乾陵的大臣。

第一位陪葬乾陵的是刘仁轨。刘仁轨（601—685），字正则，汴州尉氏（今河南尉氏县张市镇）人，是汉章帝刘炟的后人。他自幼孤苦，但勤奋好学，此时恰逢隋末农民起义，不能专心读书。刘仁轨只要一有工夫，就会用手指在空气里或地面上写写画画，以加强所学。到了后来，更是因为知识渊博而出名。

唐太宗时期，他因敢于直言而著称。唐高宗登基后，曾任青州刺史、带方州刺史、同中书门下三品等职。镇守百济时，因援救新罗，又在白江口一役中击败了倭国和百济联军而名动天下。曾任洮河道行军镇守大使，负责防御吐蕃。武则天在位期间，曾任西京留守，被封为乐城郡公。

唐高祖武德初年，河南道安抚使任瑰起草奏疏，刘仁轨看过后，替他改了几句。任瑰被他的才华所折服，于是任命他为息州参军。刘仁轨很快就被调为陈仓县尉，那时候，折冲都尉鲁宁嚣张跋扈，为非作歹，陈仓县的几位官员也没能阻止他。刘仁轨上任之后特意叮嘱鲁宁不可再犯，可是鲁宁还是一如既往的残暴蛮横，刘仁轨便用刑杖打死了他。唐太宗知道后勃然大怒："一个县尉竟杀了我的折冲都尉，这怎么能行？"他把刘仁轨叫到了朝堂上问责。刘仁轨答道："鲁宁羞辱我，我就杀了他。"太宗见刘仁轨刚正不阿，非但没有惩罚他，反而升他为咸阳县丞。

贞观十四年（640）秋，太宗要到同州（今陕西渭南）狩猎。当时秋收尚未结束，刘仁轨上奏劝告。太宗下诏安慰道："你虽然官职卑微，但为国效命，所做之事，朕无不钦佩。"不久，刘仁轨升任新安知府，累升至给事中。

刘仁轨虽然是个清廉之人，却被得到武则天宠爱的李义府厌恶。显庆四年（659），因处置"毕正义案"而得罪李义府的刘仁轨，被贬至青州（今山东青州）担任刺史之职。"毕正义案"就是之前李义府为了一个小妾害死大理寺少卿的案子。第二年，高宗发兵征讨百济，刘仁轨奉命督海运。李义府明知时机未到，却强行催促他出海。结果，船队在途中遇风沉没，伤亡惨重。朝廷派监察御史前来审问。李义府对高宗说："不杀刘仁轨，难向百姓谢罪。"舍人源直心说："海浪滔天，非人力所能预知。"于是高宗只是罢免了刘仁轨，让他以平民身份随军。李义府又让刘仁愿杀了他，刘仁愿不忍，只好作罢。

同年，百济战争结束后，刘仁愿被任命为都护，唐朝在百济设立熊津都督府，任命王文度为熊津都督。但王文度渡海时病亡，高宗又任命刘仁轨为检校带方州刺史，代替王文度统领军队。

显庆六年（661），百济旧将立故太子扶余丰为王，发动百济复国运动，起兵反抗唐军。刘仁轨与新罗军合力营救刘仁愿，又击退围攻的百济军，与刘仁愿会合。当时苏定方围攻高句丽都城平壤已有一段时间，但由于战事不利，又正值大雪之时，苏定方从平壤撤军。刘仁轨自告奋勇，留在百济。

高宗命刘仁轨前往新罗，与金法敏商讨唐军去留之事。众将士均欲归国，刘仁轨回奏说："大夫出征，凡能保朝廷安危、国家安危，皆可专断。如今皇上要灭高句丽，先灭百济，留下军队驻守，控制其要害。叛贼虽强，但我们严防死守，应当磨刀霍霍，给战马喂食，出其不意，百战百胜，才能安士卒之心。然后兵分几路，占据险要之地，打开局面，向皇帝陛下请示，请求朝廷增兵，朝廷知道这一战的结果，一定会全力支援，消灭敌人。现在平壤还没有被攻破，又要放弃熊津，那么百济就会死灰复燃，不知道要等到什么时候才能消灭高句丽。况且，我们以区区一座熊津府城为中心，一旦城池失守，我等就是亡命之徒。即使是在新罗国定居，也是客人，万一出了什么意外，后悔也来不及了。百济的扶余丰对鬼室福信心存忌惮，两人形同陌路，必然会分道扬镳。我们要做的，就是等待时机，然后趁乱消灭他们。现在还不能轻举妄动。"

刘仁轨的奏章不但得到了高宗的赞赏，而且得到了大臣们的一致好评。事情果然如他所料。刘仁轨先发制人，在时机成熟的时候，派人去侦察真岘城（今韩国镇岑）的军情。接着，他引诱新罗军夜袭真岘城，悄无声息地翻墙而入。唐军自此"遂通新罗运粮之路"。

百济曾两度遭兵祸，国土遭到重创，刘仁轨下令为死者安葬。他重新注册户口，设置官员，修建公路，修建村子，修建堤坝塘堰，帮助贫穷的家庭，促进农业的发展，还为他们修建了一座庙宇，使百济的居民得以安定。守军又开始开荒种田，准备平定高句丽。刘仁愿返回京城，高宗询问他："你虽为将军，但这一次的公文，写得非常得体，这是如何办到的？"刘仁愿回答说："全是刘仁轨所作，非我所能。"高宗对刘仁轨大加赞赏，破格提拔他六级官阶，并将他正式封为带方州刺史，还赏赐给他长安的府第，加赐其家属。高宗派遣使节，将盖有皇帝印章的公文给他，以嘉奖刘仁轨。

太宗贞观和高宗永徽年间，朝廷派遣使臣，向战死的士兵表示哀悼，甚至会将赐予他们的官爵传给后代。显庆之后，再也没有什么对士兵的奖励了。到平百济、围平壤时，有功之人没有被甄别任用。州县征兵，百姓不愿意参军，身强力壮、家境殷实者，用钱财向官府交涉，就能避免被征召。招募的人很多都愚蠢、贫穷、缺乏斗志。刘仁轨对不计功绩行赏的弊端作了详尽的阐述，并请朝廷对出征的士兵进行奖励，以此来激励军心。高宗赞同他的意见。

那时，刘仁愿是卑列道总管，高宗命他去百济接替刘仁轨，然后二人一同归国。

刘仁轨说："皇帝出使四方，又有平定高句丽的计划。现在正是农忙时节，若是所有的将士都换了，新来的人对地形不熟悉，万一出了什么事，谁能守得住？还不如把自己的军队留在这里收割完毕，等他们完成任务，再把他们送回去。我应当留下，还不能离开。"刘仁愿不同意，说："我只会执行圣旨。"刘仁轨说："不对。如果对国家有利圣意就应该去做，没有就不要去做，这是臣下应守的节操。"于是将事情的利弊上报给朝廷，请求留在百济。高宗也赞同，因而认定刘仁愿有不忠之心。

麟德二年（665），高宗到泰山封禅时，刘仁轨带领新罗、百济、儋罗、倭国等四国的酋长前往泰山，参加祭祀。高宗大喜，将刘仁轨升为大司宪兼知政事。

总章元年（668），刘仁轨被任命为辽东道安抚副大使、熊津道安抚大使、浿江道总管，他先是在六月份前往新罗，对高句丽发起进攻，之后又以李勣的副手的身份，帮助李勣剿灭高句丽。

总章三年（670）正月，刘仁轨生病致仕，高宗准许，加授他为金紫光禄大夫。数月后刘仁轨病情好转又复出，被任命为陇州刺史。

咸亨三年（672），刘仁轨入朝为太子左庶子。

咸亨四年（673）三月，高宗因"许敬宗等记述多有失实"，命刘仁轨等改修国史。

咸亨五年（674），新罗吞并熊津都督府（百济故地），支持高句丽遗民造反，高宗对新罗发动了一场战争，任命刘仁轨为鸡林道大总管，东征新罗。刘仁轨率领唐军渡过瓠卢河，攻下新罗七重城。他因功晋封为乐城县公，其子、侄中有三个人被授予上柱国头衔，乡里以此为荣，称其故居为"乐城乡三柱里"。次年，刘仁轨从新罗前线被召还朝，任尚书左仆射、同中书门下三品兼太子宾客、监修国史，仍旧主持政务。

仪凤二年（677）五月，吐蕃攻打扶州（治同昌，今甘肃文县）临河镇，唐军战败，朝廷派刘仁轨行军镇守鄯州，欲夺取吐蕃。刘仁轨的提议被李敬玄多次拒绝，这让他很是恼火。刘仁轨知道李敬玄不是武将，但他一心要找李敬玄报仇，所以上奏道："西边镇守的重任，非李敬玄不可。"李敬玄推辞不掉。第二年九月，青海之役，李敬玄大败，被降为衡州刺史。

刘仁轨于永隆二年（681）担任太子太傅。不久，他上疏请辞。高宗同意他辞去尚书左仆射一职，仍以太子太傅的身份处理政事。

永淳元年（682），高宗游幸东都洛阳，由太子李显代管长安的军政事宜，刘仁轨、裴炎、薛元超辅佐太子。翌年八月，李显接到旨意，前往洛阳，依然由刘仁轨任副留守。

光宅元年（684）二月，刘仁轨又被任命为尚书左仆射、同中书门下三品，负责西京的防御，独自主持长安的留守事务。

武则天特地给刘仁轨写了封信，说他和萧何一样，萧何是在关中驻守的西汉名将。刘仁轨借口年老体弱，婉言谢绝，请求辞职。他还借此机会，将吕后乱政失败的经过说了一遍，以示对武则天的嘲讽。

武则天看完奏章后，派侄儿武承嗣去长安看望刘仁轨，对他解释道："今日因皇帝正在守丧不能宣布政令，由我（武则天）代他处理政务。劳您从远处劝诫，又上表说自己年事已高，要辞职，又有许多责备和抱怨，使我忧心忡忡，进退两难。你又说'后人耻笑吕后、吕禄、吕产，为汉朝带来灾祸'，这比喻实在太深刻了，使我既欣慰又惭愧。你的忠贞，永远不会改变。古往今来，罕有人能比得上你。一开始听到这样的话，我怎么可能不迷茫？但仔细一想，却是值得借鉴的。况且宰相一职，乃百官楷模，你又是先朝旧臣，远近皆知。希望你能为国正名，莫以年事已高为由请求辞官。"不久，朝廷册封刘仁轨为乐城郡公。

武则天如此回复，实在是令人惊讶，与她狠绝的性格十分不符。不排除是因为武则天刚刚掌控政权，需要有军权的支持。当然，也是因为刘仁轨并没有涉及朝堂上的权力斗争，并没有明确地表示反对武则天。

刘仁轨于垂拱元年（685）正月二十二日辞世，享年84岁。武则天为其辍朝三日，命在京的文武百官去他的家里祭拜，追赠他为开府仪同三司、并州大都督，陪葬乾陵，赐其家实封三百户。

天宝六载（747）正月，刘仁轨与尚书右仆射褚遂良、司徒高季辅一同配享唐高宗庙廷。

第二位陪葬乾陵的是薛元超。关于薛元超前面已经简单讲过他的事迹，这里不再赘述。

薛元超墓志于1972年2月，在乾陵博物馆东南方700米处进行了挖掘和清理。该墓志体为石灰岩，志盖刻有"大唐故中书令、赠光禄大夫、秦州都督薛公墓志铭"20个大字。志文为竖式阴刻正楷，出自唐代著名文人崔融之手。这是乾陵博物馆现存文字最多的墓志。薛元超的生平，在文献中有记载，但因为篇幅太短，佚误也颇多，墓志的内容，远远超过了文献上的记载，也更加的真实，足以弥补文献的缺失。

乾陵的第三位陪葬者是李谨行。李谨行（619—683），靺鞨人，靺鞨是古代中国东北部的少数民族。南北朝时，又名"勿吉"，隋唐时称靺鞨。靺鞨的众多部落基本都是在高句丽阵营的，而唯独粟末靺鞨一直支持大唐。

李谨行的父亲突地稽是隋唐时期一位鼎鼎大名的人物，因为突地稽一族为大唐的统一与安定作出了杰出的贡献，贞观初年，唐太宗赐其姓李。李谨行是唐代开明的民族政策下的御赐国姓蕃将。

李谨行从小就受到北方少数民族武风的影响，在他幼年时，太宗击败刘黑闼，击败突厥，这些事迹，对于北方少数民族来说，无疑会口耳相传。家族的熏陶，对他以后成为一名出色的武将有着重要的作用。因此，他从小就精通军事。同时，由于汉文化的熏陶，他有了熟悉兵法的条件。长大后，李谨行一入仕便得以授"翊卫校尉"，翊卫校尉是府兵制下的内府下级武官。唐代三卫一直都是由五品以上官宦的子孙来充任，突地稽生前为三品将军，李谨行靠着家族关系进入官场，但是他本身武技超群、孔武伟岸。

李谨行自入仕，就统领300名低级武官，那时他才21岁。他一路高升，至龙朔年间，即在43岁左右，他已经是个从三品的将军，在军中担任要职，可谓一帆风顺。不过，他的辉煌却是在麟德年间。

麟德元年（664），李谨行以封疆大吏之职，任边州营州都督。营州始设于北魏，治所位于辽宁朝阳，其管辖范围在今天的辽宁境内。营州位于东北边境，从隋朝开始，就聚集了大批的靺鞨人，营州也是他父亲突地稽的领地。突地稽是粟末靺鞨的首领，父子二人在靺鞨人心中具有极高的地位和威信。周围的几个少数民族，都为之胆寒。再加上李谨行的军事才能和雄厚的财力，使得他在大唐的东北地区有着举足轻重的地位。可以说，在营州的卓越表现，使李谨行获得了更多的政治资本，也为他成为东征的一员打下了坚实的基础。李谨行在麟德年间是营州的统帅，麾下数千人。他凭借着雄厚的财力，雄踞边关，契丹和高句丽都对他忌惮三分。

乾封元年（666），他以左监门卫将军的身份，随大军东征高句丽。这时百济被唐罗联军夹击，于显庆五年（660）覆灭。虽然这一战的目标是高句丽，但因为唐罗联盟并没有崩溃，加上新罗的插手，这场战争依然是唐罗联军和丽济联军战争的延续。

总章元年（668），高句丽被平定，唐在平壤设立了安东都护府，负责管辖。高句丽虽然覆灭，但是还有一些残兵败将和唐军队进行着零星的战斗。所以，平定了高句丽之后，李谨行继续留在安东都护府，负责镇守安东都护府。是年，李谨行以平定高句丽之功，晋升为右武卫大将。

咸亨元年（670），他镇压了高句丽武将钳牟岑的叛乱，又与支持高句丽复国的新罗交战。他累拜右领军员外大将军、积石道经略大使。吐蕃论钦陵等率领数十万兵马向湟中进发，李谨行以空城计将其击退。

到上元二年（675），李谨行已经在朝鲜半岛上打了十年仗，所向披靡，令对手忌惮。吐蕃入侵唐西北边境，唐西北战事屡败，李谨行很快就被派到西北与吐蕃交战。

上元三年（676），他在青海击败了数万吐蕃人，被唐高宗封为燕国公。

李谨行于永淳二年（683）去世，享年64岁。获赠镇军大将军、幽州都督，陪葬乾陵。

李谨行墓距乾陵博物馆西南约1公里，在1972年2月的考古发掘和清理中发现了他的墓志，它与其他墓志相比体积较小，雕刻也较为粗糙。

志盖上阴刻着一行正楷小字"大唐故右员外大将军燕国公墓志铭"。碑文的四角和四周都刻有蔓草，手法娴熟，线条流畅，志文亦是阴刻正楷，字数比永泰公主和章怀太子的墓志略多。整部碑文行云流水，字迹庄重，似乎出自名门，却无著书者、雕工之名。尽管碑文的雕刻不够精致，但是其文字的内容，还是很有历史价值的。这是迄今为止仅存的少数民族人物的墓志，对研究少数民族的历史、人物都有一定的意义。除了碑石、墓志以外，巨大的墓葬石椁也是主要的石刻藏品。

高侃是第四个陪葬乾陵的大臣。高侃（生卒年不详），一作高偘，渤海蓚县（今河北景县）人。他"俭素自处，忠果有谋"。永徽年间，为北庭安抚使、陇右道大总管，因活捉突厥车鼻可汗，立下大功，官至安东都护、辽东道大总管，又因平定高句丽有功，官至左监门卫大将军，封平原郡公。高侃是一位在对突厥和高句丽的战争中战功赫赫的将军，为大唐的稳定作出了巨大的贡献。

高侃在史书上首次出现于唐太宗贞观二十三年（649），此时高侃已升为右骁卫郎将，奉唐太宗之命，出征东突厥。

为何要出征突厥，还要从一年多前说起。贞观二十一年（647）十一月，突厥可汗车鼻派儿子沙钵罗特勒赴朝，向朝廷献礼，并宣布自己也要亲自赴朝。唐太宗听闻此事，立即派云麾将军安调遮和右屯卫郎将韩华前去相迎，但车鼻却没有来的意思。右屯卫郎将韩华和葛逻禄为了完成任务，决定强行劫车鼻回长安。但这件事被车鼻部发现，安调遮和韩华均被杀死，太宗听到这个消息，勃然大怒，决定出兵讨伐车鼻部，以加强对突厥人的控制。

贞观二十三年（649）正月，太宗任命高侃为唐军统帅，率北方的游牧民族向车鼻发起攻击。高侃率兵入境，突厥诸部先后脱离车鼻投降。

永徽元年（650）六月，高侃又率兵攻打车鼻部，至阿息山（今蒙古国境内），车鼻想要调集部众抵抗，却无一人出战，他只得带着数百骑兵逃走。高侃当机立断，率领精锐骑兵，在金山将车鼻擒获，所有人都投降了。

九月初四，高侃将车鼻可汗押回京城长安，这个时候太宗已经去世，皇帝是高宗，高侃因功受封为卫将军。唐朝廷建立了都督府，以统率车鼻众人。从此以后，所有的突厥人都成为了大唐的子民。唐廷又设单于、瀚海二都护府，统管其辖境10个都督府、22个州，以其首领为刺史、都督，以巩固唐朝廷在北方的势力。

高侃出征车鼻之胜，在当时意义重大。首先，北方的危险已经被彻底清除，边陲得到了稳定。《旧唐书·突厥传》称："自永徽已后，殆三十年，北鄙无事。"其次，唐军大获全胜，将整个漠北纳入大唐的掌控之中。这一战，让高侃一跃成为了一代名将。《新唐书·高固传》记载："祖侃，永徽中，为北庭安抚使，禽车鼻可汗，以功为安东都护。"

在接下来的十多年里，史书中并没有关于高侃的事迹了。

直到乾封元年（666），高句丽泉盖苏文死，他的长子泉男生继任莫离支，与其弟泉男建、泉男产不和，泉男建自称莫离支，率军攻打泉男生。泉男生派其子泉献诚到唐朝寻求帮助。六月初七，高侃正在营州（今辽宁朝阳）担任都督，营州距离高句丽极近，所以高侃很快就接到命令，讨伐高句丽。

乾封二年（667）九月十四日，李勣率兵取高句丽军事重镇新城（今辽宁抚顺北高尔山城），留下一个将领和少量军队镇守，其中就有高侃，李勣趁势攻下附近的16座城池。泉男建认为这是一个绝佳的机会，于是出兵攻打新城高侃的营地，在其他唐将领的支援下，高句丽军最终被唐军击败。后来高侃率领大军直逼金山（今辽宁昌图西），与高句丽军作战，但一开始并不顺利，高句丽军乘胜追击，这时薛仁贵从旁偷袭，高侃则率领大军突袭，高句丽军全军覆没，被斩首5万多人。唐军乘胜追击，到了总章元年（668）九月十二日，平壤城被攻破，高句丽覆灭。高侃因功升任左监门卫大将军。

咸亨元年（670）四月，吐蕃大军攻入西域 18 个州（都在今新疆境内），西北地区进入紧急状态。高句丽首领钳牟岑趁势造反，在当年四月，以高句丽王高藏之孙安舜为王，出征唐朝东北。唐高宗遂命高侃为安东都护、东州道行军总管，右领军卫大将军李谨行为燕山道行军总管，率军进攻，并派遣司平太常伯杨昉为高句丽流民提供庇护。安舜趁唐军大军压境，杀了钳牟岑，逃到朝鲜东南的新罗。

咸亨二年（671）七月初一，高侃率军在安市城（今辽宁海城东南营城子）击破钳牟岑的残余部队。

咸亨三年（672）十二月，高侃又在全州南海的白水山，打败了新罗的援军，俘虏了 2000 人。

高侃去世后，获赠左武卫大将军，谥号"威"。其后陪葬于乾陵。

以上四个大臣都是在武则天未称帝还是太后的时候陪葬乾陵的。这四个人中除了薛元超，其他三人都是武将，在朝堂上与武则天没有什么过节。薛元超只是和上官仪有些联系，但是也没有正面反对过武则天。而且薛元超死的时候正是高宗刚驾崩的时候，这个时间里，武则天并不敢明目张胆地杀害那些反对自己的人。

再后来，就没有大臣死后陪葬乾陵了，直到武则天称帝后期，宰相王及善陪葬乾陵。圣历元年（698）八月，李显被立为太子，武则天已经做好了还政于李唐的准备，王及善陪葬乾陵就是一个信号。

王及善（618—699），洺州邯郸人，他的父亲王君愕在隋末率义军投奔唐，被封为大将军。王君愕曾随太宗征讨高句丽，在高句丽人围城时，王君愕冲在最前面，战死沙场。太宗哀悼他，赠左卫大将军、幽州都督、邢国公，赐东园秘器，陪葬昭陵。

王及善以父荫授朝散大夫，袭爵。他当上了内史，人称"鸠集凤池"。

在唐高宗时，王及善官至右相。他下令，官员不准骑驴上班，还派人整天赶驴，人称"驱驴宰相"。其在职期间勤政爱民，对当地百姓十分关心，深得民众的喜爱。

唐高宗时期，皇太子李弘居春宫时，因为饮酒作乐，命宫中大臣们翩翩起舞，王及善拒绝说："殿下自有乐师，臣只应尽自己的本分，而跳舞不是臣的职责。臣若奉命行事，只怕与辅佐殿下无关。"李弘道歉然后让他离开。唐高宗听说这件事情后，特别嘉奖他，赏绢百匹。没多久，又授他右千牛卫将军，唐高宗对他说："因你忠心耿耿，故赐你三品要职。这里没有诏令谁也进不来，卿却可以配着一把大刀在这里，卿可知道这个官职有多重要？"

王及善在垂拱三年（687）任司属卿。当时，山东发生饥荒，王及善任巡抚赈给使。王及善虽然没有过硬的学术才华，但他在职的时候，一向清正廉洁，处事果断，颇有大臣风范。后期，武则天宠幸二张，王及善在宴会上数次上书，要阻止这等不敬之举。武则天很是不满，对王及善说："卿年纪大了，不宜参加这些娱乐活动，只管内阁的事就可以了。"于是，王及善称病一个多月，武则天也没有再问。他叹息说："中书令可以一日不见天子吗？"于是上疏乞请还乡，三次都没有被批准。

神功元年（697），契丹叛乱，山东动荡不安，武则天又起用他为滑州刺史。当时他年纪已经很大，而且身体不好，武则天对他说："此州有叛逆，卿虽然病重，但可携妻儿日行三十里，徐徐前去，助朕治理此州，来阻断黄河通路。"武则天趁机问起朝堂上的得失，王及善将十余条治国之策说了一遍，武则天说："你有治国这种本事，不能让你去那里。"于是把他留在朝廷任内史。

当时酷吏来俊臣经常陷害忠良，诬陷王侯将相，被处斩的人不计其数。后来，来俊臣被抓进了大牢，判了死刑，武则天想赦免他。王及善奏道："来俊臣心狠手辣，只信小人，他杀的大多是名德君子。我想，若不除掉他，就会引起朝堂的动荡，这是一场灾难。"武则天接受了他的建议。王及善也十分赞成武则天立庐陵王为太子。后来立了太子，王及善又请太子上朝，安抚百姓，武则天同意了。

圣历二年（699），王及善改任文昌左相、同凤阁鸾台三品。不到十天他就去世了，享年82岁。武则天辍朝三日哀悼，追赠他为益州大都督，谥号为"贞"，陪葬乾陵。

此后，中宗后面的睿宗又安排了两位大臣和一位密戚陪陵，即豆卢钦望、杨再思及睿宗刘皇后之父刘延景。

豆卢钦望（629—709），京兆万年（今陕西西安）人，武则天时期的宰相。复姓豆卢，现在豆卢已经演变成卢姓了。他因门荫入仕，于垂拱年间任司宾卿，长寿二年（693）任内史。证圣元年（695），李昭德因被酷吏来俊臣等人陷害，身陷囹圄，他也受到株连，被贬为赵州刺史。第二年，入朝任司农卿，迁秋官尚书。庐陵王李显复太子位，他任皇太子宫尹。神龙元年（705）正月，发生五王政变，武则天让位，李显登基。因他曾任李显的宫尹，被擢为尚书左仆射，执掌军国要事。景龙元年（709）自请辞官，但被皇上拒绝，当年十一月卒，时年81岁。赠司空、并州大都督，陪葬乾陵。

杨再思（634—709），名綝，字再思，是郑州原武（今河南原阳）人。杨再思少年时考中明经科，被授为玄武县尉，累迁至天官员外郎，后任左肃政台御史大夫。杨再思任宰相时，为了讨好武则天，先后投靠了张易之兄弟、韦皇后等一系列的势力。他奉承讨好，无所建树，但也是一帆风顺，在政坛上一直保持着稳定的地位。

神功元年（697），突厥默啜可汗求取不属于自己州的降兵、粮种、农具等，面对这样无礼的要求，杨再思认为当时契丹作乱，不宜再树强敌，不顾其他人的反对，提议武则天答应默啜可汗的要求。武则天便把六州数千户降兵交给默啜可汗，赐给他们粮食、农器、生铁，这才让突厥的实力大增。

神龙二年（706），武三思诬陷驸马王同皎造反，唐中宗令杨再思等人共同调查此事。杨再思毫无作为，致使王同皎被处斩，天下无不称怨。

有一次杨再思进京办事，在一家客栈被贼人偷了行囊。那贼被杨再思抓了个正着，只好招供。杨再思说道：“你偷东西，是因为穷。你把我的公文留下，其他的都拿走吧。”杨再思从此不再提起这件事，只管借钱返回县城。

杨再思为宰相时，长安洪水泛滥，城中一片烂泥。他什么也不做，只闭门谢客在家祈福。后来他上朝的时候，碰到了一辆陷入泥沼的牛车。车夫抱怨道：“宰相大人不能调和阴阳，导致了洪水，他把自己关在家里，让我们寸步难行。”杨再思吩咐手下去找他，说道：“这是因为你那头牛太虚弱了，也别怪宰相。”

他有多会讨好人呢？有朝臣对张昌宗进行弹劾，武则天想要为张昌宗开脱，于是向大臣问道：“张昌宗是不是立了大功？”杨再思笑着说道：“张昌宗曾经炼制出一种神奇的丹药，可以让皇帝陛下身体健康，这是何等的功劳？”武则天大喜过望，立即将张昌宗恢复到原来的官职。后来，戴令言为讽刺杨再思，写了一首《两脚野狐赋》，结果被贬。文武百官对杨再思的嘲讽更深了。

司礼少卿张同休是张易之的堂兄，曾经在司礼寺中宴请了许多官员。张同休喝酒喝到一半，便哈哈大笑起来：“杨内史的相貌和高丽人有几分相似。”杨再思大喜，立刻将纸条粘在了头巾上，反披紫袍，并摇头晃脑地跳起高丽舞。满座公卿无不嗤笑。

之前以“莲花像六郎”夸赞张昌宗的人就是杨再思。景龙三年（709），杨再思升任尚书右仆射，不久病逝，被追赠并州大都督，谥号“恭”，陪葬乾陵。杨再思应该是陪葬大臣里唯一一个没有建树的大臣了，不过如果按照古人的想法，皇帝在另一个世界可能也需要一个会拍马屁的人吧。

刘延景（生卒年不详），唐朝刑部尚书刘德威之子，唐睿宗皇后刘氏的父亲，官至陕州刺史。景云元年（710），追赠尚书右仆射、沛国公。记载这个人的史料比较少，还有人说是他的弟弟刘审礼陪葬在乾陵。

在此之后，再没有陪葬的大臣或者宗亲，不过刘仁轨的儿子刘濬后来附葬其父墓侧，成为乾陵陪葬墓的附葬墓。

以上提到的刘仁轨、李谨行、高侃，都有杰出的战绩。薛元超年纪与高宗相仿，对高宗的了解很深，是高宗病重时指定的托孤大臣之一。杨再思、豆卢钦望是中宗的重臣。武氏一族遍布朝堂，豆卢钦望也只能保持低调。杨再思是乾陵陪葬大臣中的特例，既没有建树也不是李氏一族的人，他只是与武则天的面首二张等人关系亲近，唯一擅长的就是溜须拍马，中宗让他陪葬乾陵，可能是因为中宗比较依赖他吧。

这些是乾陵陪葬墓的大概情况，比起前面太宗皇陵的陪葬墓，数量算是少的，但是比起后面的皇陵，这还算好的。玄宗在修建他父亲睿宗的陵墓时，建造了一座比昭陵、乾陵更大的陵墓，司马道更宽广，翁仲也更魁梧。这充分体现当时的国势。因为睿宗在位时间不长，所以他的陪葬大臣非常少，因此睿宗的桥陵成为唐代帝陵最后的辉煌。

二、懿德太子墓

永泰公主、章怀太子、懿德太子、中书令薛元超、燕国公李谨行等五座陪葬墓已先后在 20 世纪 60 年代被挖掘了，其中懿德太子墓、永泰公主墓和章怀太子墓是唐皇室陵墓，值得详细说说。

三座陪葬墓的外部结构有一个共同的特征，那就是它们都坐北向南，有高高的封土，呈复斗状，有广阔的陵园，神道两旁有一些石刻。其内部有斜坡墓道、土洞、多天井、小龛、双墓室。从总体上来看，可以分成前、后两段，前面是在地下挖掘，用黄土砌成20多度的坡道，再加上过洞、天井、小龛。它的主要功能是用于大型棺木下葬通过。埋后立即用夯土回填，永远与后方隔离，这是为了长久地保存。后半部为砖墙，包括前墓室、前甬道、后甬道和后墓室，这里为墓葬的主体，在此段设置了一到两道门。甬道由砖石堆砌而成，外面用土加固，甬道内部封闭，以确保尸体和贵重物品的绝对安全。在墓壁上，绘制着各种风格的壁画，按照一定的规律排列。后墓室里，摆放着石椁，石椁的位置都在墓穴的西侧，这是继承了古人西为上的传统思想。

三人虽然同为王族，但也有很大的不同，从目前的情况来看，懿德太子的陵墓规模最大，永泰公主陵墓次之，章怀太子墓是最小的。可以从中简述唐代的地宫及其内部构造：

墓道，汉朝时称羡道，唐朝称隧道。这是一段斜坡，方便挖掘，方便棺材的滑落。所以，一旦墓道完成，埋葬的时候，就用竹竿铺在上面，上面放棺椁，从而使棺木下滑，降低人力的工作量，加速棺材的运送。

过洞和天井。过洞紧靠墓道，是指上有负土、下有穿洞的墓道形制，一般是在大型墓中才有，每两个过洞之间都有一个天井，所以，过洞把天井和天井联系在一起。过洞位于坡面上，是一条斜坡通道的一部分。简单地说来，墓室和甬道就像是普通的房间和走廊，而通道连接着天井，就像是一扇门。天井，像一口井。天井多位于墓道顶部，多为长方形的土洞，起到连接地面和地下结构的作用。它一方面是修建坟墓的技术要求，另一方面也是为了表示死者所处的层层庭院。在甬道内能看见，在墓室内看不见踪影的天井，被称为"暗天井"。

小龛。小龛是现代人的叫法，龛是用来供养佛的石室或壁橱。在墓葬里，这样的房间叫作便房。如果说墓室是墓主的主殿，那么，便房就是主殿之外的一个独立的房间——别殿。它的功能是"以贮明器"。这里有大量的陶俑和其他陪葬品。

前甬道和后甬道，就是通道。古时候，甬和通是分不开的。其功能是将前后墓室相连，也可视为扩展的过洞。

前墓室。墓室是墓穴的主体，通常唐墓仅有一间墓室，级别较高的有两间，分为前室和后室。

后墓室，是墓主的居所，也是存放棺材和其他重要物品的地方。它在最北边，南面偏东，有一扇门，与前厅的建筑形式一样，略微四四方方。墓室西面摆放一口石棺。上方画着天象图，繁星无数，东日西月。画中有一条银河，就像是一条丝带，可见古人的画技有多高超。

现在，我们一一说下三个陪葬墓。

李重润墓坐落在乾陵东南边，是在1971年发掘的，是最晚挖掘的。

李重润（682—701），原名李重照，因为避讳武曌，所以改名为李重润。他是唐高宗李治和武则天的孙子，唐中宗李显的嫡长子，他的母亲是韦皇后。

开耀二年（682）正月，李重润出生于东宫，当时他的父亲唐中宗还是太子，他的祖父唐高宗非常高兴，于是在李重润满月的时候，大赦天下，改年号为永淳。

也是在这一年，李重润被立为皇太孙。唐高宗打算为还在襁褓中的李重润设立府署，安排官属，征求吏部郎中王方庆的意见。王方庆回答说："晋和齐都曾立过皇太孙，但是那个时候太子的官属就是皇太孙的官属，不需要再设置，没有听说过太子还在东宫就又给皇太孙设置官属的。"唐高宗却说："那从我开始创立，可以吗？"王方庆回答说："三王之间，不互相继承礼节，何乐而不为呢？"这个意思就是说皇帝、太子、太孙之间不互相继承对方的官属，也是可以的。于是王方庆奏请为李重润设置配套的官属。最后还是高宗觉得这样不符合传统，不了了之了。

　　可惜，一年后永淳二年（683）十二月，唐高宗就去世了，唐中宗继位，由武则天临朝摄政。更遗憾的是，不过两个月，武则天就废黜唐中宗为庐陵王，改立了最小的儿子李旦为皇帝，是为唐睿宗。而李重润的官属也被废除了，被贬为平民，另关在其他地方。这个时候李重润才2岁。武则天把唐中宗和韦氏等人迁往房州。如果高宗多活两年，李重润可能还能多享受几年皇太孙的生活。

　　直到十五年之后，圣历元年（698），武则天复立唐中宗为太子，册封李重润为邵王。这个时候李重润17岁。

　　又过了三年，大足元年（701）九月，男宠张易之兄弟得了武则天的欢心，有人诬陷李重润，说他与妹妹永泰郡主李仙蕙、妹夫魏王武延基等人在暗中议论张易之兄弟为何能在皇宫中自由进出。武则天得知此事，勃然大怒，于九月初三日，将三人杖毙。也有人说他们是被逼迫自杀，当时李重润还不到20岁。李重润一生实在是悲惨，虽然才出生就被立为皇太孙，但是很快就被贬为庶民监禁，才放出来两年，就因为两个男宠而被自己的亲奶奶处死了。李重润风度翩翩，俊朗潇洒，出了名的孝顺，他的死，让当时的人都为之惋惜。唐中宗复位后，追封李重润为皇太子，谥号"懿德"，陪葬乾陵，并与国子监尚书裴粹的亡女成亲，与李重润同葬。神龙二年（706），他的棺木从洛阳移至乾陵，特恩号墓为陵。

　　号墓为陵是什么意思呢？一般只有皇帝的墓地才叫陵，比如现在讲的乾陵，前面说的昭陵，等等。其他人的都叫墓，比如刘仁轨墓、陪葬墓之类的。不过李重润毕竟没有当过皇帝，所以，现在大家还是会称呼他的墓为懿德太子墓。

　　而关于李重润的婚姻，知道的人并不多。《旧唐书》中记载："仍为聘国子监丞裴粹亡女为冥婚，与之合葬。"考古学家在懿德太子墓中挖掘出一具男性和一具女性的尸骸，两副骨架并不完整，经鉴定符合文献记载。从这一点来看，李重润生前并没有成亲，但他死后，中宗为他安排

157

了冥婚。

冥婚习俗起源于西周时期，是我国古代一种较为特别的婚俗，也称鬼婚、嫁殇，是指为死去的男女婚配，并将其合葬，是最原始的鬼神信仰。在周朝冥婚被视为乱人伦的一种行为并被取缔，但事实上，这一习俗很难被取缔，而是被历代统治者所利用，具有很强的政治色彩。唐朝是封建社会文化发达、社会开放的鼎盛时期，人们的文化素质较上一代要高，但这一恶习仍不能根除，在封建上层社会中时有发生。一位没有结婚，被流言蜚语杀死的太子，在葬礼上却享受到冥婚的待遇，又特恩号墓为陵，这些都显示着他的政治地位和他生前的特殊身份。

在冥婚仪式出现的同时，阴间离婚也随之发生。史载唐中宗时期，韦皇后为她的亡弟与中书令萧至忠的亡女冥婚合葬。李隆基在玄武门造反，处死了韦皇后的亲信，萧至忠担心自己会被牵连，于是挖了韦皇后弟弟的墓，将女儿的棺木搬了出来，以示离婚。

懿德太子墓地面为两层覆斗式封土，四周筑有围墙，南侧有土阙、一对石狮、两对石人、一对华表等。只可惜现在已经毁坏了。墓道为斜坡墓道，地下由六个过洞、七个天井、四对小龛、前后甬道和方形前后两个砖室组成。墓葬全长约 100 米。后室埋设有墓葬用具，为庑殿型石棺，石棺外壁雕有宫女线刻图，宫女头戴凤冠。

墓内壁画共有 45 幅，较为完整，墓道、过洞、天井、前后甬道和前后墓室的墙壁上都有壁画。绘画的题材也能体现李重润的显贵地位和特殊身份，有仪仗队、青龙、白虎、城墙、阙楼、乐伎、男仆、宫女等，这些题材也会放在合适的地方，比方墓道两侧墙壁上绘有太子出行的仪仗，背景是楼阙城墙；过洞绘有驯豹、架鹰、宫女、内侍等。第一、二天井绘列戟，这是皇帝的专属。甬道及墓室壁面绘持物宫女、伎乐等宫内生活的场景。墓顶绘天象。

可惜的是懿德太子墓已经被盗掘过，但是就是这样至今尚有 1000 多件出土的文物。其中有太子哀册、俑、三彩器和鎏金铜马饰等，都是极具艺术价值的文物。这座墓葬的规模很大，陪葬的器物也很多。仪仗队中，永泰公主有十二戟，章怀太子有十四戟，而李重润则有二十四戟，属帝王一级。仪仗队分为步队、骑队、车队三部分，共有196人，规模宏大，气势非凡。还有《架鹰图》《鹰犬畋猎图》《列戟图》等。其中《仕女图》位于墓前厅，南北对称，每一幅都有7名宫女。壁画色彩艳丽，人物姿态各异，栩栩如生，真实再现了唐朝宫廷的日常生活。这些壁画内容丰富，技术精湛，宛如一场唐代的地下画展，是陕西唐墓壁画中的一项重大发现。石棺内外线条刻画精细，表现出唐代线条流畅、刚劲、明快的特征。

三、永泰公主墓

永泰公主墓在1960年至1962年被发掘。永泰公主墓位于乾县北部，是最早被挖掘的。

永泰公主（684—701），名李仙蕙，字秾辉，是唐中宗李显和韦皇后的女儿。

对于永泰公主的生母，其实是有过争议的，因为在永泰公主墓中挖出的墓志铭上并没有明确地写她的母亲是韦皇后。不过后来有些学者在大量史料对比的基础上，进一步证实永泰公主是韦皇后所生。

公主容貌秀美，雍容华贵，"使桃李之花，为之逊色"，又聪明伶俐，深受父亲李显的宠爱。久视元年（700），李仙蕙受封为永泰郡主，食邑1500户，下嫁魏王武承嗣之子武延基，算是李武联姻，也是武则天缓和与李氏皇族关系的一个表现。然而第二年九月就出事了，大足元年

（701）九月三日，她的兄长李重润和她丈夫暗中议论武则天的男宠张易之兄弟，被武则天杀死了。第二天，怀着孕的李仙蕙也死了，年仅17岁。

等到中宗复位后追赠李仙蕙为永泰公主，以礼改葬，与李重润一样，号墓为陵。

有关号墓为陵的文献资料很少，实际存在的例子更是凤毛麟角。只有懿德太子墓和永泰公主墓，还有武则天长子李弘的唐恭陵，才是真正按照号墓为陵的原则修建的。其规模、随葬品数量、葬具规格等方面，均高于同一时代同等级的墓葬。仅从墓葬形制而言，永泰公主墓可作为唐代陵园研究的范本。

在中国历史上，她是唯一一位坟墓被冠称为"陵"的公主，陵墓规格与帝王相等。

为何永泰公主没有功勋，却可以在她去世之后，享受号墓为陵的荣耀？唐中宗花费重金，强加"特恩"，为亡女修建陵墓，究竟是怎么想的？

这里面可能有很多的因素和考量。首先，这可能是唐中宗的一次表态，在李武两政权的斗争中，表明李家在政治上的复辟。其次，也表明唐中宗对自己母亲的暴行很是不满，武则天杀死的可是她的亲孙女、孙子，所以用号墓为陵的方式平反冤案。再次，号墓为陵这个措施可能是韦皇后等人的建议，永泰公主作为中宗与韦后之女，却因与武则天的男宠二张相争而被杀。唐中宗在当时的形势下，也参与到了这一事件的处置之中。《旧唐书》中说得很残酷，武则天把三个孩子都交给李显处置。李显吓得魂飞魄散，想起自己的两位兄长都被生母所杀，连他们的家人都死了，他一咬牙，将自己的儿子、女儿、女婿一起勒死，向武则天交代，好让自己的亲人能够活下去。等到唐中宗成为皇帝，平冤昭雪，这是天经地义的事情。追赠亡女，让其享有生前未曾享有的荣华富贵，唐中宗夫妇亦可获得心灵上的安慰。最后，不管其中有什么用意，这些都是在武则天执政以后，此时唐代女性在整个社会中的地位得到了极大的提升，这种社会环境为永泰公主号墓为陵创造了条件。

永泰公主在历史上留下了一个谜团，那就是她到底是怎么死的。永泰公主惹上杀身之祸的原因已经很明确，前面已经说过，就是议论张易之兄弟"何得恣入宫中"，武则天为了遮掩张易之兄弟的行为，干脆将这几人杀死。李重润和武延基被杖毙或者是被逼自杀，而当时永泰公主已经怀孕，在大唐律法中，女子怀孕可以"缓刑"，但是永泰公主在丈夫死后的第二天也死了。

1960 年，在永泰公主墓中出土了永泰公主的墓志铭，引发了大家对她死因的激烈争论，共有三种观点：

一是武则天同样杖杀了永泰公主。《新唐书》卷二百六说："武延基长安初与妻永泰郡主及邵王私语张易之兄弟事，后忿争，语闻，后怒，令自杀。"《新唐书》卷八十一《李重润传》："大足中，张易之兄弟得幸武后，或谮重润与其女弟永泰郡主及主婿窃议，后怒，杖杀之。"《旧唐书》和《资治通鉴》同样有类似的记载，虽然死法不一样，但是都是武则天明确下命令，杀害了永泰公主，这是一种明杀。

二是永泰公主死于难产，这与史书上记载的完全不同。为什么会出现这种言论呢？因为永泰公主墓墓室内有一块《大唐故永泰公主志铭》。墓志铭中有一句"自蛟丧雄愕，鸾愁孤影，槐火未移，柏舟空泛"，大概意思就是丈夫武延基被杀后，永泰公主"鸾愁孤影"，很孤独地活着。那么也就是说，她并没有因为武则天发怒而被处死。之后墓志铭上还有一句话："（永泰公主）珠胎毁月，怨十里之无香，琼萼凋春，恣双童之秘药。女娥簨曲，重碧烟而忽去。弄玉箫声，入彩云而不返。呜呼哀哉！以大足元年九月四日薨，春秋十有七。"也就是说，永泰公主虽然在丈夫死的第二天也死了，但不是武则天直接下命令处死的，而是怀孕后生病死的。专家们依据永泰公主墓中发现的 11 片骨盆残片，对她的骨盆进行了科学的测量和鉴定，得出结论：永泰公主的骨盆与其他年龄的女子相比要窄一些，再加上墓志铭中的"珠胎毁月"几个字，推断永泰公主是因难产而亡，并非武则天所杀。当然也不排除永泰公主因为丈夫死了受到刺激，所以难产而亡。

第三种观点则是说永泰公主是被武则天毒死的，这种观点和第一种观点的区别是，这是暗中处死，并不是明面上下令处死。首先永泰公主的死就在李重润和她丈夫死后的第二天，所以她的死肯定还是和冲撞张易之兄弟有关。只是当时永泰公主已经怀孕，在唐代律法中，怀孕妇女犯罪会缓期执行，但这并不意味着武则天对永泰公主会手下留情。或许这就是墓志铭中"槐火未移"的真实意思。永泰公主没有被杀，但她突然暴毙，有可能是武则天用了别的方法让她难产死去，比如毒杀之类的。

总之关于永泰公主的具体死因，人们众说纷纭，很难判断真实死因。

在挖掘永泰公主墓之前还有个有意思的事，考古队根据现场调查资料，结合百姓提供的线索，一致认定，这是武则天的次子章怀太子李贤的陵墓。因为这个墓的位置靠近乾陵，且墓前的石刻数量很多，其中一对石狮子雕刻精致，堪比乾陵御道石狮；此外，墓的封土又高又大，人们称之为"方冢"。史料上清楚地记载，乾陵陪葬的17人中，好像只有李贤一人拥有这样精美的雕刻和巨大的墓室。直到永泰公主的墓志铭出土，这座墓的主人，终于被弄清楚了。

1960年8月至1962年4月，由国家负责发掘并清理永泰公主墓。这是新中国成立以来发掘的唐墓中最大的一座。墓地周围是高墙，该墓地占地面积600多平方米。在南门外，有一对石狮、两对石人、一对华表，这些都是陵才有的规模。坟墓的封土是覆斗形，墓为斜坡土洞砖室墓，墓制宏大，由墓道、5个过洞、6个天井、甬道、8个小龛和前后墓室组成，这表明永泰公主生前住的是多宅院落。墓道全长有80多米，比懿德太子墓的短一些。由过洞入甬道，两侧洞壁各有6个小龛，内有彩绘陶俑、马俑、三彩马、陶器等随葬品，造型逼真，工艺精巧。从墓道至墓室，也有各种彩绘的壁画，其中包括皇家仪仗、天体图、宫女图等。甬道两侧各绘有巨大青龙和白虎，还有身穿紫色、红色、绿色战袍的武者，他们头上系着头巾，腰间挂着宝剑，后面还有两个牵着骏马的人。他们站在阙楼和六叉戟兵器架前，组成一支威严的仪仗队伍，中间为男女各半的侍从。墓前室主要是宫女的壁画，她们身材丰满，神情丰富，活灵活现，是唐代墓葬中的精品。在院子两边的八间便室里，摆放着各式各样的三彩俑和陶器、瓷器等随葬品。俑中人物有男性、女性，有胡人、武士，兽俑则有镇墓兽及各类兽俑。尤其是三彩俑，无论是形制还是色釉，都反映出唐代陶艺的精湛。墓室中摆放一座石棺，石壁上雕刻着 15个宫女画像，其形制之美，实属难得。另外，在石棺的大门上方，还雕刻了一对双翅展开的鸳鸯，在空中翩翩起舞，显示了墓主夫妇的感情十分和睦。

这座墓葬虽遭盗掘，但出土的文物数量仍然十分可观，有1300多件，包括各类彩绘和唐三彩俑将近900件。该墓室壁画面积达1200余平方米，主要以人物形象为主，色彩鲜艳，可惜后因氧化而褪色。这些文物是研究唐代历史重要的第一手材料。

四、章怀太子墓

章怀太子墓是乾陵最重要的三座皇亲陪葬墓之一，在1971年由官方发掘。

李贤（655—684），字明允，是唐高宗李治的第六个儿子，女皇武则天的第二个儿子。永徽五年（655）十二月，在高宗与武则天祭奠太宗昭陵的路上降生。第二年被封为潞王。

显庆元年（656），太子李忠被废，李治改立武则天的长子李弘为太子。李贤被任命为岐州刺史。李贤长大后生得英俊，气度雍容，聪慧过人，深受父亲李治的宠爱。唐高宗曾经告诉李勣说："此子已通晓《尚书》《礼记》《论语》，背诵古诗赋 10 多篇，一眼便可领悟内容，且不会遗忘。我曾经让他念《论语》，他读到'贤贤易色'时，念了一遍又一遍。当我问他为什么要反复念，他说他很喜欢这句话，可见这孩子是天生的聪敏。"

乾封元年（666），李贤招揽王勃为王府修撰，王勃是"初唐四杰"之一，李贤十分器重他。可是两年后，李贤和弟弟英王李显斗鸡的时候，王勃为了给他助兴，兴高采烈地写了一篇《檄英王鸡》文。高宗听说后勃然大怒，以为他是在煽动二王相争，于是将他逐出了王府。

上元二年（675），皇太子李弘暴毙，李贤继立为太子。不久，高宗命李贤留在长安，以监国事。李贤在政事上明辨是非，深受朝野上下赞誉。李贤招集当时的文人张大安、刘纳言、格希元、许叔牙、成玄一、史藏诘、周宝宁等人对范晔的《后汉书》进行了批注。写完这本书，就送到了高宗的手中，收藏于皇宫内阁。

仪凤元年（676），唐高宗亲自下旨，夸奖李贤："太子从坐镇监国到现在，虽然时日尚短，但对朝政之事，却是十分关心，对律法的运用，也是极为细致。除此之外，他还可以专心研读圣人的经文，体悟其中的奥妙。先王的藏书，都能体会到深意。他为国之栋梁，深得吾心。赏赐五百匹锦缎。"

不过李贤在做太子的时候，和武则天的关系一直很僵。那时，唐高宗经常头痛，明崇俨（646—679）治好了他的病，所以高宗、武后都对明崇俨非常信赖。明崇俨曾经对武后说："太子（李贤）没有能力继承大统，英王（李显）与太宗有几分相似，相王（李旦）面相是最贵气的。"

李贤听了，十分反感。

那时，宫中流传着"李贤的生母不是武则天，而是武则天的妹妹韩国夫人"的谣言，李贤心中充满了疑惑和害怕。后来武后让李贤读《少阳政范》《孝子传》，指责他不知为人子、为太子，并亲自写信斥责，使李贤更加不安。

后来又发生了一件事，让武则天对李贤更加不满，明崇俨在仪凤四年（679）被山贼所杀，但始终没有找到真凶。于是，武后就开始怀疑这件事是李贤所为。调露二年（680），武则天让人揭发太子有谋反的意图，在东宫的马厩中发现了几百件盔甲，以此作为造反的证据。高宗一直很喜欢李贤，想要原谅他。但武则天却说："身为儿子有叛逆之心，当以正法相待，不可宽恕。"所以李贤没能洗脱罪名，被贬为庶人。李贤被废为庶人后，被幽禁在长安。收缴的铠甲在天津桥焚毁，以此向世人宣告。太子的亲信流放的流放，处死的处死，曹王李明（太宗第十四子）受到牵连终遭废杀。

《资治通鉴》中有一段关于太子李贤事发的故事：李贤平日里比较好男色，收了赵道生做男宠，经常赏赐他金银，有东宫的官员劝谏李贤，但是他不听。等到李贤被定罪谋反的时候，赵道生承认是太子派他去暗杀明崇俨的。但《旧唐书》中记载，东宫的官员劝谏李贤远离小人之后，太子是听劝了的，还赏赐了劝谏的官员。不过，李贤被废的真相到底是什么，没有明确的史料记载。

永淳二年（683），李贤被流放至偏僻之地巴州，他的妻子和仆人都穿着单薄的衣服，看起来很是落魄。李贤甚至为此上书恳请帝后怜悯，赐春冬衣物。

四川旺苍县木门镇的木门寺附近，有一块晒经石，传说是章怀太子李贤在流放巴州的路上，休息、晒经时用过的。李贤曾在木门寺逗留了几天，与木门寺的住持方丈在寺庙旁的一块石头上晒经文，写下诗句

武则天陵密码

"明允受谪庶巴州，身携大云梁潮洪。晒经古刹顺母意，堪叹神龙云不逢"感叹自己。后来上官婉儿前往巴州探望李贤，听说太子被害，便在晒经石上建了一座凉亭，上面刻着《由巴南赴静州》："米仓青青米仓碧，残阳如诉亦如泣。瓜藤绵緂瓜潮落，不似从前在芳时。"用这首诗来怀念李贤。

文明元年（684），高宗驾崩，中宗李显继位，但才过了一个多月，就被武则天废掉了，改立睿宗李旦，武后由此把持朝政。李贤被逼自杀。

垂拱元年（685），武则天下令，恢复李贤雍王爵位。唐中宗李显于神龙初年（705）复辟，派人前往巴州接回李贤的棺木，以亲王身份陪葬乾陵。景云二年（711），唐睿宗追加李贤皇太子身份，谥号"章怀"，与太子妃房氏合葬于章怀太子墓。

据说，太子李贤自知母子之情在争权夺利中烟消云散，写下了《黄台瓜辞》，用藤条来形容武则天，用四个瓜都被摘了，感叹四兄弟的生命都岌岌可危，希望武则天能醒悟。关于《黄台瓜辞》的作者是不是李贤这个问题并没有定论，这首诗首次出现在李泌劝谏唐肃宗时。唐肃宗听说后大吃一惊，说："朕不知此。"这或许是李泌为达到自己的目的，故意捏造出来的。

诗文如下：

种瓜黄台下，瓜熟子离离。
一摘使瓜好，再摘令瓜稀。
三摘尚自可，摘绝抱蔓归。

传说李贤被贬之后，被发配到了偏僻的天平山，在那里建了一间茅屋，住了下来，餐野果山泉。但他并没有放弃学习，而是没日没夜地读书。他感念父亲去世，母亲伤心，写下了《黄台瓜辞》。这首诗很快就传到了京城长安，武则天知道后，觉得自己受到了冒犯，对此很是警惕，于是派左金吾卫将军去了天平山，让李贤自杀。

宋代开始在巴中、仪陇交界处李贤的居所修建庙宇，以示缅怀，故将庙宇定名为章怀寺。经历了元、明、清几代的兴衰，今天我们可以见到章怀寺的残垣断壁，它是明朝成化时期的一座古刹。章怀寺的正殿，除了供奉释迦牟尼、韦驮、四天王、文昌等佛像之外，还供奉着李贤和武则天的塑像。

章怀太子墓坐落在杨家洼村以北 3 公里处，封土为覆斗状，在封土堆南侧尚存一对土阙，在南侧有一对石羊，四周原有围墙，西、东、东北三面的墙脚仍残留于地面。墓由墓道、过洞、天井、甬道、前室和后室组成，全长 71 米。

墓道东、西两面的墙上分别绘有四幅壁画，东墙绘有出行图、客使图、仪仗图、青龙图；西墙与其对称的是马球图、客使图、仪仗图、白虎图。

墓中有四个拱券状过洞，共有十组过洞壁画。第四个洞口东西两侧各有一长廊，中间有一朱柱。东墙南有一人，圆脸戴头巾，面朝北方，身穿翻领长袍，系着腰带，右手握拳，左手拇指和食指、中指相扣。北面一人朝南，衣着与前面一样，留着胡须。他伸出右手，放在腿上，右手微微抬起，五指微张，似乎在和坐在南边的人说话。西壁也坐着两个人，衣着与东墙两人相似，他们两只手插在袖子里，放在胸前。

墓中有 4 个天井、6 个小龛，分布于第二天井至第四天井之间的东西两侧，分别放置三彩镇墓兽、三彩立俑、骑马俑、仪仗俑、陶立俑、陶马、彩绘陶器、绿釉花盆等。

甬道分前、后甬道。前甬道在天井的北面，有一道已朽坏的木门，东面的墙壁上，画着 1 名男侍、3 名侍女，西壁画有 4 名侍女。前墓室至后墓室有一段与前甬道相同的甬道。甬道南端有一扇石门，右边的一扇门已被盗墓者打坏。后甬道是一幅锄花侍女的壁画，入口处有一块墓志铭。

前墓室略呈正方形，顶部为穹隆形状，上面绘有日月星辰。壁画共有8组，以《观鸟捕蝉图》为主，北壁西侧是《侍女图》、东壁南侧是《仕女图》等。后墓室与前墓室相同。上方的日月与部分星辰都是贴金的。西面的月亮和大部分的星星的贴金都被盗墓贼给抹去了，只有东壁的太阳和星星还在。有金乌、玉兔捣药、桂树、蟾蜍的图案在前后室上方，位于日和月的中间。前室日、月分别位于东南、西南方向，后室日位于东方中部，月位于西北侧。通道和密室都是由砖石堆砌而成。

后室有一座庑殿式石椁，由33块大石板组成。顶盖有5块石板，最南边的一块已经被盗墓者撬开，而石棺东南侧的一根柱子也跟着朝南倾斜。石椁内没有发现随葬品，木棺早已朽坏。在石棺内壁上的东北角，发现了两块腿部骨骼和颅骨，已被破坏，埋葬方式未知。

李贤去世后，先后进行了三次丧事：一次是在流亡地安葬的，其具体形式已经无法考证。后两次都是作为乾陵陪葬墓在同一墓穴下葬，但由于墓葬的地位不同，所以墓中有两块墓志铭：一方是在神龙二年（706）以亲王礼下葬，书"大唐故雍王墓志之铭"，周围刻蔓草及十二生肖。上有墓志铭文，楷书，无撰写人姓名。另一方是在景云二年（711）以皇太子礼下葬，书"大唐故章怀太子并妃清河房氏墓志铭"，志文四边刻蔓草。碑文为卢璨撰，岐王李范书，也是楷书。

墓室以前被人偷盗破坏了。不过墓室内有50余幅完整的壁画，《打马球图》《狩猎图》《迎宾图》《观鸟捉蝉图》等，均表现出唐代绘画艺术的精湛。墓葬中出土了大量的陶器，这些器物做工精细，形态各异，是唐代线雕艺术中的精品。

五、其他陪葬墓

在武则天去世后，中宗登基，安置了已死的高宗子孙陪葬乾陵。迁葬章怀太子李贤、泽王李上金、许王李素节，这三人都是高宗的儿子。迁葬义阳公主、新都公主、安兴公主、永泰公主四位公主，其中义阳公主是高宗的长女，她的母亲是萧淑妃，新都公主和永泰公主是中宗的女儿，安兴公主是睿宗的女儿。还有一位懿德太子李重润，是中宗的儿子，这九人陪葬于乾陵。

前面已经讲过两位太子李贤和李重润，以及永泰公主李仙蕙。

李素节（648—690），是唐高宗李治的第四个儿子，被封为许王，母亲是惨死的萧淑妃。

泽王李上金（？—690），是唐高宗李治第三个儿子，母亲是宫人杨氏。

李素节自幼便能背诵500多首诗词，聪慧过人，学习能力极强，读书勤奋，因而深受父亲唐高宗的喜爱。在母亲萧淑妃惨死后，武则天对他心生妒意，屡次诬告他，李素节被贬为申州刺史。

乾封元年（666），唐高宗下令说："李素节既然身体不适，就不必进宫了。"其实李素节的身体并无大碍。他因为久未与唐高宗见面，所以写了一本《忠孝论》，以示自己的心意。李素节的王府仓曹参军暗中将《忠孝论》密封呈给唐高宗。武则天知道后，心里更加不高兴。

同样也是乾封元年（666），李上金被任命为寿州刺史，之后曾任沔州刺史。武后不喜欢他的生母杨氏，因此也不喜欢他，有些人知道了这件事情，为了讨好武则天，找了一个罪名呈上去，武则天就剥夺了他的爵位和封地，让他住在澧州。

如此过了很久，仪凤元年（676），武则天诬陷李素节贪污，贬他为鄱阳郡王，并将他的封地减少了三分之二，将他安置在袁州。

永隆二年（682），武则天假装高兴，上奏请李上金、李素节上朝听政，并加授萧淑妃之女义阳公主、宣城公主夫婿官职。后来封李上金为沔州刺史，李素节为岳州刺史，依然不许他们插手朝政。

天授元年（690）七月，武则天之侄武承嗣派人诬陷李素节和李上金造反，武则天下令将二人送往京师。李素节离开舒州的时候，听到了哭丧的声音，他对身边的人说："要是能病死也是不错的，还哭什么？"七月十三日，李素节在京都南方的龙门驿被缢杀而死，时年43岁，武则天下令以庶人礼节安葬李素节。李素节有9个儿子一同遭到诛杀，另有4个儿子因为尚属年幼才幸免于难，只是长期被囚禁在雷州。李上金知道后十分害怕，于是上吊自尽。死后，他的7个儿子被流放显州，后来只剩下一个儿子活着。

唐中宗李显即位后，追封李素节为许王，追赠开府仪同三司、许州刺史，以礼改葬，陪葬于乾陵。恢复李上金的官爵，后被葬在乾陵陪葬。

义阳公主也叫金城长公主（？—691），名下玉，是唐高宗李治的长女，初封义阳公主，她的母亲也是萧淑妃。

萧淑妃被杀后，李下玉与妹妹高安公主一起，被关在了掖庭宫。义阳公主于咸亨二年（671）与翊军权毅成亲。《新唐书·李弘传》《新唐书·公主列传》中称二位公主年近四十都没有嫁人，这个说法恐怕是有误，但她们确实是年纪比较大的时候才嫁人。然而天授二年（691），驸马权毅参与了反对武则天的行动，被武则天杀了，年仅45岁。义阳公主不久后也跟着去世。

李唐复辟，唐中宗即位。中宗追赠姐姐义阳公主为金城长公主。景龙三年（709），又让李下玉和权毅陪葬乾陵。

关于新都公主（生卒年不详）和安兴公主（？—692）的史料不是很多，新都公主的母亲并不是韦皇后，她下嫁武延晖。其他并没有什么记录。

安兴昭怀公主，是唐睿宗李旦的女儿，母不详。安兴公主于如意元年（692）夭折，谥"怀"，如果是夭折的话，恐怕年纪不大，也并没有婚配。

到了玄宗时期，陪葬乾陵的人员只有邠王李守礼。

李守礼（672—741），原名李光仁，他的父亲是章怀太子李贤。咸亨三年（672），李守礼出生于王府，母亲张氏。上元二年（675），当时的太子李弘突然暴毙，李贤继立为太子，李光仁的地位也水涨船高。

调露二年（680），李贤因谋反被贬为庶人，李光仁随父母被贬为庶人，被发配到偏远的巴州。文明元年（684），高宗驾崩，中宗才继位一个月就被废了，睿宗被立为皇帝，之后形同傀儡。没过多久，武后命左金吾卫将军丘神勣到巴州查探李贤的住宅，以防范李贤带来的威胁。丘神勣到了巴州，把李贤关在一个房间里，逼迫他自尽。李光仁那一年才12岁。

李贤死后没多久，垂拱元年（685），武则天下令，恢复李贤的雍王爵位，他的家人可以回到长安。李光仁改名为李守礼，被封为嗣雍王，授太子洗马，但仍和李旦的家人一起被囚禁在皇宫里，十余年都没有离开过。李守礼因为父亲有罪，被关在宫中的时候经常遭到杖责。弟弟李守义病逝于垂拱四年（688），哥哥李光顺于天授年间被杀，兄弟三人中，唯有李守礼一人幸存。圣历元年（698），武则天决定复立李显为皇太子，对李唐宗室的迫害终于暂时结束了。皇嗣李旦被降封为相王，他的家人这才能在外面生活。李守礼也被放了出来，改授司议郎中，在长安城西边的兴化坊里住了下来。

唐中宗于神龙元年（705）复辟，他开始对被迫害的皇室成员施以恩惠。李守礼被授予光禄卿，并且随使者前往巴州接回李贤的灵柩。景龙四年（710），唐中宗驾崩，遗诏视李守礼如皇子。

李守礼守得云开见月明，活的时间比较长，但是后期并没有什么史料记载，他于开元二十九年（741）逝世，享年70岁。唐玄宗恩制加赠太尉官衔，以亲王身份陪葬乾陵。

这些人中大多数都是因为武则天而死，也不知道他们陪葬在乾陵是否愿意，但是从身份地位来说，这是对他们的肯定。

六、武则天其他儿女

从前面的内容，我们大体上了解了武则天次子李贤（章怀太子）、三子李显（唐中宗）、四子李旦（唐睿宗）。还有武则天为了陷害王皇后而掐死的安定思公主。但是有两个人还没有详细介绍，就是武则天的长子李弘，还有赫赫有名的太平公主。

李弘（652—675），唐高宗李治的第五个儿子，武则天的长子，是高宗立的第二位太子，后来他死的时候也是太子。

李弘4岁的时候，也就是显庆元年（656），高宗下令废黜太子李忠，李弘被立为太子。李弘深受父皇的喜爱。高宗曾经对臣子夸奖过他："他很孝顺，接待大臣符合礼节，从来没有犯过任何礼节的错误。"李弘早年向郭瑜学习《春秋左氏传》，当他看到芈商臣杀死君王的时候，忍不住叹了口气："臣子们都不忍心听到这样的事情，圣人的典籍应该记录一些好的事迹，但为什么要记录这个？"郭瑜回答说："孔子所著《春秋》中，善恶皆有著述，以颂德劝诫大众，斥责恶行以警示后人。书写芈商臣的恶行是为了让他的罪行遗臭万年。"李弘还是说："这种事情听起来就不忍心，更不要说讲出口了，还是让我学习别的书吧。"郭瑜闻言，赞叹了一声太子仁慈，转而教授《礼记》。

唐高宗首先选择杨思俭的女儿为李弘的妃子，然而大婚在即，武则天的外甥贺兰敏之得知这女子长得极美，强暴了她。唐高宗无奈之下，只能将裴居道的女儿嫁给李弘。礼官表示需用白雁来举行婚礼，没想到就在皇宫后苑抓了个正着。唐高宗大喜，说："汉朝时捕获朱雁而兴盛礼乐，现在捉了一只白雁，是完善人伦。礼乐之事得到传颂，如今也当如此，我于德行没有惭愧了。"裴氏做了太子妃后，很是贤惠，高宗因此常对侍臣说："以后不用操心东宫的事情了。"

李弘在位的时候，是出了名的仁慈。当时朝廷大规模地征兵，凡是在外逃亡的，或是在规定时间之内没有上报的，都要被杀，连家属都要充军。李弘为此上了一道奏疏："听闻大军征募，凡是不能按时上报的，都要受到牵连，有些人没来得及报到，全家都会被牵连，有的甚至没被断罪就被囚禁，这样的人太多了。其中有的人是因为生病而迟到，有的是遇到山贼，有的是渡河受难，有的是畏惧逃亡，有的是身受重伤，军法却要连坐他们的亲属。我觉得军纪应该考虑到真实情况，万一是战死却被定罪或者被定为逃亡，还牵扯到了他们的家人，那就太冤枉了。臣希望能修改律例，以后家中有士兵逃亡，也不用受连坐之罪。"

高宗于咸亨二年（671）命李弘监国。关中一带干旱，发生了饥荒。李弘亲自检查了士兵的口粮，看到有人吃榆皮和谷子，就吩咐下人分发粮食。那时候李弘有两个姐姐，一个是义阳公主，一个是宣城公主，她们的生母是萧淑妃。两个公主被软禁在皇宫里，虽然年纪大了，但还没有成亲。李弘得知这件事情后，大吃一惊，他写了一封信，要求两个姐姐可以结婚，并且想要把沙苑的土地分给两个公主。高宗同意了。

李弘以仁慈和孝道赢得了朝野内外的赞誉，但他一直体弱多病，所以大部分时间监国政务多由东宫官员代为处理。上元二年（675）四月，李弘随帝后出行洛阳，在合璧宫绮云殿暴毙，年仅 23 岁（虚岁 24 岁）。

李弘的死亡原因，也成为大家争议的地方。

《新唐书》和《唐会要》都有关于武则天有可能鸩杀李弘的记载。而后世一部分人认同这个观点，是因为武则天有杀李弘的原因。首先高宗皇帝对李弘十分宠爱，李弘仁孝谦恭，礼贤下士，内外皆知。到了后来，高宗考虑到自己的身体状况，想要将皇位禅让给太子。但武则天在朝政上如鱼得水，李弘就成了她夺取政权的绊脚石。其次李弘和武则天也有冲突，比如李弘解救萧淑妃的两个女儿，这就违背了武则天的意愿，她可能对李弘没有那么多疼爱了。还有当初李弘选太子妃，最初要选的太子妃被武则天的外甥贺兰敏之奸污，这门亲事被毁。这也造成李弘与母亲武则天之间的隔阂，两人可能越来越疏远。虽然这些原因确实是真实的，而且《唐会要》和《新唐书》中也是这样说的，但是这两本书出现得比较晚，可能引用了一些传言。在《旧唐书》中是没有这样的记录的。所以李弘被武则天所杀的说法是值得怀疑的。

武则天在干预政事之后，就大权在握，就算李弘以太子的身份监国，也是威胁不了武则天的。就算高宗禅位，武则天也是可以架空李弘的，更何况李弘身体也不好，处理不了政事。关于李弘拯救萧淑妃女儿的这件事，就算是不符合武则天的心意，也不至于达到杀死李弘的地步。至于太子妃这件事，贺兰敏之最后的结局也不好，李弘也得到了合适的太子妃，算是得到了满意的结局。

其实武则天的四子二女，除了李贤后来被逼自杀了，并没有明确的证据表明其他人是武则天下手杀死的。包括当初说是被王皇后杀死的安定思公主。所以，或许李贤当真不是武则天所生……

而史料上记载，李弘是因为痨瘵缠身所以不能监国，痨瘵就是肺结核。高宗在《赐谥皇太子弘孝敬皇帝制》中，更是说：李弘自成为太子，便得了肺结核，再加上父亲的旨意，主持朝政，劳累过度，故而病逝。很显然，官方已经确定，李弘是因肺结核加重而亡。李弘去世后，武则天以书写经文求功德的方式为他祈福，以示自己的悲哀。

上元二年（675）五月，高宗以皇太子李弘"慈惠爱亲，死不忘君"追谥他为"孝敬皇帝"，并在洛阳郊外唐恭陵以天子礼仪安葬，百官服丧36天。高宗还为李弘写《睿德记》，立碑于陵寝旁。这是自唐代立国以来父亲追赠儿子为皇帝的先例，可见高宗对太子的早逝深感悲痛。

长寿初年（692），武则天因为李弘没有子嗣，便让李隆基为他的嗣子，承继香火。神龙初年（705），唐中宗为李弘上庙号为唐义宗，神位祔于太庙祭祀。景云年间（710），有大臣向唐睿宗上书，说李弘还没有登基，与先皇同在太庙中有违礼节，睿宗便下令迁出义宗神位，另行建庙祭祀。开元六年（718），礼部尚书向唐玄宗奏请，请其废除义宗庙号，玄宗准许，令撤销义宗庙号，复以"孝敬"谥号祭祀。

唐恭陵是唐初号墓为陵的又一个例子，这个墓从称呼上也是按照陵叫的。陵园坐北朝南，四四方方。陵园内有两个冢，一大一小，大冢居陵园中央偏西，是李弘的坟墓，俗称太子冢。小冢在大冢东北方向，埋葬着李弘的太子妃裴氏，也就是裴居道的女儿，俗称娘娘冢。

两座坟墓位于陵园的正中央，同茔而不同墓，都是呈长方覆斗形。陵冢封土是由高黏性的红棕色生土夯实而成，坚固、密实，历经数千年的风吹日晒，其高度仍损失得不多。娘娘冢距太子冢约50米，底部呈方锥形，上半部为圆形。恭陵周围原为夯土墙，每面围墙中部各辟一门，以四神命名。门外筑双阙，四隅角筑角楼。现在城墙已经没有了，只剩下四隅的塔楼遗迹，城门的南边有一条御道，其两侧列置大型石刻。

太平公主（？—713），是唐高宗李治与女皇帝武则天的小女儿。太平公主体态丰硕，方额广颐，深受父母和哥哥的喜爱，特别是她的母亲武则天。

在太平公主小的时候，经常出入外祖母荣国夫人家，她的表兄贺兰敏之强迫她的贴身侍女，也有说是太平公主的，不过按照资料，那个时候太平公主可能才五六岁。这件事让武则天震怒，再加上贺兰敏之曾奸污了李弘的未来太子妃，武则天最终决定取消贺兰敏之在武家的继承权，将他流放，在半路上将他斩杀。

太平公主8岁出家为女道士，为已故的外祖母荣国夫人杨氏祈福，道号太平。她在名义上是出家人，实际上却一直住在宫里。

仪凤四年（679），吐蕃派人来求亲，说要迎娶她。武则天不愿女儿远嫁，也不能直接回绝吐蕃，于是修建太平观，让她住在这里，正式出家，以此拒绝和亲。过了几年，她穿着一身武官的衣服，在唐高宗与武后面前跳舞。唐高宗与武后哈哈大笑，问道："你既不能做武将，何必如此？"她回答说："赐给驸马如何？"唐高宗知道太平公主有成亲的意思，于是为她挑选驸马。

太平公主约16岁时，下嫁给了城阳公主的二儿子薛绍，也就是唐高宗的亲外甥。婚礼是在长安的万年县馆举办的，这是一场盛大的仪式，沿途的树木都被照明的火把烧焦了，甚至连县馆的围墙都被拆掉，才能让宽敞的婚车通行。

武则天很疼爱自己的这个女儿，她觉得薛绍的嫂子萧氏和成氏出身不够高贵，想把她们赶出薛家，有人说萧氏是兰陵萧氏的人，并不是寒门，所以武则天打消了这个念头。太平公主在第一次婚姻期间，安分守己，没有任何风流韵事。不过这场婚姻结束在垂拱四年（688），薛绍的哥哥薛顗参与了唐宗室李冲的叛乱，薛绍并没有参与，但是他还是受到了牵连，被杖责一百，饿死在狱中。武则天觉得太平公主嫁错了人，太平公主的幼子，也不过才满月而已，薛绍就已经死了。为了宽慰自己的女儿，武则天就破例把公主食封不超过350户的传统给改成了1200户。

没多久，武则天就想让太平公主再嫁人，本来想把她许配给武承嗣，但武承嗣病了，也有说是太平公主没有看上武承嗣。载初元年（690），武则天将武攸暨的夫人处死，以求太平公主与武攸暨成婚。据说这桩婚事是武则天用来保护太平公主的，武则天在她二婚两个多月后正式登上皇位，太平公主因为是武家的儿媳妇，这才躲过一劫，婚后她为武攸暨生了二子二女。太平公主虽然是武家的媳妇，但在政治上，她始终支持李家。

武攸暨为人谨慎，也很低调。这导致第二次婚姻期间，太平公主大肆包养男宠，与朝臣通奸，甚至将自己喜欢的男宠张昌宗献给母亲武则天。太平公主是个喜欢权势的人，武则天觉得她和自己的容貌、性情都很相似，经常和她讨论政治，但是武则天在世时，从来没有让太平公主透露过她的政治活动。太平公主对母亲的忌惮很深，所以她的行为很是克制，只是在外面大张旗鼓地修建宅院、购置宅院。

武则天朝，太平公主见诸史书的建树只有她为了保护自己而铲除来俊臣的势力。

神龙元年（705），她发动兵变，诛杀二张，迫使武则天退位给太子李显。太平公主因为在斩杀二张兄弟一事上有功，被册封为镇国太平公主。李显复位之后，太平公主没有母亲武则天的限制，逐渐走向幕前，投身政坛。李显对她很是尊敬，甚至还特意下旨，免她对皇太子李重俊、长宁公主等人行礼。中宗朝，韦后和安乐公主大权在握，最忌惮的就是太平公主。

景龙元年（707）七月，太子李重俊发动叛乱。安乐公主与宗楚客本想借此机会栽赃给太平公主和相王李旦，污蔑他们是太子的同党。萧至忠是主审官，他向李显哭诉："陛下富有四海，岂能眼睁睁地看着自己的兄弟姐妹被人陷害！"太平公主和李旦这才逃过一劫，但是太平公主和安乐公主之间的矛盾却是愈演愈烈。

李显在景龙四年（710）被韦后与安乐公主毒死。七月，太平公主派遣他的儿子薛崇简参加李隆基等人诛杀韦后的行动，铲除韦氏的人。李隆基将李重茂从皇位上拉了下来，让自己的父亲相王李旦继位，这就是唐睿宗。因为这件事情，太平公主晋封万户，是唐朝公主中权势最大的一位。

太平公主以为太子李隆基年纪尚小，所以一开始对他不屑一顾。不久之后她又惧怕太子的英明神武，想要立一个昏庸懦弱的皇子为太子，这样她就能在很长时间内保持自己的权力。太平公主多次放出风声，说太子不是陛下的嫡子，所以不能做太子。导致景云元年（710），李旦颁布诏令，告诫天下百姓，以消除谣言。太平公主经常派人盯着李隆基的一举一动，哪怕是最小的事情，她都会向李旦汇报，而且太平公主在李隆基身边安插了不少眼线，这让李隆基很是担心。

延和元年（712），一位精通天文历法的官员告诉李旦："彗星的出现，预示着新的时代即将到来，而且天市的帝座和心前星都发生了变化，所以我们要做的，就是让太子继位。"没想到李旦考虑都不考虑，直接说："把皇帝的位置交给有德行的人，这样才能避免灾难。我已经决定禅位。"太平公主等人强烈反对，认为这样做不可行，李旦说："中宗时，有一帮奸臣作乱专擅朝政，老天多次以灾异来警示。当初我恳求中宗陛下选一位贤明的皇子立为皇帝，以避祸患，可是中宗陛下却非常不满，我为此担心害怕，惶惶不可终日。现在这事发生在我身上，我怎么可以劝中宗退位让贤，却不可以自己退位呢？"于是在八月传位于太子李隆基，是为唐玄宗，自己则退位为太上皇，改元先天。也是这一年，太平公主的丈夫武攸暨去世。

没过多久，太平公主发动叛乱，失败后逃进了寺庙，直到事发三天以后她才出来，李隆基下令将她赐死在自己的家中，处死了她的儿子和党羽达数十人。薛崇简因为多次反对母亲，被人责罚，所以例外地被免于死刑，赐他姓李，允许他继续担任原来的职务。唐玄宗还下令没收了太平公主的全部财产，在抄家的过程中，发现了堆积如山的财宝，宝物之多，堪比皇家宝库，厩中牧养的羊马、拥有的田地园林和放债应得的利息，几年也没收完。

第六章

地下丹青，顶级文物

随着唐代关中墓葬的大规模挖掘，乾陵陪葬墓中的艺术珍品已经展现在世人眼前，其中棺椁上的石线刻画是画家和工匠们密切合作而形成的一种艺术形式，继承了汉代至南北朝线雕行云流水、刚劲挺拔的传统，又融合了风雅、朝气蓬勃等鲜明的时代气息。墓葬中也出土了更多的墓葬壁画，永泰公主墓室壁画、懿德太子墓室壁画、章怀太子墓室壁画等，从内容取材、线条刻画、色彩搭配等方面，均体现了唐代高超的绘画技艺。

一、三具石椁

石椁，是一种石头制成的棺材，古代的人将尸体装在木棺中，然后放入石棺中，这是为了防止木头腐烂，也是一种身份的象征。永泰公主、章怀太子和懿德太子三人的石椁尤为引人注目，不但高大威严、高贵典雅，而且内外壁上雕刻着大量线刻画，栩栩如生，令人叹为观止。

石线刻画，又称为石刻线画，是用刀子代替毛笔，用石头作纸张，通过白描的方法雕刻而成，是一种用线描画在石头表面上的石刻绘画。与纸画、绢画、壁画、岩画、版画等不同，是一门独特的艺术。

石线刻画由于石料的大量应用，才得以发展。这种线刻工艺起源于汉朝，是从墓葬的石雕开始，逐渐被用于各类石料的加工；从南北朝开始，棺椁、碑文、门楣、柱础，以至佛像的台座上面，都被雕刻上了精美的图案。从东汉、北魏、北周、隋、唐开始，不管是对真实的生活，还是神话、佛教故事，甚至是装饰，线条的绘画都是从简单、粗犷、刚劲到细腻。无论是从整体的构图还是意象的刻画，都呈现出一种跳跃的生机与和谐的节奏。这些石雕作品真实地再现了各个时期的社会生活状态。

石线刻画通常要经过选料、研磨、画稿（起图）、线刻等几道工序。其中，原料的选择和打磨是根本，而起图和线刻则是决定最终成败的关键。就线刻而言，有两大技法。一种是减地阴刻或阳刻，先用阴线将影像的轮廓和细节画出来，再用刀削掉四周的空白，或用阴线将影像的轮廓画出来，再把周围空白处铲去一层，最后在影像的细节部分画上一条阳线。此法主要用于刻画石棺、石门、墓志周围复杂密集的装饰图案。

另一种是平面阴刻，即用刻刀在平整的石头表面上用阴线雕刻，而不需要减地。这是最普遍的做法，乾陵三个陪葬墓石椁的线刻画都是用的这种方法。这种雕刻方法的优点是，雕刻的画面具有强烈的真实性。

尽管古人用毛笔画出了柔软的线条，而唐代墓石椁线刻的人物画是用刀刻石的硬线条，但两者之间仍有一些相通之处，因此可以通过互相学习来提升。唐代墓石椁线刻人物画的线条总体呈现出"铁线描"均匀、平行的特点。早期的线条比较粗壮、凝重，到了后面，线条变得细腻而圆润。我们对这些石线的描绘进行了观察和分析，人们用线总体上是"游丝"细线，而大量的花卉、树木、动物等，用线随意，不加修饰，以形为线，通常有圆弧线、波浪线、垂直线。

"游丝"细线的运用最为广泛，唐代墓葬石椁的仕女、男女近侍等，基本上都是用细线雕刻而成。雕刻这条线需要工匠用熟练的刀法，一气呵成，这样的话，线条就会变得粗细均匀，行云流水。

比如章怀太子石椁上的《端盆景侍女图》。

画中的侍女，上身穿着一件半袖的短袄，下身是一条拖地的长裙，双手中捧着一盆花。在人物整体构图中，各部位采用了不同的线型。她的头发用短、粗、密的线条勾出，但一丝不苟，显示出她严谨、能干的性格。脸上用的线条是圆滑的，给人一种圆润的美感，也显示出宫廷女性生活上的富足。上眼睑的线条弯曲、长而粗，下眼睑细而短，圆滚滚的眼珠位于眼眶的中央，看起来既专注，又有些紧张。服装线条纤细而疏远，充分展现了服装材质的柔软。而且，这名侍女的裙摆还会随着她的步伐而微微地晃动，从某种意义上来说，这是一种非常匆忙的步伐。看到这张图，可以联想到：主人要去观赏盆栽，得了消息，丫鬟赶紧奉上。总之，唐墓石椁线刻画的制作者能充分运用线条的长短、疏密、粗细、刚柔并济、圆曲、顿挫等特点，从而刻画所描绘的景物的轮廓、大小、虚实、动势、神态、主次和韵律，使所刻的景物，无论花草、动物、人物，无不栩栩如生。

在懿德太子、章怀太子和永泰公主的三具石椁上，雕刻着100多幅石线刻画，大致可以分成三种，分别是人物画、花草画和门窗画。

人物画主要在三具石椁的内壁和外壁，为石椁上的雕刻主体。永泰和懿德两具石椁上所刻的都是女子，章怀的石椁中只有一个人物是男子，其他都是女子。

据史料记载，永泰公主与懿德太子是同一时期从河南洛阳迁到乾陵的，因此，很明显，他们的石椁是同一时期建造的，但从石椁上的纹路来看，懿德太子的石椁比永泰公主的石椁的完成时间要早一些，因此，永泰石椁上的人像比懿德石椁的更丰富一些，而且，两个石椁上是有共同的人物形象的，但是懿德石椁的内外壁都有共同的人物形象，永泰石椁只有外壁有共同人物形象。由此可见，永泰石椁是在懿德石椁完工后，利用了懿德石椁中的部分线刻样稿。

此外，从两具石椁上的人物形象来看，永泰石椁要统一一些，侍女们都是常服，而懿德石椁上人物的服饰则有很大的不同，外壁的侍女都是头戴宝冠，身穿长裙，十分特别。从她们的衣着和手中的工具来看，大多都是侍从形象。

这些石椁上的人物画雕刻工艺精湛，不仅人物形象真实，而且主题也取自现实，具有很强的生活色彩，具有很高的历史和艺术价值。

在这三具石椁线刻人物中，实际上仅有一名男子形象，即章怀太子墓的石椁门上绘着的一名男侍。这名男侍身材瘦削，头戴头巾，外面套着一件宽大的圆领窄袖长衫，系着腰带，里面穿着一条长裤，脚上穿着一双软底鞋，双手中拿着一块笏板牌，躬身行礼，毕恭毕敬。近看，他的眼睛很深，脸颊很高，鼻梁很高，下巴很尖，脸上有很多的褶皱。《唐六典》记载，太子东宫有宫门局，内设有宫门郎，负责把守宫门和钥匙。从外表和所在位置来看，刻画的这名男子应该是一名宫门郎，负责看门、通报客人等。其他唐墓的石椁中也刻有宫门郎形象。

石椁上刻着不同年龄段的少女，她们是人物画的主体，数量极多，衣着多种多样、形态各异。从外表来看，她们可以分为高级仕女和下等宫女。仕女是掌管普通宫女的女官，身份地位较高，通常能为主人贴身服务。从刻画的形态来看，她们的身材更高，面相上年纪更大，衣着更讲究，也更华丽一些。

其中最具代表性的就是懿德石椁门扉上的《戴步摇凤冠仕女图》。仕女们头戴凤冠，头上插着发簪，身穿低领广袖长裙，袖口很大，几乎要碰到地面，袖口上绣着一对凤凰，还戴着玉佩。与仕女相比，一般宫女的形象身材娇小，年纪不大，衣着也更加随便，她们进宫的时间很短，地位也很低，不能贴身伺候主人。平日里，都是听从仕女的吩咐，干着端盘子、打扫院子等粗活。

侍女的发髻都很高，大部分都是将发髻束在头上，再束成惊鹄髻、半翻髻、反绾髻等。她们大多穿着窄袖、束腰襦、半臂、披帛等，这些服装大多受到了胡服的影响。有几个侍女身穿男装，头戴头巾，身穿圆领或翻领的窄袖长袍，唐初女性穿男装盛行，这可能是唐朝社会较为开放，女性不受拘束的直接体现。

从整体上来看，石椁线刻女侍画，采取了一种室内屏风的方式，在每扇石壁中央刻一至两个侍女，周围用宝相花、缠枝、云纹等装饰，余白处刻花草树木、石头小鸟。永泰公主墓石椁四面壁上线刻着散步、聊天、赏花、跳舞、逗鸟的侍女，这些侍女都是青春靓丽的女子，这也许是永泰公主在世时宫廷生活的一种反映。

在现存的其他唐墓石椁线雕人物画中，也出现了其他的人物形象，比如仙人、武士、乐舞伎等。乾陵陪葬墓石椁线刻女侍形象逼真，各个部位比例都恰到好处，刻画出了一群体态健美、雍容华贵的宫中女子形象。

在人物形象的周围会有一些花草画，也可以将这些花草画分成两大类：缠枝卷草和草本花卉。缠枝卷草主要刻在石椁的各个柱体上。只有章怀太子的石椁上有草木花卉，刻在石椁西壁的外侧。

门窗画就是指雕刻的门和窗户，所以分为门扉画和窗棂画，如果上面有人物，已经归类为人物画。无人物形象的门窗画并不是很多，三具石椁只有两幅，分别刻在石椁东面的外门扉两侧，每幅都刻窗棂十条，以门框为轴线，对称地排列着，上面的花纹也是对称的。在门窗画上的空白部分，点缀着花草、祥云、珍禽、异兽等。无论是窗棂的数量，还是其周围的装饰图案；无论是窗棂上雕刻的珍禽异兽，还是镶嵌的香草祥云，都是对称的。图像左右上下均匀平衡，既严谨又稳定，充满了层次与美感。协调对称是乾陵陪葬墓石椁线刻画的一个特点。对称性是中国人从古至今所追求的最根本的审美理念，它不仅表现在古代建筑的形态上，也表现在各种美术作品中。这主要是由于中国人的传统观念，崇尚为成双成对、好事成双。更重要的是，它们的对称本身就有一种和谐、稳定、平衡的美。

花卉、门窗等虽也占有很大比例，但明显不是匠人的主要作品，不是他们想要表现的主要内容，这些内容主要还是为了烘托人物，人物画是乾陵墓石椁线刻画的重点，画作雕刻技艺精湛，极具感染力。而花卉、门窗画等在制作上还算规范、工整，却给人一种缺少创新与活力的感觉。

除了这些雕刻内容，还有一些填充在人物画的空白处、门窗画的上方和下方的动物和植物的图案，以作装饰。其中自然有大家耳熟能详的龙、凤凰、麒麟等动物形象，还有真实存在的动物形象，比如鸳鸯、鹤、画眉、燕子等。植物形象的画多是带有美好寓意的海石榴、宝相花、牡丹以及一些不知名的植物。无论是幻想出来的，还是真实存在的，无论有没有名称，都代表着中国传统的美好祝福。将这些与人物形象一起雕刻在石椁上，无疑表达了生者希望逝者能在冥界过上更好生活的心愿。

乾陵陪葬墓石椁线刻画都是以华丽复杂的百花卷草为基础，基调是圆润夸张的，配以人物、花草、动物等，形成一幅精美的图画。直观这些线刻画，让人印象最深刻的就是它的图案很“满”。也就是说，每一幅画都很饱满，充满了各种元素，几乎没有留下任何空隙，但不是杂乱无章，而是恰到好处。每一幅画都有自己的主题，每一幅画中的每一种元素都代表着不同的意义。

比如前面说过的，懿德太子石椁上的《戴步摇凤冠仕女图》。其上所刻的两位仕女相对倚靠在门框上，双手放在腹部。二人都是莲面、柳叶眉、丹凤眼、挺鼻梁、樱桃小口。额头贴有花钿，头发盘在脑后。整个形象浑厚饱满，给人一种不凡的感觉。她们头戴凤冠玉簪，身穿一件袒胸开襟短衫，下身是一条长裙，裙下绣花边，罩笼裙。腰间挂着一条丝带，上面挂着数量不少的玉串，显得雍容华贵，又透着一股清新的气息。在她们的四周，用奇花异草点缀，既突出了人物的英姿，又突出了周围的美景。最后在周围用有规律的缠绕藤草的图案点缀，使得整个画面富丽堂皇。画面上方的门楣上，是一对飞翔的鸾鸟，鸾鸟周围还装饰着复杂的海石榴纹样。从整体来看，门扉对称，仕女华服，门楣上挂满了卷草，门楣上的鸾鸟展翅翱翔，各种元素的图案密密麻麻地排布在一起。但是，我们并没有感到任何的杂乱，反而感到了作者对画面要求的严格和一丝不苟。因此，可以说，"满"是乾陵石椁线刻画构图中最显著的特征。

乾陵陪葬墓石椁线刻画在构图和空间关系上，还运用了中国古典传统绘画中的"游观"手法。游观就是以平面、分层、纵列的手法，以达到视觉的深度。游的意思就是在游动，也就是身体的移动。观，是一种欣赏，一种领悟，一种心的感悟。游观是一种特殊的艺术形式，它是画家对大自然的一种感知。画家在"目识心记"之后，将其融入到绘画中。这样的处理方式，使山水、人物、景物看起来似乎没有远近、大小的空间关系。换句话说，画家把人和景平行、纵列在一幅画里，看似随意，没有章法，实际上却是有意而为，胸有成竹。作者摒弃了聚焦视角，采取"二元"的透视视角，给观众以积极的想象空间。在观看这些作品时，人们会有意无意地联想到真实事物的空间体验，然后再依据自身的视觉体验对图像进行重组。

在乾陵石椁线刻画中，人物和景物都是由平面线型构成，各个单位的焦点并不明显。而且因为每一种元素的形式感都是一样的，所以保持了整体的统一效果，让看上去互不相关的组合也不会显得突兀。很明显，石椁线刻画描绘者在创作时，并非以相同的环境、统一的视觉来处理各个角色，而以角色的身份、大小、体量来确定作品的主次、大小、体量。他们更偏重于画面所要表达的人文价值。

其中永泰公主石椁上的线刻人物画中的双人图中，有掌管着许多身份低微的宫女的仕女，仕女的体型很大，站在最中央。有跟随仕女出去捧盒、端盘的普通宫女，她们身份低微，属于附属，因此体型较小，多以侧身的形象出现。画面中还有花木、石头、飞鸟，这里是仕女出行的地方。仕女们的四周，留下了大量的空隙，以显示空间的广阔，最后，在画的顶端，还画了一只鸟儿，作为天空的标志。作者将人、石、花、鸟等看似互不相关的要素，以纵向的方式排列成一幅图像，通过人的视觉体验，表现出画面的空间联系。看到这幅画，人们不禁浮想联翩：春暖花开，风和日丽，宫中的贵妇们打扮得花枝招展，带着仆人，来到皇宫禁苑，在郊外的草地上散步。

永泰公主石椁外壁上的《赏花戏鸟侍女图》也是一幅很不错的人物画作品。《赏花戏鸟侍女图》有两幅，内容大致上是一样的。画面中，两个侍女漫步在一片百花齐放的花海中，一个人欣赏着花朵，一个人在逗弄着一只停在胳膊上的麻雀。从整体上看，构图是运用鸟语花香的"虚"与仕女、花鸟的"实"，飞鸟的"动"与花木的"静"，赏花逗鸟的"写实"与悠闲惬意的"表意"手法，使飞鸟的远景、侍女身旁的花木和脚下的土石和谐统一，浑然一体。

石椁线刻画经历了魏晋南北朝、隋、唐初的发展，到武则天后期，已有较高的造诣，尤其是人物画，形神兼备，以形为神。中国古代绘画的"传神"是一种最高的美学追求。不管是仕女、宫女，还是男仆，都被画家们精心雕琢，形神皆备，以形传神。尽管他们的衣着、体态、发型等基本相同，但是画家仍能透过他们的脸部甚至行动的微小改变，向观者传递出不同的感觉。如章怀太子石椁门扉上刻绘的男侍，第一眼上去并没有什么特别的地方，但是，作者从他微微抬起的脸，双手捧笏的姿势，双脚紧紧并拢的微小细节，把一个拘谨恭顺的仆人形象呈现在观众面前。此外，线雕人物画中的仕女，通常都是高髻，头戴花冠，衣着得体，肩上披着一条绸缎，丰颐秀颊，一派雍容华贵、矜持、颐指气使的模样。而普通的侍女，衣着朴素，手中拿着托盘、茶壶、盒子等器皿，神情恭谨，唯命是从。

乾陵墓石椁线刻人物画有浓厚的生活气息，富有艺术魅力，画中的侍女，无论是采花、观鸟还是轻盈起舞、凝神冥想，都是对日常生活状况的直接写照，因此具有很强的生命色彩。

如永泰公主石椁内壁线刻《持帛曼舞侍女图》。画中的仕女梳着发髻，脸蛋圆润，五官端庄。她穿着短襦长裙，双手持披帛在背后，像是在翩翩起舞。婀娜多姿，美艳不可方物。在她的背后，有一只漂亮的长尾鸟飞过。看着这幅画，旁人自然而然地以为她就是永泰公主李仙蕙。她正值妙龄，住在深宫之中，有一天，路过御花园，沐浴在春风中，听着鸟鸣，闻着花香，忍不住手持披帛翩翩起舞。这幅一动不动的石雕，给人一种奇异的感觉，就像是听到了悠扬的乐音，让人情不自禁地跟着音乐翩翩起舞。整个作品中，女子的潇洒闲适与大自然的鸟语花香交织在一起。

再比如《赏花戏鸟侍女图》中的两名侍女，一个在逗弄着一只长尾雀，一个在嗅着花朵。逗鸟人皱起了眉头，眯起了眼睛，盯着手中的长尾雀，表情有些紧张，显然对这只麻雀充满了好奇。赏花人的眼睛半眯着，微微仰着头，似乎还沉浸在花香之中，似乎这朵花对她来说是一种艺术上的启发。作者从这个充满趣味的生活细节中汲取了灵感，使观众产生了无尽的联想。

虽然乾陵陪葬墓的石椁线刻人物绘画在艺术上已经有了很大的提高，但也有一些不足之处。

首先，人物身材比例失衡是很常见的。这种比例失衡不仅表现在身体各个部分的长度上，还表现在人物大小比例上。石椁上的每一个人都有同样的问题，有的特别的明显，比如永泰公主石椁门扉上刻绘的侍女。两名侍女的脑袋都很大，身材也很矮。当然，前面已经说过，这是为了体现空间的联系，为了区别主次，甚至是为了表现人物的个性，但是很明显，也有一些是因为作者的疏忽和错误造成的。

其次，人物都具有程式化和类型化的特征。当然，这是各个相关的造型元素条理化、规则化的客观产物，既能节约时间，又能方便量产，而且使用者皆为王公贵族不可随意发挥，但这也会限制和削弱设计者的创作能力，削弱线条的表现力和感染力。

最后，人物绘画中的空间关系比较僵化。综上所述，石椁线刻画的描绘，多以"游观"的手法，以平面、分层、纵列的手法，达到视觉的深度。不过，说实话，这个办法在一定程度上解决了山水画中的空间关系，但离彻底解决这个问题还有距离。画中的人物和景物，几乎没有大小、远近的差别，所以看起来比较僵化。

当然，结合当时人类的技术、认识、所用的绘画工具与材质，提出以上的缺点，似乎有些苛求古人，也有些过了。

乾陵墓石椁线刻画是乾陵出土的一类重要文物，其内容丰富、数量多、构图精巧、雕工精湛，在艺术上的造诣极高。而且，这种线条的刻画，由于其断代清晰、数量充足，成为反映当时绘画艺术，尤其是人物形象画的重要佐证，也是研究唐朝早期宫廷妇女服饰、发型乃至日常起居等方面内容的重要实物资料，值得好好研究和保护。

二、墓室壁画

乾陵墓室壁画既是一种文化遗产，又是一种可研究、可利用、可开发的文化资源。出土的墓室壁画规格高、保存完好，数量仅次于敦煌莫高窟壁画。这些壁画的内容大都来自唐朝的宫廷和政治、文化生活，真实地反映了唐朝的历史和人们的生活习惯，显示出了盛唐时期繁荣、奢华、开放、丰富的生活景象。

为什么会出现墓室壁画呢？它有什么作用呢？首先，墓室壁画的内容一般是根据墓主人的现实生活进行描绘，所以墓室壁画是一种"丧葬形式"，是生者对死者的无尽怀念，也是中国"孝文化"的一种表现；其次，它还能表明墓主人的身份，不同等级、不同地位的人，在壁画的形式、题材、内容上都会有很大的差异；再次，墓室的壁画要表现出死者生前的喜好和某些真实的场景；最后，墓室的壁画表现了一种宗教气氛，也就是祈求逝者安息以及上天的祝福，从壁画上的绘画风格来看，唐代开国以来的国力很强。

献陵、昭陵和乾陵周围有许多的陪葬墓，在挖掘的过程中，发现了许多精美的壁画。同时，通过壁画的布局和内容，对陵墓信息有了较为精确的认识。

现在我们或许并不知道唐代皇帝陵墓中壁画的作者是谁，但从壁画的总体设计和艺术形式来看，特别是皇陵和皇亲国戚的陵墓中的壁画，体现出了唐代的艺术水平。尽管受唐代墓葬制度的限制，壁画的内容有一定的制度规定，但是墓室壁画的绘画形式和内容也有文人的思想和创意，在画有宫廷侍从的作品中，往往会加入谄媚的态度进行夸张处理。同时，从线刻和涂色等艺术手段来看，也能说明唐代画家们对当时的主流画家们的崇拜，比方说吴道子、阎立本等人的风格和技巧都在这些壁画中得到了反映，这对研究唐代画家的绘画和绘画历史有着重要的意义。

20世纪50年代，对乾陵进行了科学的调查和研究。从60年代起，先后发掘了永泰公主墓、章怀太子墓、懿德太子墓、薛元超墓、李谨行墓等。随着发掘工作的不断深入，对乾陵墓葬的研究也越来越多。这五个陪葬墓中，永泰公主墓、章怀太子墓、懿德太子墓壁画等级较高、保存较好、壁画内容丰富，是比较有代表性的。永泰公主墓壁画中多以纤细的线条组成仕女的华美服饰，或疏或密，"疏可奔马，密不可漏"，表达准确、坚定、流畅。章怀太子墓的壁画线条多变，有时有强烈的韵律，有时刚劲有力，粗细交错。懿德太子墓壁画的笔墨表现形式多种多样，时而简单有力，中锋以铁线描居多；时而活泼、豪放，刚毅中带着曲折；时而柔和，线条或浓密或纤细。由此可以看到，乾陵墓室壁画用笔的主要艺术形态，即由"疏体"转向"密体"，而这些艺术表现形式同时存在。

墓室壁画的色彩以红色、黄色和绿色为主，大部分是鲜艳的色调。在作画时，先用墨水作初稿，粗略地画出人物的轮廓，再施以色彩，以平涂为主，最后以墨色勾勒一遍。同时，在人物的描绘上也有了些许的晕染。服装的颜色看起来很讲究，既不呆板，也不轻飘，通过晕染，或浓或淡，使整件衣服呈现出真正的质感。同时，在人物服饰的运用上，讲究对比，明暗相宜。

唐代王公的陵墓中，为了体现出陵寝的尊贵，一般都会使用壁画装饰，这对壁画的艺术水平也有很高的要求。从这一点可以看出，大型墓葬的壁画都具有很高的艺术价值。唐墓壁画是一种艺术形式，它折射出了唐代的社会生活。墓室壁画在唐代绘画中占有举足轻重的地位，它也是唐代绘画发展的一个基本趋势：以人物画为主；墓室壁画成为了现实风俗画的主要表达场所；在人物画、仕女画日趋独立的时代，几乎每一座墓葬中都出现了仕女画和肖像画。这一方面是因为皇家贵族们在生前声势浩大，身边侍女成群，但是随着艺术的发展，陵寝中的仕女画技艺也越来越精湛。

这些壁画描绘的并不是皇家和贵族的盛大场景，而是描绘了形形色色的宫廷仕女。她们穿着各种色彩艳丽的衣服，手里拿着各种各样的器皿，摆出了不同的姿势，脸上的神情各异，有天真、有悲伤、有无奈、有骄傲。乾陵壁画中的人物表情描写堪称登峰造极，章怀太子墓东面刻着《客使图》，唐代鸿胪寺官员的雍容华贵与外国使节的谦卑形成了鲜明的对照。这座墓前厅的《捕蝉图》，将三个不同年龄的女子的神情和步伐都表现得淋漓尽致，把唐代宫女们从天真到无聊再到忧郁的一生都集中在了画作里，成为了唐陵壁画的代表。

墓室中的壁画主题一共有八种题材：第一种是常见的青龙白虎朱雀玄武，也就是四神；第二种是日月星辰银河这些星象；第三种是城阙楼阁柱子之类的建筑；第四种是仪卫，比如仪仗队、侍卫、戟之类的；第五种是非正规宗教类；第六种是宫廷生活类的内容，比如男女侍从、马球；第七种是与狩猎相关的事物以及出现的动物，比如猎骑、架鹰等；第八种是礼宾，如鸿胪寺官员、外国及少数民族宾客。

唐墓的后室被认为是墓主的起居之所，所以它的布置也是唐人对天人观、生死观的完美反映。在唐人的心中，人是连接天与地的桥梁。人之一生，以行天道，尽天之责。人死了，就会进入地下，然后回到天空。为了表达人死亡后灵魂不灭的想法，宇宙和星空是最好的主题。太阳、月亮、星星、遥远的银河，都象征着灵魂在无尽的宇宙中遨游。由于身处浩瀚宇宙，包罗万象，四神已经没有了方位的意义，反而是守护神灵的作用更加明显。

与石椁相同，壁画上各类人物形象的刻画，是非常有价值的。男侍、侍女、使节、官员、侍卫、马夫甚至"墓主"都在壁画中，永泰公主墓前室东面的《侍女图》描绘了9个形态各异的女子，她们或手持蒲扇，或捧着水果，而居中的女子身体则是"反S形"的姿态，被誉为"最美中国古代女性"。

除了人物，还会有一些小的物品出现，壁画中的仪仗图或者出行图会有旌旗、弓箭、大刀等，这是一种地位的标志；团扇、拂尘、烛台等多见于墓室，多由女仆持有，烛台的存在说明这里是夜晚。其他小物品还有鞠杖、棍棒、笏板、托盘、金胡瓶、鱼符、钥匙、罐、食盒、琵琶等。

动植物也会出现在壁画中，主要是在狩猎类型的壁画里，矮马、豹等都是皇家贵族豢养的宠物，反映了当时的奢华生活，一些少见的动物也体现了各族的交往和与西域国家的紧密往来；植物类多是佛教的象征，如宝相花这些都象征着对死者的祝福。

几乎每一幅画中都有食物用具，有些则是以宴席为题材。例如韦氏墓室东面墙上的《野宴图》，共有22人，有男有女，有老有少，饮食用具有酒杯、碗、盘、筷子、盆等，所用的都是方桌、方凳。永泰公主墓《宫女图》中，有一只用来盛葡萄酒的高脚玻璃杯。懿德太子的陵寝东侧墙壁上的《宫女图》中有花瓶和罐子。房陵公主墓后室正中的《宫女图》，托盘上有一块洁白的琉璃盘，上面有明显的萨珊金银器皿的样式，而在后殿的北面，则是一位手持茶壶的侍女。在前厅的东墙上，有一个托着盘子的侍女，盘子里放着黄色的甜瓜和带着红蒂的水果，看起来就像是柿子；前甬道西墙上挂着一幅男装侍女画像。房陵公主墓中的这些杯、壶应该是酒杯、酒壶。懿德墓西侧北面《宫女图》中首位宫女所持的莲花花瓣纯金杯，迄今尚未有同一造型的实物出土。李震墓东墙北面的《托盘提壶仕女图》中，有一种芒果的图案。薛氏墓室东面墙上的《端馍男侍图》里，白馍看起来还在冒着热气，仿佛有一股淡淡的清香。李凤墓的甬道西面墙上刻着一幅桃花侍女的画像，另一幅是一名侍女，手中捧着一件果子，外面是一层层的荷叶。李爽墓西面和北面墙上各有一名侍女，其手中的器皿是一只直筒形的深腹玻璃杯，比永泰墓中的那只高足玻璃杯要小一些。

还有一些关于女着男装、汉服胡服双轨制、外国及少数民族服饰的壁画。尤其是章怀太子墓中的《客使图》，众多专家和学者通过画中人物的服饰，对应出该人物的国家与官职，进而研究当时的政治制度与对外关系。

虽然有宗教类的壁画，但是这些壁画中缺乏正宗的宗教内容，唐朝是佛教发展的鼎盛时期，但在唐王朝的墓葬中，佛道题材却很少见。这与唐陵壁画的本质有关。壁画是墓主生前的真实人生的一种折射，应该是墓主的日常生活，不能在这种情况下供养佛菩萨和三清上人。在唐代，佛、道的神像，不能以一种装饰的姿态出现，只能把它看成是供奉和磕头的对象。佛菩萨与道教中的三清上人，都是法力强大的存在，不会刻在壁画中。李寿墓壁画里的寺院、道观，也只是墓主生前生活的一部分，并非供奉。

三个陪葬墓中到底都有什么壁画呢？永泰公主墓：《仪卫图》《列戟图》《胡人牵马图》《侍女图》《云鹤图》《天体图》等。懿德太子墓：《青龙白虎图》《阙楼图》《仪仗出行图》《驯豹图》《列戟图》《架鹰驯鹞图》《架鹞戏犬图》《内侍图》《侍女图》《花纹装饰》《天象图》等。章怀太子墓：《狩猎出行图》《打马球图》《客使图》《仪卫图》《司阍图》《内侍侍女图》《侍女侏儒图》《观鸟捕蝉图》《胡舞图》《游园图》《小憩图》等。

从壁画的布局可以看出它的空间结构，上是天空，布局为天体图、云鹤图。同时也可以看出，宫墙内外有很大的区别，如果说，这座墓室就是一座宫殿，而壁画，就是一座宫殿之外的生活和政治。

《宫女图》

当考古学家们揭开永泰公主墓的一刹那，巨大的墓室，独特的唐墓壁画，仿佛将那个时代人们的生活景象记录下来。

永泰公主墓墓道两侧的精美壁画让这座地宫充满了生机。《宫女图》是其中最有名的一幅，其上所绘的端杯侍从被称为"中国古代第一美人"。永泰公主墓前的墓室东西两面墙上各画着四组《宫女图》，这些侍女加起来将近30人，画中描绘了侍女伺候公主的情景，每一位侍女都身材丰腴，穿着长裙，手里拿着一件伺候公主的物件，因此也被称为《服侍公主安寝图》。

这些壁画中最有名的是前墓室东侧的《宫女图》，里面一共有9个侍女，为首的是一个头发高高盘起的女子，雍容华贵，目视前方，就像是我们现在所说的领班，后面的侍女则拿着玉盘、方盒、烛台、团扇、高脚杯、拂尘、如意等物，缓缓而行。8个侍女中，除了那名挥舞拂尘的侍女面对着观众，其他7名都是左右顾盼，似乎在说着什么，既像是在提醒着不要惊动公主殿下，又像是在催促其他人跟上。作者通过对侍女的嘴角、眉毛、眼神等方面的描绘，刻画出她们的内心世界。其中的那名头梳螺髻、手捧高脚杯的侍女，被日本文人皮天圭一郎称为"古代第一美女"；中国当代著名作家贾平凹，亲切地称呼她为"六妹"，并称赞她为"千古第一美人"；还有人为这幅壁画作了一首诗："公主长眠宫女在，壁上着意塑粉黛。口角眉间是有情，是喜是忧费疑猜。长安人家掌上珠，一入宫门去无来；赢得诗人多少墨，写向深宫幽处哀。"

这个捧着高脚杯的侍女，到底有多"倾国倾城"？她的气质很自然，身材妙曼婀娜，一低头一弯腰，呈现出"S"形，给人一种惊艳的感觉。她的脸上带着一丝若有若无的笑意，一副忧郁的样子，似乎在思考着什么。而且，她的杯子的高度也正好，如果再高一些，就会遮住下颌显得有点过了，再低的话，就会让人觉得懒洋洋的。随着"丝绸之路"的繁荣，"三屈式"的西方女性（即"S"形）在大唐出现后，其形象逐渐被中原画家吸收，这一转变被这个端高脚杯的侍女完美地演绎出来。

画中的女子，都是身材丰满，梳着时尚的发髻，穿着一条拖地长裙，"粉胸半掩疑暗雪，长留白雪占胸前"，这是用来形容唐人以胖为美的审美和开放的心态，可以说这幅画是唐代人物画中的佼佼者。

从唐墓的壁画可以看出，唐人使用外来的器物。乾陵三座墓葬中，永泰公主墓《宫女图》中有一只高足玻璃杯，里面盛着的黑色饮品，多半是红酒、龙膏酒；前厅西面的宫女画像中有一个托着葡萄的大盘子。章怀太子墓甬道西面一名侍女所持的酒壶，是一柄细长的带状酒壶；懿德太子墓西面一名宫女手中拿着一个莲花纹饰锦盒。很显然，这些器物都是粟特和波斯人的风格。壁画上的每一盏琉璃盏，大部分都是来自西方的，它们的体量大、透明度好、造型种类丰富，是当时中国的玻璃生产无法比拟的，中国目前还很难找到它的实物。唐代发现的玻璃器主要是法门寺地宫中的二十件玻璃器皿，除了有一套是唐朝制造的淡黄色茶杯之外，其余的都是由大食帝国阿拔斯王朝所制。长安一带也盛行西域酒。唐初有高昌之葡萄酒，后来有波斯的三勒酒和龙膏酒。苏鹗在《杜阳杂编》一书中写道："宪宗时处士伊祈玄召入宫，饮龙膏酒，黑如纯漆，饮之令人神爽。"向达先生认为这本小说记载的内容，可以供他参考。

《阙楼仪仗图》和《驯豹图》

《阙楼仪仗图》出土于乾陵陪葬墓懿德太子李重润的墓室，分别绘制于墓道内东西两侧。这幅壁画描绘了唐朝宫廷的三出阙楼，以及庄严肃穆的三军仪仗，场面宏大，气势磅礴。在这座阙楼的后方，是一支规模庞大的仪仗队伍，在东西两壁各画着约 100 名士兵，加起来共计约 200人。仪仗队分为三个部分，分别是骑马卫队、步行卫队和车队。虽然人很多，但他们的表情和姿势都不一样。

首先，阙楼分屋顶、屋身、平座和墩台四个部分。屋顶为庑殿式结构，是唐代建筑中的最高规格。建筑的主要连接处，用金色的铜装饰，显得气势恢宏。平座，指暗层，其目的在于增强房子的整体性能，并具有防震功能。墩台是砖土结构，中部是一块长方形的砖块，四周点缀着藤蔓图案。如此高大的建筑连一根铁钉都没有，这正是中国建筑的精湛之处。

步行仪仗队中有些人穿着暗红色长袍，有些人穿着青色长袍，穿着这种服饰的人，都是站在中间的，而且是比较尊贵的。穿着暗红色长袍的，是四、五品的官员，他们腰间系着一个银鱼袋，里面放着一枚鱼符，鱼符是官员身份的证明。穿青衫的是六、七品的官员，他们的腰带上没有鱼囊，只有刀、弓和胡禄。胡禄，这是一种非常特别的东西，看起来就像是一件装饰。它的下半部分呈梯形，上面自然地与长形物体相连，其内侧是空心的。这是古代贵族所用的箭壶，外表华丽，花纹复杂，使用起来十分方便。

还有人拿着旐旗，也就是我们所说的长幡。古代还有人会在上面写上死者的名字和官职，还有狮子、豹子、老虎等动物的图案。在他们身后，是一队骑兵，还有十余名手持雨伞或者圆扇、羽毛长扇的侍从。队伍最后方是车队，一共三辆马车，是太子级别的马车。不过仪仗是属于皇帝级别的，与三出阙楼一样，都是对太子号墓为陵的特别待遇。

从懿德太子墓的左右两侧壁画可以隐约地看出唐朝建筑的宏伟。在严整、对称、稳重的造型中，在没有华丽的色彩的简单的装饰中，唐式的建筑呈现出一种大气、典雅的姿态，把空灵的飘逸与沉稳的庄重相融合。它在设计理念和技术上都有很大的启发意义。通过这幅壁画，结合唐朝长安城的考古发现，让人对唐朝的建筑充满了无限的憧憬。

这幅壁画于 2018 年 2 月 12 日在央视《国家宝藏》栏目展出，上面的每一笔，每一抹颜色，每一个人物，每一座城池，都是大唐历史最真实的写照。

《驯兽图》有两幅，分别在第一过洞东西两壁。这幅壁画上有 8 个不同的胡人驯兽师，4 只猎豹，4 只猞猁。猎豹的脑袋很小，身体和四肢都很长，身上的毛发是黄色的，上面有一些黑色的斑点。它们有的抬头竖耳，有的昂首阔步，有的伸着懒腰，有的自然行进，看起来十分敏捷。这些驯兽师都有深邃的眼睛，高鼻，大胡子，头上戴着黑色的头巾，身穿圆领或翻领的胡服，系着腰带，脚上穿着黑色的靴子。他们一只手牵着一只豹子，另一只手里拿着一把驯械"樋"，从这个画面可以看出，这应是正在驯养猎豹，展现了当时的宫廷娱乐。

《马球图》

《马球图》是乾陵章怀太子墓墓道西面的壁画，长 6 米多，高将近 3 米。画中骑马打球的人，身着唐朝时流行的圆领长袍，头戴头巾，手里拿着一根月牙形的球杖。画中是一片开阔的场地，后面有山、有石、有树，有 20 多个骑马的人在奔驰。

马球是用杆将球击入门的运动项目，因此也被称为"打球""击球""击鞠"等，类似于现在的高尔夫球运动。马球有拳头那么大，是由轻质坚硬的木头做成的，中心是空的，外层是五颜六色的，还有一些马球会加上雕饰，叫作"彩球""七宝球"。

唐代皇帝有 21 位，其中马球高手就有 19 人，唐中宗李显最爱看马球比赛，唐玄宗李隆基就是马球健将。"三郎少时衣不整，迷恋马球忘回宫"，说的就是李隆基痴迷打马球的情景。

对于唐朝马球出现的时间，众说纷纭。《封氏闻见记·打球篇》中有记述："太宗常御安福门，谓侍臣曰：'闻西蕃人好为打球，比亦令习。'"意思是说太宗经常到安福门前，和侍者说："听说西蕃人爱打球，也让人去学习。"因此大部分学者认为唐太宗时期是马球出现的时候。根据史料记载，唐朝的马球起源于贞观十五年（641）左右，贞观六年（632）之前，吐蕃还没有与中国有过接触，贞观八年（634），吐蕃曾派使者来朝。弄赞的求婚失败后，便"勒兵二十万入寇松州"。唐太宗出兵，弄赞"以使者请罪，因请昏（婚），许之"。贞观十五年（641），文成公主在藏大婚，自此，唐朝与吐蕃的关系得以缓和，吐蕃的马球表演也得以传到长安。

唐太宗之所以大力推广马球，很大程度上是因为他了解了马球的运动功能。他认为，马球可以有效地改善骑兵的骑术，增强兵员的战斗力，这也反映了唐太宗对外来文化"兼容并蓄"的正确方针。唐太宗下令学球，开创了唐朝的打球风气，马球作为一项高雅、有趣、富有挑战性的体育项目，在唐代受到广泛的欢迎。唐朝阎宽在《温汤御球赋》中说马球："善用兵之技也，武由是存，义不可舍。"

唐代的人们把太多的情感、太多的理想和太多的追求融入到了打马球中，使马球成为唐代人们精神活动的体现。唐陵壁画《马球图》描绘了一幅惊心动魄的击球画面，描绘了奔腾的骏马，描绘了永不停歇的生命，从而使《马球图》成为唐代社会生活的一种记录。

从《马球图》中可以看出，其中重点画的是争夺球的五名骑者，他们穿着不同颜色的衣服，以区别对手。由于比赛已经进入一种高度紧张的状态，所有人只关注球，我们只能看到打球人的侧面。画面上在高处的人骑着白马狂奔，因为他距离马球很远，无法击打到球，他挥动着手中的棍子，可球却不在他的脚下，他只能继续往前冲！最左边的那个人距离球最远，他用左手指马球，似乎在说："你快点过来，我够不着！"马球在哪儿？在壁画的右边，在一匹红色的骏马后面。骑着枣红马的骑士往后一靠，回头看了一眼，然后举起了手中的球棍，就要转身击球！

这就是《马球图》整体的画面，后面还有十几个人作为背景人物，将画面表现得十分紧张。《马球图》跨越了时空，成为一幅充满生机的千古巨作，成为我们最珍贵的文化遗产。

《狩猎出行图》

《狩猎出行图》也是出土于乾陵陪葬墓章怀太子墓的墓室，长约 12 米，高 2—4 米。壁画中有 40 余名骑手、2 匹骆驼、5 棵树，还有青山，这些骑手是狩猎队伍，身穿胡服，戴着头巾，旌旗飘扬，向猎场疾驰而去。耳边似乎能听见马蹄声、旌旗声、人声、骏马的嘶鸣声，加上随人马奔腾而来的滚滚黄沙以及远处的山林，形成了一幅盛大的狩猎场面。

但是这个场面并不是混乱的，画像上的人井然有序，最前面的是两名随从在探路，两侧是执旗的侍卫，再后面是两匹驮着辎重车的骆驼，还有最后面压阵的随从，这些人的中间是大队人马，他们手持弓箭，架鹰抱犬。最前面的是一名穿着紫色长袍的雍容华贵的军官，他没有带箭，也没有箭壶，最显眼的是他胯下的那匹白色骏马，与一般的骏马完全不同，为了防止马儿在狂奔时相互影响，马匹都剪掉了鬃毛和尾巴，而这匹白色的骏马却披着一头长长的鬃毛，马尾也垂落下来，显然这匹白马是这场盛会的焦点。

根据历史记载，唐朝皇帝喜欢打猎，所以西域诸国都会把猎鹰、猎犬、猎豹送到大唐，经过训练，它们就是助猎的好手。

唐朝的开国帝王靠着文治和武力征服了整个国家，在残酷的战争中，唐政权的主要成员都是身经百战、骁勇善战，喜欢打猎、善于骑射，成为上流社会的主流。唐太宗李世民还将打猎与国家统一、国泰民安放在了第一位，他的人生理念是三乐：天下太平、家给人足，一乐也；草浅兽肥、以礼畋狩，弓不虚发、箭不妄中，二乐也；六合大同、万方咸庆，张乐高宴、上下欢洽，三乐也。

因此章怀太子的墓中有这样的壁画也是理所当然的，或许太子当初就曾这样骑马驰骋过。

《观鸟捕蝉图》

这幅壁画也是出土于乾陵陪葬墓章怀太子墓的墓室，它有2米高，1.5米宽。壁画上画着三名侍女散步、站立的场景，是一幅三人一鸟一树一石一蝉的画面。三名侍女中，居中的一名侍女盘着双髻，身穿一件黄色的圆领长袍，系着一条腰带，下穿黄色裤子，脚上踩着一双尖头软鞋，左手抬起，右手挽起袖子，专心致志地抓着树上的一只蝉。她穿着一身当时最时髦的胡服男装，从发型、衣着、神态来看，她是三人中最年轻的，充满了对生命的热爱和渴望，她的身体语言充满了活力。

左侧的侍女挽着小元髻，穿着一件半臂衫和曳地长裙，右手握着一支金色的簪子，左手托起披帛，正抬头看着天空中的一只鸟儿。她的一举一动，都带着一种雍容华贵的气质，但是她的眼神、表情、身体，清楚地表达出她对自由的羡慕与期盼！右侧的侍女衣着与左侧侍女的一模一样，只是她双手交叉，裹紧了披帛，眼神平静。她的面容虽然清丽，但是能看出她的心像是一口枯井，对周围的一切都失去了兴趣。画家将心境不同的三个侍女结合起来，形成了《观鸟捕蝉图》。

　　这幅画中对虚实关系的把握非常成功，虽然没有画出一寸的城墙，但是我们能感觉到这道城墙的存在；画中没有写具体的时间，但一只小蝉已经表明此时是七月流火。人和大自然之间，以赏鸟、捉蝉为纽带，三名宫女，无论是观鸟、捕蝉、站着，都能用不同的目光和神情，表达她们在深宫里丰富的内心情感。它为灿烂的唐文化增添了一份特殊的真诚，同时也为古墓壁画增添了一幅难得的珍品。

《客使图》

　　《客使图》又名《礼宾图》，出土于乾陵陪葬墓章怀太子墓。唐朝四海太平，万国朝拜，朝贡制度的发展前所未有，设立了专门用来迎接外国使节的鸿胪寺。《客使图》分为两幅，分列在墓道东面和西面，西面的《客使图》中三位鸿胪寺官员正慢悠悠地走着，不卑不亢，带着三位客人，三名特使齐齐行礼，毕恭毕敬，神色间充满了谦卑和期待。

　　最有代表性的是墓道东侧墙壁上的这一幅。

　　三名头戴笼冠的鸿胪寺官员，穿着一身华贵的长衫，手执笏板，三人呈三角状站立，面色平静，似在商讨着什么。第一位使者，从衣着上来看，应该是东罗马帝国的贵宾。要知道，长安与东罗马相隔数万里，一路上更是凶险万分，需要漫长的岁月才能来到大唐！他身着紫色的袍子，圆脸、浓眉、高鼻、阔嘴、卷发，目光中带着不安。第二位使者有一张椭圆形的脸庞，头戴鸟羽冠，穿着宽大的白袍、宽大的裤子、棕色的靴子，束皮带。他的神态温和、严肃、儒雅，据考证，他很有可能是新罗的使者。第三位使者，圆脸，没有胡子，头戴皮帽，外面披着一件宽大的斗篷，下身是一条皮裤，脚上是一双黄色的皮鞋。他身穿冬季服装，估计是来自中国东北的少数民族使者。

　　至于这幅画存在的目的是什么，与章怀太子何干，至今尚无定论，据说是章怀太子接待了这些客人；还有人说他们是来参加章怀太子的葬礼的……这幅画代表着大唐对外交的高度重视，代表着大唐的外交成就，代表着大唐对遥远的友人的尊敬。

无论是章怀墓之《客使图》和《门卫图》、永泰墓之《宫女图》、房陵墓之《男装侍女图》，都能看出唐人对胡人的喜爱。里面有大量的穿西域服饰和胡人服饰的唐人形象。据说唐初的太子承乾被废，有一个原因就是他喜欢穿着突厥服饰，说突厥语。不过后世的诗人，对"回鹘马回鹘装，胡家酒楼有胡姬"的传说，都是歌颂的。

这些壁画与历史记载的制度有很大的不同，尤其是"逾礼"和"辈分"的混乱。这是由于唐代墓葬壁画创作的主体是民间群体，而对宫廷礼仪的认识很少。虽然贵族用壁画来装饰墓室，在唐朝已经形成了越来越强烈的风尚，但是，还没有形成严格的礼制。唐墓壁画的主要特点是再现墓主人生前的场景，主要目的是装饰。由于它的非制度化、装饰性，墓主的人生经验、时代具有差异，使得每一座唐陵的壁画内容都具有不确定、不断变化的特点。尽管墓室结构、壁画布局、题材内容都有一定的规律性，但壁画仅仅是以极其间接、曲折的方式艺术地反映了唐代社会发展的规律，而不是照相机式的实录。

我们也可以看出，尽管这些装饰画都是艺术，但是唐代墓葬壁画中的写实手法更真实、形象地反映了当时的社会习俗和变迁。如对鹤的喜爱，对异域文化的喜爱，女性的审美观念在各个时期的流变，这些都是我们研究唐代社会习俗和风尚史的珍贵材料，而从这些壁画中人物的神情中，我们可以窥见唐人自信、乐观、健康的精神世界。尽管有些内容在唐朝非常流行，并且持续了很久，但在唐墓壁画中却没有见到，或仅见到一些片段，例如唐朝的茶道、酒令等。然而，能够适时地捕捉风俗习惯，恰恰是唐代墓葬壁画的特殊价值，它弥补了民间习俗材料的匮乏。唐墓壁画具有较大的深度和体量，再加上它与社会生活同步、具有新颖性，在研究唐代风俗习惯方面具有不可低估的价值。

这些壁画是墓室装饰的一部分，所以，壁画的布置也很有特色，根据墓室南北宽、东西狭窄的特点，合理地运用了不同的位置，将不同的壁画巧妙地刻画在墓中，达到了出其不意的效果。与墓室、天井、便道、甬道等建筑成分共同组成了墓主人生前所居住的深宅大院。自20世纪70年代初以来，乾陵唐墓塑像的复制品已漂洋过海，赴世界各地进行了20多次的文物外展，无论去到哪里，都令人惊叹不已，特别是《马球图》，此图复制品曾被中国政府当作贵重礼物送给奥林匹克委员会。《观鸟捕蝉图》是我国著名的歌舞作品《仿唐乐舞》中的重要内容。这就是"古为今用"的一个很好的例子。

无论如何，这三处壁画的共同特征是：构图完整、画面恢宏。它为中国古代艺术史添上了不朽的篇章，是研究唐代服饰、图案等内容的重要文献。

三、唐三彩俑

唐朝当时经济繁荣昌盛，文化艺术竞相争辉。唐三彩是在此期间出现的一种彩陶艺术，其艺术特色在于造型逼真、色彩艳丽、充满生机。它有黄、绿、白、蓝、赭等多种釉色。"三彩"意为五彩缤纷，并非专指三色，因为它在唐朝盛行，所以唐三彩的名称就是这样来的。唐三彩距今已经有1300多年的历史。唐三彩吸取中国传统绘画、雕塑等工艺美术的特色，采用堆贴、刻画等装饰图案，具有强烈的线条感。陶坯上的彩釉，在烧制过程中经过化学的改变，自然地垂下，相互渗透，颜色自然和谐，花纹流畅，是中国特有的手工艺技法。它的造型多种多样，以动物居多，一般可以分为动物、生活用具和人物三大类，比如陕西历史博物馆收藏的唐三彩驼马载乐俑等。

武则天陵密码

20世纪以来，陕西、河南等地出土了大批唐三彩，唐三彩是唐代墓葬中最具时代特征的一种陪葬品。如陕西历史博物馆收藏的三彩女立俑，其形象生动、服饰纹理流畅、釉面光洁、活灵活现。唐睿宗时期就有官员上书说："近者王公百官，竞为厚葬，偶人象马，雕饰如生。"这里说的"偶人象马"就是唐三彩。

高宗晚期至安史之乱之前，唐三彩在陵墓陪葬品中所占比例很大。开元年间（713—741），盛极一时，社会经济、手工业得到了极大的发展。在这样的环境下，大家都追求奢侈，尤其是厚葬之风盛行，唐人对坟墓奢华的追求都被唐三彩所满足。唐三彩色彩绚丽，造型逼真，具有金银般的色泽，与唐代的审美相吻合。

唐三彩的出现，与中国古代兵马俑烧制的发展有着密切的关系。汉、魏、六朝墓葬中都有彩绘的陶俑，但其工艺水准远低于唐代。这种廉价而没有艺术美感的陶俑，自然不会被唐人所喜爱，最终被唐三彩所代替。唐三彩是一种低温釉陶器，它的制作工艺要比低温铅釉陶复杂得多，要经过陶土的筛选，然后再进行二次烧制。另外，有些唐三彩的釉料是非常珍贵的，比如蓝色的釉料大部分产自波斯，所以价值很高。当然这也是唐朝厚葬之风的体现。

但是盛唐以后，三彩文物的数量锐减，穆宗墓中只有一件三彩文物。可见盛唐以后，三彩器在古墓中的数量明显地减少。那么，为什么唐人喜欢的唐三彩，在盛唐以后却是越来越少，甚至最终消失？

在经历了安史之乱之后，一方面，人们对"死"有了更为深切的理解，更注重活着的人之间的关系；另一方面，由于唐朝受儒家思想的影响，人们非常重视孝道，因此，大型的丧礼能够使"孝子"在社会上得到良好的口碑。在这种文化环境的作用下，丧葬仪式的重点转向了"丧礼"和"祭礼"，陪葬物品的重要性逐渐降低。

安史之乱之后，唐王朝的经济力量和社会财富的大量流失，与唐三彩的消亡大致是同步的。唐三彩的消亡与其有一定的关系。中唐以后，陪葬品中瓷器的比例逐渐上升，到了晚唐时期，瓷器才是陪葬的主体。由于技术的进步，陶瓷的制造成本也降低了。

唐三彩的消亡，是厚葬形式变化的体现，也是人们生死观念的一种变化。但不可否认的是，唐三彩在丧葬文化中占有重要的地位。

随着乾陵陪葬墓的发掘，出土了数量众多的三彩俑、三彩马、三彩骆驼、三彩生活用具等。形态各异的三彩俑，表现手法和逼真程度都很高。人物与动物的形体都保持着精确的比例，形体浑然天成，线条流畅，栩栩如生。

比如章怀太子墓出土的三彩女俑，身高将近30厘米，梳着高螺髻，头部与体长比例为1∶6，整体看起来很苗条。男俑的体型比例为身体是头颅的七倍，除了头巾略高一些，其他部位都很符合人体比例。

章怀太子墓中出土的一对天王俑高100多厘米，红色胎，胎上施白色化妆土。天王为佛教的护法之神，在古代，大型寺院的前院都有天王殿，供奉天王，各天王形态各异。这尊俑头戴盔甲，足蹬尖履，怒目圆睁，半握拳于身前侧，脚上踩着一个趴在地上的小鬼。小鬼尖头大耳，两只爪子抓着高台边缘，拼命地想要爬起来。天王俑全身涂满了绿、黄、赭色的釉，互相交融，形成了一种五彩缤纷的美感。只是脸上没有釉面，只涂了一层化妆土，但头顶的釉料却是自然而然地流了下来，遮住了一部分脸。

如今，人们谈到唐三彩时，往往只谈其绚丽的釉色和奇特的形制，鲜有人提及其彩绘工艺。这对天王俑乍一看肯定没有任何装饰，但如果仔细看的话，就会发现其中一尊天王雕像的面部覆盖着一层淡淡的白色的东西，似乎是用来修补古物的。石膏层上用毛笔勾勒出一条细黑线，描绘出天王的眉毛，凸出的眼珠也被画成了黑色。天王像的脸部贴着的不是泥巴，唐朝的工匠在天王的脸部涂上一层白色的粉末，用以打底，遮住脸部的青釉，方便用画笔作画。

这尊俑身材魁梧，面目狰狞，给人一种极度神秘、威武、奇异的感觉，极富艺术气息。唐陵中常有天王俑、镇墓兽、十二生辰俑，它们的功能就是驱除墓穴中的邪恶。唐代前期，通常仅有武士俑，高宗时期出现的天王俑，它们的形象都是脚踩着卧兽。武后及中宗时除了有脚踏卧兽的，还有脚踩着俯卧小鬼的。玄宗时期多为脚踏蹲坐小鬼，到了德宗以后，天王俑的造像就越来越马虎了。

事实上，乾陵的唐三彩俑中大部分都是彩绘的，特别是脸部的头发、眉毛、眼睛，这些俑都是用红色的颜料勾勒出唇形。唐三彩多在俑头、面部彩绘，也有在面部涂上白粉后彩绘的，彩绘后的俑形象生动逼真。另外，还有一小部分的马身用黑色的颜料来表现其细节。由于一些三彩俑在制作过程中并没有出现束带、花饰等图案，所以唐代的工匠们就用画笔画出了马头、马身束带和花叶形马饰，昭陵唐三彩中也有这样的技法。

1972年懿德太子墓出土了一件骑马俑，武者全身有棕白两色的绞胎纹，腿部的木质花纹与马匹的纹路相连接，线条圆滑、厚实。不过，从马肚子上的圆形孔洞来看，釉层只是薄薄的一层，而器胎则是一片纯白，是一种"仿绞胎"的釉下彩。

乾县民间艺人于1974年首次利用小型窑炉进行仿造，取得了一定的成功。唐三彩的复制传承了传统的造型、制模、施釉、烧窑等技术。仿制品造型逼真、工艺经典、色釉古色古香、釉质细腻。仿制品有：贴花三彩马、三彩骆驼、端杯侍女像、乐使俑、三彩武则天。

乾陵唐三彩艺术形态很好地体现了当时的社会特点，对研究这一时期的文物具有重要的价值。乾陵唐三彩有很多特色，可以组织人手，全方位地去研究、探索，从中找到规律。乾陵唐三彩是西安地区唐三彩的一部分，与洛阳的唐三彩相比，是两种截然不同的艺术风格。在造型上，乾陵的唐三彩更为丰富、夸张，寄托了作者丰富的情感；洛阳唐三彩的造型精确、匀称，与真实的生活十分相近。从色彩上来看，洛阳唐三彩胎体呈黄色，色泽艳丽，表面光洁，而乾陵唐三彩则稍黑，色彩绚丽，古色古香，显示出唐代的两种艺术风格。

乾陵陪葬墓出土的唐三彩，形制精美、釉质纯净、形体逼真、姿态万千，是中宗李显时代最具代表性的三彩俑。我们可以看到，这个时代的画家擅长从现实中提炼材料，捕捉物体的瞬间特点，使物体的形体和精神都得到了充分的体现。这个时代的大部分艺术品都带有浓郁的生活气息，这在石刻和壁画中也得到了充分的反映。

第七章

千年无损，万年寿域

乾陵有如此多的宝藏，自然不会逃脱被盗墓的悲惨命运，盗墓是指在墓葬中或在墓穴中偷取随葬品或挖出死者遗体的活动。到春秋时代，"礼坏乐崩"，厚葬风气开始兴起，盗墓活动也随之盛行。墓葬被毁的现象至今还存在。据史料和民间传说，乾陵被盗过很多次，据统计，有记录的盗墓贼有17人，有朱泚，有黄巢，有温韬，有史籍上没有记载但流传最广的梁永和孙连仲。但受限于历史资料，盗墓贼盗墓是不是真的，很难分辨，所以到现在还没有定论。下面介绍几个比较出名的乾陵被盗事件。

一、朱泚掘陵说

最早一个盗乾陵的是朱泚（742—784）。从出生年月可以看出，他生活在唐朝中期，而他盗掘乾陵这事在史料上是有记载的。

《太平御览》中记载了唐德宗的诏令，其中有"朱泚反易天常，盗窃名器，暴犯陵寝"。《旧唐书》中也说朱泚攻打奉天城的时候"据乾陵作乐，下瞰城中，词多侮慢"。还有《资治通鉴》中记载"斩乾陵松柏，以夜继昼"。

不过，也有人反驳，朱泚没有理由去盗乾陵，那是因为当时双方都在打仗，急需人手，朱泚若是还去盗墓，那就有些不合常理了。

那么朱泚到底是什么人，当时又发生了什么事，为什么会有人说他去盗墓了呢？

朱泚，生于幽州昌平（今北京昌平以南），是唐朝中期的一位将领，也是叛臣。朱泚在父亲的庇佑下参军，武功平平，表面上看起来慈眉善目，实则心狠手辣。但他从不吝啬，十分慷慨，每一次战斗，都会将自己的战利品分发下去，所以他的部下对他很忠诚。

最初朱泚是李怀仙的手下，大历三年（768），幽州兵马使朱希彩击杀了李怀仙，朱希彩成为了卢龙节度使。他很信任朱泚，因为朱泚与他同姓。可是朱希彩在大历七年（772）被他的手下所杀。那时候，朱泚在城北，他的弟弟朱滔率领一支军队，秘密在军中宣扬："节度使非朱副使莫属。"众将一开始还有些不知所措，听到这句话，就都想起了他，便拥立朱泚为节度使。于是朱泚接受了这件事，向朝廷禀告。

大历八年（773），朱泚命弟弟朱滔率兵赴甘肃的泾州，以抵御吐蕃的入侵。幽州的军队，自从安禄山叛乱之后，就很少为朝廷所用了，朱泚的这一举动，让唐代宗大加赞赏，还亲自下旨，对他进行了奖励。

大历九年（774），朱泚升为检校户部尚书。那时候，河朔三镇虽然臣服朝廷，但从来没有人入朝觐见，朱泚第一个提出了入朝的请求。代宗欣喜若狂，下令建造府邸等待朱泚。七月，朱泚途经河北蔚县的时候，突然病倒。当时军中的将领们都劝他先回幽州，等病好了再说。朱泚却说："即便是死，我也要带着我的尸首回朝中。"九月，朱泚抵达长安，万民蜂拥而至，代宗在延英殿举行了盛大的宴会，对他的嘉奖十分丰厚。

朱泚入朝之后，弟弟朱滔负责幽州的军事事务，同时也在削弱朱泚的势力。朱泚知道自己失去了军权，所以选择留在京城。于是代宗委任朱滔为卢龙节度使，汴宋和淄青边境的边军由朱泚统管。

在将近十年的时间里，朱泚一直在晋升，也深受皇帝的信任，可是到了建中三年（782），曾经背叛他的弟弟朱滔在幽州谋反，在反叛之前向朱泚发出密函，被河东节度使拦截，上报给朝廷。朱泚吓得魂飞魄散，连忙向朝廷请罪。这个时候的皇帝是德宗，德宗安慰他说道："你弟弟远在万里之外，你们不可能共同谋划，这也怪不得你。"不过，朱泚仍被革职，继续留在京城，为了安抚他增加了他的食邑。

建中四年（783），泾原兵变，德宗逃往奉天。有人对众叛军说道："现在军中无将，此事只怕难成，朱太尉深居简出，我们便以他为尊。"当下命人去接他。当天晚上，朱泚张着火把，带着一群护卫，走进了含元殿，并设置警戒。翌日，朱泚搬到了白华殿，宣布道："泾原将士久居边关，不懂礼节，随意出入皇宫，吓得陛下东奔西走，朱太尉已暂时统领六军。所有拿到俸禄的人，全部都要去追随皇上，不能去的，可以来我这里。三日之内，若有上报不实之人，一律斩首。"其实这话里已经有让大臣追随他的意思，大臣们无可奈何，只好去找朱泚。有人劝朱泚前去见德宗，他大为不满，百官又纷纷散去。此时，有人明白朱泚的想法，便陈述古今成败之理，再加上符命之说，说服他登上皇位，朱泚心中大喜。

没多久又有人带着兵投靠朱泚，朱泚觉得自己得到了所有人的支持，便立志称帝。这些人中其实有两人是想要诛杀朱泚，所以刻意说自己是投靠他的。谁知道在见朱泚的时候，他发现其中一人的靴子中有匕首，那人被发现后，抽出匕首对朱泚大喊："反贼千刀万剐！"最后被叛军乱刀砍死了。

十月八日，朱泚由白华殿入宣政殿，成为皇帝，定国号为大秦，改元应天，册封百官，封侄子为皇储，遥封弟弟朱滔为冀王、太尉、尚书令、皇太弟。朱泚为斩草除根，斩杀郡王、王子、王孙77人，将长安的宗室杀尽。

朱泚率领大军，向奉天进发，说是迎接德宗，其实是攻打奉天。他所用的仪仗、随从、车辆，密密麻麻，宛若蚂蚁一般，浩浩荡荡。虽然如此，朱泚在奉天城外便被击退了。翌日，朱泚在乾陵扎营，察看奉天的战况。也就是这个时候传出他盗掘乾陵的消息。

十一月三日，朱泚打赢一场仗，更是骄狂。但是随后他就多次受挫，朱泚逼着百姓们填了战壕，连夜攻城，却始终攻不下，只能退走。

十一月十五日，朱泚军制造了一架云梯架在奉天城墙的东北角，引起了全城的恐慌。城内将领命人点燃了云梯，这时风势一变，熊熊烈火直冲朱军而去。官军乘胜追击，从三个城门杀了出来。朱泚又被打得落花流水，奉天之围被破。

十一月三十日，朱泚逃回长安。那时候，城中布置了防御木栅栏、投石器械，朱军将所有的百姓都集中起来，进行训练。朱泚回来后，立刻下令撤除这些东西，并告诉大家打仗的事他自有打算。朱泚每隔三五日，就会让人佯装出一副从城外回来的样子，满城奔走，到处高呼："奉天已破。"这是为了让大家觉得他很厉害，树立自己的威信。但是并没有什么用，老百姓们知道后，都偷偷哭泣，大街小巷一片寂静，没有人出来庆祝。当时，朝廷里只有十几个小官员、六七个郎中员外，朱泚让人按照惯例推荐官员，刚开始还有几十人递交推荐文书，十几天后也都渐渐隐退了，没有人支持朱泚。

兴元元年（784），朱泚改国号为汉，改元天皇。不过他当皇上的日子没有多久，就被德宗的部下击败。长安被收复，他在西逃的路上被斩杀，时年43岁。

以上就是朱泚的主要人生经历，可以看出如果是朱泚盗掘乾陵的话，这事更有可能是在他称帝以后发生的。在称帝之前，朱泚并没有时间去盗乾陵，也没有什么原因和人手来盗掘乾陵。

而朱泚在称帝之后也不大可能盗掘乾陵，在《资治通鉴》中有一段记载，他称帝后，确实有人向他提建议："陛下既受命，唐之陵庙不宜复存。"就是说你成为皇帝，唐朝的陵园就不应该存在了，那么朱泚是怎么回复的呢？他说："朕尝北面事唐，岂忍为此！"我曾经是唐朝的臣子，怎么能忍心做这种事呢？

到底是不是这个原因我们不知道，但是我想朱泚之所以不愿意破坏唐陵，是因为他害怕自己死后，会有人像他一样，把自己的坟墓掘了。当时处在唐朝中期，社会并不稳定，朱泚也不确定自己这个皇帝能当多长时间。王朝更迭频繁，所以对前朝留存的陵墓，都是非常尊敬的，有些时候还建立了专门的机构来保护陵墓，就算不保护，也不会下令破坏。

而且从根本上来说，朱泚并不需要去挖乾陵。大部分盗墓贼都是为了寻宝，或者是为了泄愤，相对来说为了钱财宝物的盗墓贼更多。这也可以理解，在那个战火纷飞的时代，人们吃不饱穿不暖，杀人夺宝都是家常便饭，更别说盗墓了。至于盗墓泄愤的例子并不多见，最有名的莫过于伍子胥掘楚平王陵了。这是因为楚平王杀害了伍子胥的父亲和哥哥，二人有很深的仇恨。这些对于朱泚来说，都不会成为盗乾陵的理由，他登上帝位后，手握重权，国库和百姓的财富都取之不尽，不会为了钱财盗掘皇陵，也不需要发泄怒火。

从时间上来说，朱泚当时正在与唐军打仗，而且接连吃败仗，正是关乎存亡的关键时刻，连自己的命可能都要没了，并没有时间盗掘皇陵。盗窃名器，暴犯陵寝，可能指的是他自称皇帝，砍伐乾陵树木、移帐陵寝的意思。

二、黄巢盗陵说

第二个流传比较广的就是黄巢（820—884）盗陵。这在史料上也是有记载的，比如《旧唐书》记载："其时黄巢残凶，才及二万……今则园陵开毁，宗庙荆榛，远近痛伤，遐迩嗟怨。"明代赵弼所写的《雪航肤见》中说黄巢发现了武则天的墓，还将尸体挖出来了。

这件事不但有记录，还有传说，相传武则天死之后，化身为神，镇守梁山。每当盗墓贼掘墓时，都会发出一声惊天动地的咆哮，把盗墓贼们吓跑。唐代末期，黄巢率40万士兵去盗乾陵，在即将挖掘的时候，一场突如其来的风暴袭来，让他们想起了"姑婆显灵"的传闻，纷纷四散奔逃。甚至现在还有"证据"，在陕西省乾县城北6公里的梁山主峰西侧有一条"黄巢沟"，说是黄巢盗墓的时候留下的40米深的沟。

黄巢到底有没有盗墓？要回答这个问题，我们还是先从了解他本人开始。黄巢，曹州冤句（今山东菏泽）人，家里世代经营私盐生意，家底丰厚。他的剑术、骑术、箭法都很好，文采也很好。5岁的时候，在爷爷的身边服侍，此时已经能作诗了。但是黄巢成年之后，考了好几次秀才，都没有考上，所以他在愤怒之下，写了一首《不第后赋菊》，然后离开长安，继承了家产，成为了盐帮的头目。

乾符元年（874），全国多地遭受了洪水和干旱的侵袭，其中河南受灾最为严重。颗粒无收，秋天几乎没有作物，冬天也没有蔬菜。可是唐懿宗之后，一直不停地用兵，而且赋税很重，各地又不上报灾情，导致民不聊生，无处可告。

各地百姓走投无路，随后一些私盐贩子便聚集了百姓揭竿而起，这些私盐贩子里面就有黄巢。乾符四年（877），诸将推举黄巢为黄王，号称"冲天大将军"，改元王霸。并在河南和山南一带，招揽十余万人，在淮南横行。

黄巢率兵北上，直捣浑城，三日不能攻下。黄巢暗中潜入城内，被一位老者所救。老者把攻城之法说了出来，黄巢很是感动，便说："老先生，你家有没有红纸？你去买些红纸，做个灯笼，正月十五挂在屋檐上。"黄巢一走，老者就向街坊们报信，没过多久，城里的贫苦人家就都知道了，各家各户都用红纸做灯笼。到了夏历正月十五日夜，黄巢率五千精锐，摸过护城河，依老人所说之道，悄然入城，一响号角，内外合围，城门被攻破，黄巢军入城！这时候，贫苦人家的房子里都挂起了红灯笼，所有悬挂着红灯笼的地方，叛军都不能进入；没有灯笼，叛军就闯进来，捉拿那些贪官污吏和土豪劣绅，一夜之间，就把他们杀得干干净净。第二日黄巢又打开了粮仓分粮，并将200两银子交给了这位老人。从此，每逢正月十五，各家各户都要挂上红灯笼。

广明元年（880），黄巢带兵进入长安，于含元殿即皇帝位，国号"大齐"，建元金统，大赦天下。黄巢心狠手辣，心胸狭窄，好滥杀无辜，攻占长安后，却没有上进心，没有剿灭关中的禁军，也没有制定出新的财政政策，最终被唐军打得落花流水。中和四年（884），黄巢败于狼虎谷，被杀死。唐僖宗于中和四年（884）秋七月，在大玄阁举行了受俘仪式。节度使奉上了黄巢的头颅，还有二三十名黄巢的妃子。僖宗问道："尔等皆是名门之子，世世代代受过国恩，何必随贼？"为首的妇人说："贼寇逞凶叛逆，朝廷中那么多人都没有办法，如今陛下却来责备一个女人？设置的公卿大臣将帅在什么地方呢？！"唐僖宗不再多言，命令斩杀她们。临刑之前，官员怜悯那些女人，让她们喝醉了再处决，姑娘们痛哭流涕，喝得酩酊大醉，很快就死了，只有为首的妇人不哭不闹也没有喝酒，从容就死。

后来昭宗天复年间（901—904），黄巢的侄子黄皓率领余党，号称"浪荡军"，在湖南被伏击，结束了唐朝末年的农民起义。

这是关于黄巢的大概经历，总体说来黄巢起义是农民起义，起义队伍中集聚了一些穷苦农民，所以在黄巢行军打仗的过程中，粮草是一大难题。造成这场起义的最直接原因，就是连年的饥荒，人们没有足够的食物，只能跟着黄巢一起造反，黄巢是私盐贩子，所以最初他是有一些粮食的。

黄巢是没有时间，也没有动机去挖掘乾陵的。

　　黄巢跟随王仙芝起义之后，就一直在长江和淮河一带作战，直到攻破潼关，才进入长安，这段时间内，他根本不可能去关中乾陵。在当上皇帝的这段时间里，也不会派遣人手来挖掘乾陵，他已登上皇位，已掌握了唐朝的国库，不必再从唐陵中挖出宝藏。此外，史书上记载，黄巢从长安逃到商山时，为了拖住追兵，不惜舍弃金银，任由唐军抢夺。由此可见，黄巢并不缺金银珠宝。

　　后来唐军发动了反击，黄巢从长安撤退，向东进发，在河南的淮阳，打了很长时间，弹药耗尽。在内忧外患之下，军队中甚至有过抓人为食的事情。黄巢起义军最缺乏的就是食物，而乾陵没有这样的物资，因此，起义军在乾陵的时候，没有理由去偷盗墓穴。虽然有些人觉得挖墓可以得到大量的金银珠宝，可以作为军需，但是在那个时候，粮草紧缺，就算黄巢有机会盗墓，得到大量的宝物，也很难解决起义军粮草的问题。更何况盗墓也需要人力，大家都已经饿得吃人了，哪有力气去盗墓呢？

　　再后来黄巢逃出，向东而行，被唐军追杀，狼狈不堪，也许是恨透了唐僖宗，也有可能想要把他的祖坟都给拆了，但那时最重要的是逃命，没有时间也没有人力绕过这条路去挖掘乾陵。综合来看，黄巢并不具备盗墓的时间，也没有与之对应的动机。

　　我们虽然在《旧唐书》中看到了一句"其时黄巢残凶，才及二万，……今则园陵开毁，宗庙荆榛，远近痛伤，遐迩嗟怨"，这是高骈（821—887）失去了兵权，心中愤怒，命门客代笔的折子，当时他们都在淮南，对关中的事情并不是很清楚。而且后来僖宗指责他"指陈过当"。高骈的话，恐怕是不真实的。所以其实黄巢盗陵一事没有任何官方记载。《旧唐书》《新唐书》《资治通鉴》等最有价值的文献，都没有直接记载此事。如果说黄巢曾经盗过乾陵，那么正史是绝对不会错过这样的大事的。况且，若当年黄巢盗乾陵，那么唐僖宗必然会在镇压起义军之后，命人将其修补。但实际上，僖宗并未颁布任何关于重修陵墓的法令。

武则天陵密码

　　而前面说过的《雪航肤见》是一本史论书。史论书就是按照时间的发展选取史书中的事件，对其进行评述。这本书中有关黄巢盗乾陵的记载，大概内容就是说："武则天死后，中宗、安乐公主、太平公主，将珠玉研成粉末，用水银调和，将银玉浆灌入武则天的腹中。即使过了一年多，武则天的尸体仍是花香扑鼻，宛若活人。吕后死后，也是这样打扮的，埋葬后被赤眉贼盗墓，玷污了她的尸体。武则天杀害唐宗室、官员、百姓不计其数，比吕后还要恶劣十倍。黄巢入长安，盗掘了乾陵，见武则天的妆容与活人一模一样，竟然玷污了她。呜呼！从周、秦、汉、唐，皇陵无数，陵墓被盗是必然的，汉唐以来，没有听说过后妃尸体被侮辱的。汉武之李夫人，成帝之飞燕，玄宗之武惠妃、杨太真，都是风华绝代，却从未听说过如此污秽的事情。武则天死的时候有 80 岁了，盗贼在她的坟墓中，玷污了她的尸体，就知道是因为她的德行不好……"

　　这本书的作者赵弼生活在明朝，很明显这些内容和民间流传的故事有关，而且他在讲述这件事情的时候，对武则天的行为进行了评价，认为黄巢之所以盗挖乾陵，是因为武则天的德行不好。而对这件事的具体时间并没有记录，也没有详细地去考证，很有可能是道听途说，随口一说。《四库全书总目提要》批评《雪航肤见》"论多迂阔，亦颇偏驳"，所以这本书更多是代表了作者对一些历史的评价，作者作为一个深受儒家思想熏陶的底层士大夫，对武则天的这种违背伦理的行为，除了进行批判，也只能引起无尽的感叹。

　　不过这篇文献，是提出乾陵和黄巢之间有联系的最早的记载。赵弼将一座陵墓和一位历史人物联系起来，为后世编造关于黄巢盗墓的传说提供了依据。现在流传的关于黄巢盗陵的各种传说，都是从这个源头开始的。但此书记录的内容是否能当成证据，却是另外一回事了。

　　关于黄巢沟的由来，有这样一种说法。传说黄巢出动十几万起义军，来到乾陵，然而每次开凿，都会引来狂风暴雨、大地震动。黄巢大怒，将老天爷赐给他的"分土箭"射向陵寝。武则天这时已经化身为"姑婆"，急忙往梁山撒了一把"昆仑石精"，让"分土箭"无法开启陵墓，"分土箭"被老天收了起来。这支"分土箭"本是老天看中了唐的没落和腐朽，赐予黄巢让他与唐划疆而治。黄巢仍不肯罢休，命人再掘，却仍未寻得墓道入口，于是在乾陵西南面留下一条长达四十余米的沟壑，后世称之为"黄巢沟"。很明显这也是一段传说。

不过黄巢沟也有可能是"荒草沟"，秦地方言中的 cháo、cǎo 是不分的，所以可能是误传。关于"姑婆显灵"的民间说法，也是虚无缥缈的，不可信。

总之，并没有确凿的证据说黄巢盗乾陵。

三、温韬盗陵说

提到盗墓贼，就不得不说到温韬（？—928），他是五代时梁国人。幼时做贼，服侍过李茂贞，为华原镇将，取名彦韬，之后归顺梁朝，改名为昭图。五代十国时期，他担任耀州节度使，在位七年，利用自己的职权，为非作歹，在关中一带，将唐陵盗了个遍，里面的金银财宝都被他搜刮一空。其中昭陵是最坚固的皇陵，里面有不少古代的典籍，还有钟繇和王羲之的字迹，笔迹都和新的一样。

温韬十分心狠手辣，他和赵岩关系不错，赵岩经常跟在他身边。庄宗进了汴京，赵岩仗着温韬和自己关系不错，逃到了许州，温韬将他带回了府，然后将他的脑袋送到了朝堂上。庄宗同光初年，温韬来朝，郭崇韬说他："此乃盗墓之贼，罪无可恕。"温韬收买刘皇后，被赐国姓，改名叫绍冲，逃过一劫。不过明宗登基后，他被发配到德州，很快就被处决。他对中国的皇陵造成了巨大的灾难和不可逆转的损害，大量的珍贵文物被他私藏或毁坏。

温韬是一个非常狡猾的人。他对王朝的变化都能很快接受，谁的力量大，他就会依附于谁。但这也是乱世中唯一的活路。中国历代都有忠贞之人，温韬却不愿意这么做。温韬之所以会死，主要在于他盗墓的恶名。他的反复无常，也让皇帝很不喜欢。他有大量的财宝，可以收买皇后，但最后还是死在了明宗手中。在旁人看来，他就是一个叛徒，今日能跟随大梁，明日便能跟随大唐。今天能偷先皇的陵墓，明天就能偷我的陵墓，这种人在关键时刻或许有用，但绝对不会让他在时局平定后活下来。

关于他盗乾陵的事在历史文献上有很多记载：

《新五代史·温韬传》："韬在镇七年，唐诸陵在其境内者，悉发掘之，取其所藏金宝……韬悉取之，遂传民间。惟乾陵，风雨不可发。"

《旧五代史·温韬传》："（温韬）为耀州节度，唐诸陵在境者悉发之……"

《资治通鉴》："华原贼帅温韬聚众，唐帝诸陵发之殆遍。"

《考古编》："史载温韬概发唐陵，独乾陵不可近，近之辄有风雨。"

据史料记载，温韬是中国古代最大的盗墓贼。民国时期的孙殿英与他相比，简直是小巫见大巫。温韬盗墓的数量，在历史记载中是最多的。在他担任节度使七年间，居然将唐陵几乎盗遍了，据说只有乾陵没有偷盗成功。温韬与传说中的黄巢一样，率领数万大军，在光天化日之下开凿乾陵，不料三次都遇上了狂风暴雨，大军一退，天色立刻放晴。温韬不明白这是为什么，但这令他心中充满了恐惧，不得不放弃了继续挖掘的想法。乾陵这才躲过一劫。乾陵能安然无恙，全靠那诡异的天气，这与前面所说的"姑婆显灵"有异曲同工之妙。

温韬对中国皇帝陵墓造成了毁灭性的不可逆转的损害，很多有价值的文化遗产都被他摧毁了。所以史学界和考古界一致认为，温韬是中国盗墓史上最危险的一个盗墓者，他犯下了千古罪孽。温韬都是大白天地带着士兵盗墓。在那个时代，盗墓是重罪，五代时中国社会虽有动乱，但在普通民众的心目中，这是不可饶恕的。唐太宗李世民去世后，将大量著名书法家的书法作品，如《兰亭序》，带入昭陵。可笑的是，温韬对书法一窍不通，当他从昭陵带出一大堆字画时，看中的并不是什么名贵的字画，而是那些挂在外面的精美丝绸。他让人将所有的丝绸都扯了下来，然后扔掉了作品。历史学家们猜测，王羲之《兰亭序》的真迹很有可能被温韬毁掉了。但令人费解的是，温韬曾逐一登记盗得的宝物，其中却无《兰亭序》。后人怀着一种美好的愿望，期望武则天的陵墓里有《兰亭序》，果真如此，这是中华文化的一大幸事。

温韬虽然偷过唐陵，但也只是偷了一部分。根据唐陵的位置分布，有4座位于蒲城，这里并不是温韬的势力范围。所以温韬盗了其他14座唐陵，所盗唐陵数量不到17座。因此，《新五代史》中说17处唐陵被盗，只有乾陵没有被盗的记录是不可信的。

另外，《宋会要辑稿》中记载，北宋开国之后，赵匡胤就决定对历代帝王的陵墓进行修缮。诏令州县对历朝历代皇帝的陵寝进行调查，发现在战乱中，"关中十八陵"中有12座皇陵被盗，被盗的陵墓中是没有乾陵的。关中唐十八陵被盗的情况在历代史籍中虽然有记录，但也难免有所遗漏。因此，有些问题到现在还不清楚。但是，如果只从乾陵的角度来看，根据历史资料和现场调查，可以得出的结论是，乾陵并没有被温韬盗掘过。

四、孙连仲盗陵说

孙连仲（1893—1990）盗乾陵的这个说法就离现在比较近了。

孙连仲为河北雄县人，幼年在保定中学读书，毕业后进入冯玉祥的部队，先后担任连长、营长、团长等职务。孙连仲是冯玉祥的"十三太保"之一，是著名抗日将领，由于台儿庄战役而闻名海内外。据说孙连仲曾盗过乾陵，这一说法的来源已经无法查证，现在流传最广的说法是：1960年3月，中国科学院院长郭沫若到乾陵参观。这期间，与地方官员说起孙连仲盗墓的事。

民国初期，军阀混战，盗墓盛行。孙连仲想效仿盗墓将军孙殿英。孙殿英是个土匪，不识字，没有立功，赌技十分好，他是国民革命军第十二师的军长，后来被人讥讽为"盗墓将军"。孙殿英盗掘了清朝乾隆和慈禧的陵墓，赚了一笔横财。孙连仲率领一支部队，在乾陵附近埋锅造饭，安营扎寨，借着军事演习的名义，让工程兵们用高爆炸药，把乾陵墓道顶部的三层岩石炸了。但就在这时，一阵阴风吹来，天空一片漆黑。紧接着狂风席卷而来，现场的十几名士兵被狂风卷起，在空中翻滚了数圈，然后被狠狠地甩到二十多里外的一片荒原，纷纷吐血而死。孙连仲知道这是"姑婆显灵"，便去买了些果子和肉饼，在墓前拜了一拜，下令退兵。

但是，孙连仲盗墓的说法也存在着极大的疑点。

由于没有任何文献记载，郭沫若在1960年参观乾陵时，孙连仲盗墓一事是郭沫若提出的还是地方官员讲述的，就无从得知了。但无论是谁首先提出的，他的盗墓行为都没有在历史记录上出现过。如果孙连仲盗了乾陵，那么具体是在什么时候？根据孙连仲的生平，他是没有时间来到乾县盗墓的。

在中华人民共和国成立以后，有关部门对乾陵进行了一次试掘。从试掘的结果来看，乾陵并没有被盗。乾陵的墓道全用石条封砌，每条石条都用铁钉或铁条连接，并用白铁浇筑，石条连成一片，这与历史上的记载大体上是一致的。另外，经调查发现，墓道上、下段均完好，只有中段上部的石条有轻微的移位和损伤。乾陵地宫开凿于石山的腹中，要想钻出一个新的地道，那是千难万难。同时，对黄巢沟等盗掘可疑点进行了调查，均未找到新的盗洞。对试掘后发现的墓道封口部分破损、次序混乱的现象进行了初步的研究，这很可能是二次启陵安葬武则天时留下来的。总之，孙连仲盗墓的可能性不大。

乾陵以墓主人武则天、高宗李治这中国著名的两位皇帝合葬而闻名于世，但也吸引了无数野心勃勃的盗墓贼。所幸，乾陵足够神秘，足够坚固，历经千百年的风吹雨打，历经人世浩劫，依旧屹立不倒。我们盼望着国家正式开凿乾陵的那一天，届时，乾陵中埋葬着的千古奇珍将会光芒四射，震撼全球。乾陵也会像秦始皇的兵马俑那样，再次创造一个新的奇迹。

五、管理和保护

唐朝时期，最早建立的皇陵距离现在已经有1300多年，最晚建立的皇陵到现在也有1100年左右。唐朝帝陵在这千余年的发展过程中，经历了从鼎盛到衰落的过程。唐朝灭亡之后，唐陵遭到了严重的毁坏，宋、元、明三代唐帝陵虽然得到了有效的保护，但是依然遭到了持续的摧残。

武则天陵密码

　　历代皇帝对陵墓的管理与保护都十分重视，在这一过程中，随着陵寝制度的发展与完善，朝廷对其施行了一套行之有效的管理与保护措施。其保护思想与做法均具有时代特色，并积累了丰富的实践经验。这种管理与保存方式对于如今已是世界文化遗产的皇陵的管理与保护有着重要的意义。

　　乾陵是唐代的一座特殊的陵墓，也是中国历史上最著名的陵墓之一，历来受到朝廷的高度重视。尽管历经了千年的风吹雨打，但陵墓的整体面貌依然比较完好。它是在盛唐前期建成的，那么在建成以后，是如何进行保护和管理的呢？

　　首先唐朝皇帝非常重视本朝的陵寝。先皇过世，继位皇帝都会尽自己最大的努力，以示孝心。不仅建造了宏伟的地宫，还建造了精美的石雕，举行了盛大的葬礼。因此皇帝十分重视对先人陵墓的保护与管理，使得唐陵出现了前所未有的兴盛。

　　历代朝廷都会设置管理帝王陵寝的部门，在先秦的时候就有这样的机构，只是并不完备。到了唐朝，皇帝治理唐陵，主要是通过诸陵署来实现的。

　　唐初设诸陵署，每一座陵署都有一位陵署令，官阶为正五品上，掌管帝陵守卫，设一位官员为副手，官阶为从七品，设一位录事，又有若干陵户。天宝十三年（754），改陵署为陵台，改陵署令为陵台令，各升一阶。这就提高了守护山陵人员的地位。为了保证陵墓的安全，唐代皇帝还下令在陵墓前驻扎士兵，这些士兵都有盔甲和武器，内城中经常有百余名手持长矛、旌旗的士兵，严阵以待。而夜晚巡逻的军队也有几百人。

　　乾陵是唐代最大的陵寝，是最高级别的陵寝，所以有一个专门的"乾陵署"。这是第一个专门负责乾陵的机构，也是乾陵的一个重要组成部分。无论是乾陵署，还是别的陵署，都肩负着保护皇陵、维护皇陵、主持各类祭祀的重任。

乾陵的管理，是一件非常重要的事情，非常的复杂，非常的琐碎。因此，很多事情看似是陵署内部的事情，可是一旦上升到了最高层，就会牵扯到很多部门和官员，各个部门之间的关系处理不好，反而会影响到皇陵的管理。所以，皇陵的管理任务很重，必须要有足够的兵力和人力。乾陵署是负责管理乾陵陵墓的，因此乾陵署并不在长安城，而是在陵墓周围。这样可以方便直接管理陵墓，也可以维护一些特定的设施。

除了设立乾陵署和陵署这样的机构外，还对陵区附近的县做出调整，这也是管理陵区的一个措施。为了供奉诸陵，唐代曾数次调整关中诸县的地位和管辖范围。文明元年（684）以乾陵置奉天县，隶京兆府，直接提高乾陵所在县的地位。这是唐朝加强陵墓管理工作的一大特点，它的主要目的是满足陵墓维修和祭祀的需求，同时也在一定程度上体现了当时的人文思想，并在一定程度上促进了地方经济的发展。不过唐十八陵中只对乾陵和桥陵两座帝陵所在地的行政区进行了调整。

唐太宗、唐高宗、唐玄宗、唐懿宗都曾经亲自拜谒过关中唐陵，以示对帝陵的重视。中国的祭祀，不管是帝王的陵，还是平民的墓，其主要目的都是维系亲族感情、维护死者尊严、端正古礼，这是一种文化的象征。所以从皇帝到百姓，都很重视。而皇帝祭祀则是最高规格的祭奠，意义深远。皇帝拜陵，除了维系亲族感情外，还有外交上的作用，也有一定的政治意义。因此，皇帝亲临陵寝的实际作用大大增强，成为一项严肃而重要的政治活动。唐玄宗曾在乾陵祭拜过，这是唐代历史上规模最大、仪式最隆重的一次祭拜陵寝活动。

除了皇帝亲自拜陵，还有一种公卿巡陵制度，就是皇帝不亲自去，但是派人去看一看陵寝的情况，以表示重视。《唐会要》卷二十有记载：唐太宗贞观年间以春秋仲月，命使巡陵。在武则天统治时期，每年四季之月及忌日、降诞日都会派遣使者去各个帝陵察看。到中宗的时候，在时间上又有了变化，除去四季之月、降诞日、忌日外，每年正旦、冬至、寒食也都会派人去巡陵。巡陵变得更加频繁，表现了中宗对皇陵的尊重。玄宗开元年间（713—741），每年春秋二时，差公卿各一人，奉礼郎一人，右校署令一人，巡谒诸陵。这种公卿巡陵在仪式上要简单许多，没有众多复杂的程序，只要祭拜的人是皇帝亲自指定的就行，这样也能突出皇帝亲自祭拜皇陵的特殊性。不过由于乾陵中埋葬着两位皇帝，比较特别，所以就算是公卿巡陵，所享受的礼遇、祭拜的规格也是最高的，也更加的隆重，这是任何唐陵都不能比拟的，这就体现出乾陵不同一般的重要地位和特殊性了。

公卿巡陵是唐代的一种明文规定，由朝廷派出官员代表皇帝前往陵寝进行巡视，这是国家祭祀制度中的主要内容和重要形式，仅次于皇帝亲自去陵墓祭拜，是出于朝廷对皇陵高度重视所采取的一种重要措施。

唐朝还制定了向陵寝进献礼物的制度，会在特殊节日或者节气给每个皇陵献礼，如果有一些特殊的东西也会献上去，比如在唐代宗永泰二年（766），就把偶然得到的一只赤兔当作吉祥之物献给乾陵。

另外，唐代皇帝对唐陵的绿化也非常重视，不但不准伐木，还要求每年都要在陵园里种植松柏，以维护陵墓的环境。甚至一些帝王还专门颁布了诏书。唐陵内的松柏很多，看起来很是茂盛，所以唐陵被称为"柏城"。

由于唐朝皇帝对陵墓的建设和保护十分重视，所以唐朝诸陵看起来十分宏伟。另外，如果陵墓遭到破坏，也会立即进行修复。如宝应二年（763），吐蕃入侵京师，并将陵寝烧毁。后来，皇帝下令重建寝殿。唐德宗贞元十四年（798），有朝臣汇报诸陵宫寝宇损坏，唐德宗即刻下令扩建和修缮了献、昭、乾、定、桥、泰、建、元等八陵。不久，"遣右谏议大夫崔损充修八陵使，及所司计料，献、昭、乾、定、泰五陵，各造屋三百七十八间，桥陵一百四十间，元陵三十间，惟建陵不复创造，但修茸而已。所缘寝陵中帷幄床褥一事以上，并令制置，上亲阅焉"。在距离乾陵修建百年之后，又在园内修建了378间房屋，这几乎是最大的一次修缮。这八陵修缮后，满朝文武都喜出望外。

当然，在唐代晚期，由于社会矛盾和国家的衰弱，唐陵逐渐走向没落，不但陵墓的建造无法与唐朝早期相媲美，甚至陵墓的安全性也无法保证。史书记载，吴元济在淮西叛乱，唐宪宗决意要征讨。吴元济命人杀死了宰相武元衡，焚献陵寝宫、永巷，断建陵门戟，这和他暗杀武元衡的目的一样，都是为了逼迫唐宪宗停止对藩镇的进攻。至唐文宗年间，唐陵的建筑再次遭到破坏。太和五年（831）五月，宗正等人请求修献陵、乾陵、定陵、桥陵、泰陵、建陵、元陵、崇陵、丰陵、景陵、光陵、庄陵、惠陵、昭陵。唐文宗下旨："修陵墓之事，极为严肃，简计崇饰，需谨慎，宜命度支郎中卢商、将作少监韦长同往诸陵，将具体情况上奏。"然而后来到底有没有修缮，没有任何文献记载，也没有人知道，多半是如此一说。

关中在黄巢起义以后，曾数次成为战场。关中唐陵一年不如一年，屡遭破坏，地宫更是被毁。唐昭宗天复二年（902）二月己亥，简陵被盗。简陵是唐懿宗的陵墓，建于唐僖宗乾符元年（874），建好三十多年后，陵墓就被盗挖，这意味着大唐再也没有能力保护陵寝了。简陵是关中十八陵中最早失窃的，同时也是唐朝时唯一被盗的一座帝王陵墓。唐昭宗天祐元年（904），朱温破坏长安城，逼迫唐昭宗迁都洛阳，关中一片废墟。这时的大唐，已经被朱温彻底掌控，岌岌可危，陵寝当然是无法重建的。

再后来到五代十国，战乱纷争，根本没有精力去保护和管理唐陵，那些君王可能连自己的坟墓都无法建造。直到宋朝稳定下来，赵匡胤曾派人修缮过唐陵。清代陕西巡抚毕沅曾对十八陵进行整修，竖立题碑。

到了20世纪60年代，郭沫若先生曾经告诉周恩来总理："毋庸置疑，在这座墓中，一定有很多的书法和书籍！如果能把乾陵打开，武则天的百卷《垂拱集》、十卷《金轮集》，都有可能重现人间！或许，还能看到武后的画像，或者是上官婉儿的真迹！惊天动地，惊世骇俗！"

但是，周恩来总理却在这个"石破天惊"的方案上批道："我们不能将善事办完，这件事可以留给后代去办。"

郭沫若大失所望，作了一首诗，表达了自己的惋惜："待到幽宫重启日，延期翻案续新篇。"

而唐陵就在这千年风雨中依然保存着，现在我们要科学地去保护和管理这些文化遗产，尤其是那些露在表面的石刻。

首先，要提高相关部门的重视程度，有关部门可以制定一些有实际意义的规章制度。也就是根据当地的相关条件，对石刻的保护与管理作出特别的规定。其次，在专区设置专门人员，引导游人进行文明游览，尽量减少对石刻文物的损害。要对文物材料的特性可能产生的危害有深刻的认识，评价防护材料的有效性和安全性，应明确其应用原则。最后，在文物保护状况和周围环境的考察与评价中，对石刻的稳定性进行监测与评价也是不可或缺的。

持续进行日常维护，定期监测当地的生态环境，观察文物自身情况，及时消除不安全因素和轻微损害，从而有效防止后续更严重的问题。乾陵石刻自出土以来，在保护和修复方面已有一些成果，各界人士仍须视具体情形，共同努力，共同维护乾陵。希望有朝一日能重现乾陵的辉煌。

第八章

唐十八陵，盛唐巨作

武则天陵密码

　　唐朝一共21位皇帝，其中李显当过两次皇帝，李治与武则天合葬于乾陵，除了唐昭宗李晔的和陵在河南偃师、唐哀帝李柷的温陵在山东菏泽，其他唐十八陵都在关中。关中十八唐帝陵又被称为唐十八陵，是陕西省关中地区唐京城长安（今陕西西安）附近的唐代18位皇帝（如果算上武则天一共为19位皇帝）的陵墓。唐十八陵被国务院列为第五批全国重点文物保护单位。唐十八陵包括：献、昭、乾、定、桥、泰、建、元、崇、丰、景、光、庄、章、端、贞、简、靖陵等18座陵墓。它们分布的位置在陕西省蒲城县（睿宗桥陵、玄宗泰陵、宪宗景陵、穆宗光陵）、富平县（中宗定陵、懿宗简陵、代宗元陵、文宗章陵、顺宗丰陵）、三原县（高祖献陵、敬宗庄陵、武宗端陵）、泾阳县（宣宗贞陵、德宗崇陵）、礼泉县（太宗昭陵、肃宗建陵）、乾县（高宗和武则天乾陵、僖宗靖陵）6个县。

　　唐十八陵东西绵延100多公里。根据宋敏求的《长安志》，昭陵、贞陵方圆120里、乾陵方圆80里、泰陵方圆76里；定、桥、建、元、崇、丰、景、光、庄、章、端、简、靖十三陵方圆40里；献陵方圆20里。

　　唐十八陵陵山十分雄伟，从山顶往南，可以俯瞰整个陵墓，可以看到渭河。当年唐德宗的葬礼有日本使者参加，日本使节去了嵯峨山，目睹了那雄伟的景象，被深深地震撼了，他回国后，将京都郊外的一座山峰取名为"嵯峨山"，太子的宫殿也被称为"嵯峨院"，这位太子后来即位，他就是历史上的"嵯峨天皇"。

　　唐十八陵与渭水汉九陵成平行一线，陵寝依山而建，气势恢宏，围绕着京都长安，与长安城、皇宫，组成了全国最大的唐代文物和文化遗址景区。陕西省于 2014 年启动汉唐帝陵旅游专线的建设。拟申报汉唐帝陵群为世界文化遗产。

下面就简单介绍一下除去乾陵之外的 17 座大唐帝陵，感受一下它们曾经的风采。

一、初唐帝陵

唐献陵——唐高祖李渊陵墓

献陵概况：献陵位于今陕西省三原县徐木乡永合村，是陕西省首批重点文物保护单位。献陵最初并无陵邑，分为内外二城，恢宏大气。李渊的陵墓之所以这样修建是由于当时的经济条件不允许大兴土木。这是唐太宗李世民按照东汉光武帝原陵的规格修建的。

内城四个城门各有一对石虎，南门有一对高耸的华表和石犀，陵寝坐北朝南，有覆斗形封土。献陵的石雕造型各异、气势雄浑。南门外有高大的华表，上面雕刻着蹲着的犼兽，下面雕刻着一条盘龙，用笔十分简洁，赋形又极为生动。八棱形的柱体上刻着各种花纹，给人一种庄严肃穆的感觉。在神道的两边，有一对巨大的石犀。石犀在古代是镇水神兽，古人相信犀牛的犄角是有灵性的，特别是犄角上面有一道白色的纹路，叫作"通天犀"。"心有灵犀一点通"就是从这里来的。城门的石虎高大威猛，足有 2 米多高，双目炯炯有神，四肢粗壮，活灵活现。工匠们以写实的方式雕刻出了野兽的形象，石虎的线条简洁，栩栩如生，没有任何装饰，但充满了野兽的气息，让人赏心悦目。献陵石刻极富初唐特色，继承了前朝的特点，是研究唐代历史的重要实物材料。

当地的农民义务守陵，还在陵园中建造了"唐皇花第"玫瑰园。在陵墓的左边，是一座文物管理所。

史载献陵的陪葬墓有楚国太妃万氏墓、馆陶公主墓、河间王孝恭墓、襄邑王神符墓、清河王诞墓等67个陪葬墓，墓主人都是李渊的妃子、儿女，还有皇家重臣。已发掘或有墓碑者，计有李凤、李神通、李孝同、臧怀恪、樊兴等30多座。这些陪葬墓犹如众星捧月般分散在献陵周围，蔚为壮观，给整个献陵增添了一种别样的气势。

墓主人：唐代开国皇帝李渊（566—635），字叔德，是十六国时期西凉开国君主李暠（351—417）的七世孙，李家世代显赫。

生平：当时李渊结交天下英雄，却被隋炀帝怀疑。正巧，有诏令让李渊前往隋炀帝行宫，他生病了就没有去。李渊的外甥女王氏是隋炀帝的妃子，隋炀帝问她："你舅舅为何不来？"王氏说李渊病了，隋炀帝问："是不是病入膏肓？"李渊得知此事，更加惶恐，于是饮酒作乐，收受贿赂，自污以求自保。后来李渊在平定农民起义的同时，也在不断地扩大自己的势力。李渊的儿子李世民自知隋朝将要灭亡，便秘密地与天下豪杰结交，招纳流寇，广收天下英才。李渊在大业十三年（617）的七月，率领3万大军，以"废昏立明，拥立代王，匡复隋室"为口号，向关中进发。在发布的檄文中，他痛斥隋炀帝轻信流言蜚语、残杀忠臣、发动战争，引起百姓对隋炀帝极大的不满。

李世民于义宁二年（618）被封为秦国公，三月隋炀帝在江都被一名禁卫军将军所杀。隋恭帝在农历五月被逼退位，李渊于长安即位，为唐高祖，国号唐，建元武德，定都长安。李渊任命李世民为尚书令。后来，李建成被立为太子，李世民被封为秦王，李元吉被封为齐王。

唐代开国时，疆域仅局限在关中、河东地区，并未真正称霸天下，李渊时常派李世民、李建成、李元吉等人出兵，逐渐剿灭了各路诸侯。武德四年（621），李世民在武牢关（虎牢关，避李渊祖父李虎讳）一役中俘虏了窦建德，逼得王世充束手就擒。武德六年（623），太子李建成俘斩窦建德余部，将河北的局势稳定下来。唐军又在江南剿灭了辅公祏的力量，一统天下。

李渊登基之后，百废待兴。他在集中力量，统一国家的同时，也在努力加强政权建设。在李渊执政时期，唐朝的政治、经济、文化、军事制度基本形成。

武德九年（626）八月初九甲子日，李渊退位为太上皇，李世民继位。

李渊于贞观九年（635）五月病逝，终年70岁。同年十月，李渊葬于陕西三原县的献陵。

评价：唐高祖起事及统治时期，前有"昏君"隋炀帝，后有明君唐太宗，他在建立唐王朝时所做的一切功绩，都被他的继任者遮掩了。其实，唐高祖举兵反隋时已经50多岁，因此他是一位雄心勃勃、精力充沛、精明能干的领导人。

唐昭陵——唐太宗李世民与文德皇后长孙氏的合葬陵墓

昭陵概况：昭陵坐落在咸阳市礼泉县九嵕山，始建于贞观十年（636），是为了安葬长孙皇后。长孙皇后死前，要求依山安葬。至贞观二十三年（649），唐太宗被安葬后，这座陵寝也就差不多完成了。除了主陵的墓道和地下宫殿，昭陵周围还修建了规模宏大的建筑群。由于有陪葬墓，昭陵陵园持续修建达100多年，在地面和地下留存了大量的文物。这些文物是初唐走向盛唐的实物证据，是我们了解和研究唐代政治、经济、文化的重要历史遗产。

昭陵的设计布局由阎立德和阎立本两位著名工艺家、美术家共同完成。它的平面布局与秦汉的坐西向东、南北朝的"潜葬"制度都有很大的区别，它是按照长安城的规划来建造的。长安由宫城、皇城、外廓城三部分构成，宫城位于长安城的北面，是皇帝的居所，皇城位于宫城的南边，是政治机构，外廓城由东、南、北三个方向围绕着皇城和宫城，是居民区。而昭陵的陵寝位于陵墓的最北边，与长安的宫城一样。在地底，是一座巨大的宫殿，连绵十余里，气势恢宏，在地上城墙围绕着山顶形成了一个方形的城池，四面都有一道城门。

玄宫有五扇石门，中央是正寝，存放棺椁，东面和西面都有一张石床。床上有很多石函，都是陪葬的东西。从墓室到墓口的通道上，用3000块大石砌成，每块重达2吨。昭陵的玄宫修建在九嵕山的南面，占地60公里，在山峰底部修建了一座地宫，这座地宫气势恢宏。

献殿坐落在朱雀门内，是一处祭祀之地，这里曾经供奉太宗的牌位。殿南有一扇大门，里面青砖铺地，墙壁上有壁画。

寝宫为矩形，四周筑有3米厚的围墙，在北面还有一段城墙，使得北面成为一座夹城。夹城中仅存有一座规模不大的建筑遗迹，大多数的建筑遗址都在南边的宫城中。从考古发掘来看，昭陵是目前见到的最早的寝室遗址。昭陵的寝宫曾经被大火烧过，有人说要把它迁到山脚下，所以后人就把它叫作下宫，乾陵和其他陵墓中都有下宫的遗迹。

司马门内列置了十四国君长的石刻像：突厥的颉利、突利二可汗，阿史那社尔、李思摩、吐蕃松赞干布、高昌、焉耆、于阗诸王，薛延陀、吐谷浑的首领，新罗王金德真，林邑王范头黎，婆罗门帝那优帝阿那顺等。

这些石像是在高宗初年所立，体现了贞观时代全国各族团结、唐向西域扩张以及与周边诸国交往的辉煌。这些石像在很久以前就被毁掉了，现在还能看到7个题名像座、几个残体和一些残缺的头像块。这些石像连座有9尺高，并没有超出正常形态，从头像的碎块可以看出，石像中的人物有的眼睛很深、鼻子很高，头发也很卷曲，有的头发扎在头上，有的戴着兜帽，却没有带武器。衣服有两类：翻领和偏襟。

虽然昭陵的地表建筑遭到了严重的破坏，而且多次遭到战争的摧残，但是陵墓中仍然保存着许多珍贵的文物和艺术作品。昭陵博物馆陈列了大量的碑刻，保存了唐代政治、经济等方面的丰富资料，显示出了唐代的书法艺术水准。

昭陵北司马门内东、西两庑有 6 匹石刻骏马的浮雕像，即"昭陵六骏"。六骏名为特勒骠、青骓、什伐赤、飒露紫、拳毛䯄、白蹄乌。现存 4 匹在西安市碑林博物馆，其余 2 匹在美国。昭陵六骏刻于贞观十年（636），均在青石上绘出图案，雕琢出人马形状的半面和细节，并将其凸出，称之浮雕。六骏姿势和表情各不相同，线条简洁而刚劲、气势逼人、形象逼真，充分体现了唐代雕塑艺术的高超水平。据记载，每一块原石的上端都有一首由欧阳询书写、太宗所作的赞马诗，上面还有当时有名的书法家殷仲容的亲笔题字，如今俱不可见，原诗收录在《全唐文》中。

昭陵石刻在类型、造型、题材等方面不取生前仪卫之形，亦无祥瑞辟邪之意，其石刻风格独特，所有石刻都是写实，具有极强的政治色彩。

自唐朝以来，历代帝王都会派遣官员祭祀昭陵。昭陵南面的献殿前面没有多少空地，加上山路崎岖，石头运输不便，因此，历代祭祀都在北司马院里进行，时间长了，大家就习惯叫它祭坛。目前已知这里遗留历代帝王祭陵碑达 30 多座。唐肃宗平定安史之乱后立的碑，是最早的一块。其次是"御制祝文"碑，由明太祖朱元璋在明朝洪武四年（1371）所立。在 30 多座祭陵碑中，清朝康熙皇帝的祭陵碑数量最多，最少有 7 座；其次为乾隆皇帝，至少有 3 座。在中国历代皇帝的陵寝中，只有昭陵后来形成了祭坛。

陪葬墓呈扇形分布，约 200 座，其中有初唐诸王、公主的墓葬，还包括魏徵、李靖、程咬金、房玄龄、尉迟敬德等功臣陪葬墓。此外，还有 15 位少数民族将领的坟墓。

昭陵在中国古代皇帝陵墓中拥有最多的陪葬墓，是唐朝最具代表性的一座陵寝。因此昭陵有"天下名陵"之称。

墓主人：唐朝第二位皇帝李世民（599—649），被尊为"天可汗"。

文德皇后长孙氏在前面已经讲过，不在这里赘述。

生平：李世民出生的时候他的父亲李渊还不是皇上，只是隋朝的官员。他的母亲是北周皇族窦氏。李世民4岁那年，一个会相面的书生来到他家，对李渊说："您是贵人，而且您有贵子。"书生见到李世民后，说："龙凤之姿，天日之表，等到20岁时，必能济世安民。"于是，李渊以"济世安民"给自己的儿子起名叫"世民"。李世民幼时聪慧、果决、不拘小节，受过儒家的熏陶，习得武艺，善骑射。李世民在隋炀帝大业九年（613）迎娶了高士廉的外甥女长孙氏。义宁元年（617），李世民劝其父李渊起兵造反，从晋阳起兵。一年后，李渊建国，但是并没有真正统一天下，所以李世民时常出兵，逐渐剿灭了地方上的藩镇。

李世民从武德元年（618）开始，参加了四次主要的战争。

一是击败薛举，在浅水原一役中，攻灭陇西薛仁杲（薛举之子），以绝西方之患。

二是打败宋金刚和刘武周，收复并、汾两地，巩固北方的统治。

三是在武牢关一役中，歼灭中原两大势力河南王世充、河北窦建德，一举夺下了华北地区的统治权。

四是重创窦建德的残部刘黑闼、徐圆朗。

李世民的声望越来越高，武牢关之战后，他回京的时候，受到长安军民的隆重欢迎。

后来，李世民发动"玄武门之变"，于武德九年（626）八月九日即位，并于第二年改元贞观。

隋末巨大的动乱导致人口大量地减少，至武德年间、贞观之初，人口锐减到了200万户，李世民时常告诫自己以此为戒、勤于治国、整顿吏治。他还致力于恢复文化和教育，稳定了隋末的动乱。

李世民很注重官场的廉洁，他让房玄龄省并冗员，让李靖等13位特使巡视各地，观察地方官员的品行。他还亲自挑选了都督、刺史等地方官员，把他们的功绩记于宫中屏风上，以作为赏罚的依据。他又让五品之上的官员轮值住在中书省，以方便朝堂议事，听取百姓的意见。

在军事方面，李世民曾数次出征，平定突厥、薛延陀、回纥、高昌、焉耆、龟兹、吐谷浑，使大唐的威名远扬。

经过李世民和大臣们23年的努力，社会渐趋安定，经济得到了恢复和发展，到了唐高宗永徽三年（652）人口达到约380万户，奠定了大唐盛世的基础，史称"贞观之治"。

李世民年轻的时候，正值隋末大动荡，他亲自指挥，参与了无数场战争。虽然解决了隋末的动荡，但李世民的身体和精神都受到了极大的消耗，在他年轻的时候或许不会有太大的影响，但是在后来的岁月里，这种症状就会显现出来，这让李世民病倒了。贞观二十三年（649）五月二十六己巳日，太宗驾崩于终南山上的翠微宫含风殿。初谥文皇帝，庙号太宗，葬于昭陵。

评价：唐太宗李世民雄才大略，为中国历史作出了巨大贡献，对此学术界都予以了肯定。李世民是一位杰出的政治家、军事家，他在反隋、建唐战争中发挥了重要的作用，唐太宗"玄武门之变"的胜利，客观上对唐初社会历史发展起着积极作用。唐太宗对少数民族一视同仁，除了征伐蒙古外，对其他民族主要采取怀柔的政治策略。

唐定陵——唐中宗李显陵墓

定陵概况：唐定陵坐落在陕西省渭南市富平县西北的凤凰山。定陵所在的山由三座山梁相连，山梁是由墨绿色的岩石组成，宛如一只展翅欲飞的凤凰，所以才有了凤凰山的名字。

定陵的陵园呈矩形，坐北朝南，东西2公里，南北3公里，周长10公里，地势从南到北有多层台阶，其中陵寝位于最高点。也有四门，为朱雀门、玄武门、青龙门、白虎门。门外各有门阙，朱雀门外有乳台和鹊台。墓前原来有一对天马、三对石马，一块巨大的无字碑、一块由清朝毕沅所立的石碑，北门有一对蹲狮、三对石马。东、西门各有一对蹲狮。这些石雕的形制高大、气势磅礴、工艺精湛。与乾陵等陵墓的石雕作品一样，是我国艺术的瑰宝。可惜大部分石雕作品都已经不复存在了，经过战乱和周边居民的盗掘，墓园和四门石刻被毁。现在只剩下一只石狮和一对石人，东门和北门的石狮和石马都已经破败不堪。也没有王宾的雕像。

定陵也有一块和乾陵一样的无字碑，与乾陵的一样高大，但是被毁掉了。这和当时的政治没有太大的关系，只能说是一种装饰，后来的皇陵也没有再立无字碑，这只能看作是陵制中的一点差异。

《旧唐书》中记载祔葬定陵的有和思皇后赵氏，陪葬者有节愍太子李重俊和节愍太子妃杨氏夫妇，还有宜城公主、长宁公主、成安公主、定安公主、永寿公主以及她们的驸马等。从这些人的身份可以看出来，这些陪葬墓的墓主人都是皇族，并没有大臣。这就反映出此时统治阶级内部并不平稳，君臣之间已经离心离德。随着大唐的没落，定陵遭受了无数的灾难，被烧毁、被掘：

建中元年（780）二月，两次被党项人、羌人、吐蕃人焚烧。

贞元十四年（798）四月，崔损被任命为修八陵使，在定陵修建了380座房屋，并准备了陵寝帷幄诸物。

后梁开平二年（908），在华原（今陕西耀州区）被军阀温韬挖掘。

宋太祖赵匡胤在建隆二年（961）和开宝三年（970）颁布了两道关于修葺定陵的法令。

明万历二十七年（1599）二月，太监梁永巡陕，对历代陵墓进行了一次大扫荡，并搜刮了大量的金银珠宝。

清乾隆四十一年（1776），立了一座石碑，以示纪念。

墓主人：唐朝第四位皇帝李显（656—710），唐高宗李治的第七个儿子，他的母亲是则天顺圣皇后武氏。李治为唐朝的第三任皇帝，武则天并没有算在大唐皇帝中。

生平：李显继位一个月左右便被废黜，先后被软禁在现在湖北均县镇和湖北房县。李显一共被软禁14年，14年来与他的妃子韦氏相依为命。他被囚禁后不久，武则天登上了皇帝宝座，杀了无数的李唐宗室子弟。这十几年来，他一直提心吊胆，经常在睡觉的时候被噩梦惊醒。每次听到武则天派使者到房陵，他都会吓得想要自杀，韦氏安慰道："祸福无常，这是没有常理的，人哪能不死呢，何必惊恐？"从那以后，李显与韦氏同甘共苦多年，二人感情极好。

圣历元年（698）三月，李显返回洛阳，被武则天册封为太子。之后，他一直低调，利用联姻和武家保持着良好的关系。

神龙元年（705），李显登基后即刻册封韦氏为后，还不顾群臣的反对，破例册封了韦后的父亲为王，任由韦后干预朝政，但他对张柬之和其他有功之人，视而不见。韦后对武三思非常信任，因此在朝政中形成了一股影响深远的政治力量。对此李显也没有办法。

结果唐中宗李显于景龙四年（710）六月，因韦皇后与安乐公主的阴谋而死，时年55岁。葬于定陵。

评价：李显成为皇帝之后，他在政坛上一事无成，过着懦弱的生活。北方的突厥人不断入侵，西边的吐蕃军队不断地出兵捣乱，最终中宗不得不将养女金城公主送去吐蕃和亲。这桩婚事与文成公主的婚事是完全不同的。一个是松赞干布主动联姻，显示大唐的统治地位；一个是兵临城下，不得不将自己的女儿许配给别人。好在有贤臣相助，辅佐明君即位。

唐桥陵——唐睿宗李旦陵墓

桥陵概况：唐桥陵坐落在陕西省渭南市蒲城县城西北15公里处，一座名为丰山的地方。这里山势险峻，峡谷连绵，形成了一座又一座的山峰。这里向南广袤无垠，与秦岭山脉遥遥相望，山势雄伟、气象万千。

唐桥陵又名桥冢，桥陵以山为冢，在山腹中开凿了一座地宫，在地面上绕山筑城。桥陵因建于开元盛世，各种设施十分崇厚。据史料记载，当时的桥陵除了9间宏伟的献殿之外，还有若干阙楼、下宫、陵署等，数十年间，已有140间房屋。陵墓内有主文、主乐、主车、典籍等官吏23人，陵户400人，还有专门的士兵守卫。

虽然经历了1200多年的风雨侵蚀，但现存的华表、石鸵鸟、石马、石人、石狮等50余座巨型石雕，仍然栩栩如生。桥陵的石人，都是身材魁梧，身高在3米到4米左右，为诸唐陵之冠，这些石雕大部分都保持完整。石人都是直阁将军装扮，头上戴着冠冕，腰间装饰着飞鹰，脚踩高头靴，双手持剑。他们神情严肃，或眺望远处，或低头思索，不失为艺术珍品。

朱雀门的献殿遗址旁，有一块清乾隆年间陕西巡抚毕沅立的"唐睿宗桥陵"石碑。桥陵的东南方向，分布有大量的陪葬墓群。

天宝十四年（755），杜甫从长安去奉先探亲，他除了作了一首著名的《自京赴奉先县咏怀五百字》，还作有《桥陵诗三十韵因呈县内诸官》。这首诗其中有两句："先帝昔晏驾，兹山朝百灵。崇冈拥象设，沃野开天庭。""石门霜露白，玉殿莓苔青。宫女晓知曙，祠官朝见星。"这首诗描绘了渭南的桥陵建筑和官员、侍奉宫女的生活状况。虽然桥陵的地面建筑已经被毁了，但仍有一些残迹，尤其是南边的一些石刻，还可以展出，在城墙的衬托下，颇有几分威严。

桥陵作为盛唐帝王陵墓，从规模、数量、技术、工艺、造型、程序等方面，都充分地反映了盛唐的风格，而且桥陵是保存最完整的陵墓。因此，它与乾陵并称为唐代陵墓石刻艺术之最。

墓主人：唐朝第五位皇帝李旦（662—716），初名李旭轮、李轮，唐高宗李治的第八个儿子，武则天最小的儿子，唐中宗李显同母弟。

李旦的一生大体分为五个阶段：第一阶段是父亲李治还活着的时候，

他是武则天最小的儿子，十分受宠；第二阶段是他登基后，武则天垂帘听政，这段时期李旦就是一个傀儡皇帝；第三阶段是武则天成为女皇后，李旦由皇帝被降为皇嗣，他依然是个透明人；第四阶段是李旦受其子李隆基发起的唐隆政变影响，再次成为皇帝；第五阶段是李旦禅位于李隆基。

前三个阶段前面已经大概讲了，在武氏统治时期，李旦是李唐统治的一面旗帜，所以在中宗时期，他受到了韦氏和中宗的怀疑，他们担心他夺权篡位。因此李旦一家的处境比较危险，所以他的二儿子李隆基要发动政变。

李隆基没有向李旦透露过叛乱的打算。李隆基向其心腹说道："此番举事是为了拯救大唐，事成一切都是相王（李旦）的功劳。但若是失败，我们可以为国牺牲，不会连累相王。假如我把这个计划告诉相王，如果他同意，那就是让他参与到这件危险的事情中去，如果他不同意，那就麻烦了。"李隆基这样考虑其实也有可能是因为他比较了解李旦的性格，李旦就算是知道也不会帮什么忙，倒不如什么也不知道。政变成功后，李隆基请李旦进宫稳定局势，然后跪下请罪。李旦一把将李隆基搂在怀里，号啕大哭："社稷宗庙不坠于地，这一切都是你的功劳。"

李旦曾两次登上皇位，但第一次是由他的母亲一手操纵，只有在他二次登上皇位时，才真正掌握了实权。他登基之初，以姚崇、宋璟为宰相，整顿吏治，整顿朝政，显出勃勃生机，史称"复有贞观、永徽之风"。

李旦继位后，为中宗时期的冤案进行了平反。追赠李重俊为太子，又追复张柬之等人的官爵。

韦皇后和安乐公主在中宗时期就独揽大权，公然卖官。那些大臣不经中书批准，由皇上直接指定，称斜封官。到了中宗末期，有几千名官员是靠着钱上位的。李旦登基之后，就下了旨意，将斜封官全部罢免，同时罢免了各公主府属官。

李旦明确规定诸王、驸马不得统领禁军，废除宋王李成器等人的军权，以保障太子李隆基的地位。

李旦又废掉了武则天的"则天大圣皇后"称号，复称武则天为"天后"，废掉了武氏的崇恩庙和昊陵，也就是武则天的父亲武士彟的墓，他还废掉了顺陵即武则天的母亲杨氏之墓。他剥夺了武三思和武崇训的爵位，挖了他们的坟，对武氏残余力量进行了打压，削弱了武氏的政治力量。

李旦大概是真的不在乎皇位，想要禅位，但李隆基听到这个消息，立刻进宫请罪，叩头力辞。李旦道："国泰民安，我这次登上皇位，全靠你。现在帝座星有灾异出现，我把皇位传给你，就是希望能转祸为福，你又何必有所疑虑。"李隆基还是拒绝了。李旦说道："如果你是个孝顺的孩子，应该现在就接受我禅位。难道非要等我死了，方肯在柩前即位吗？"李隆基只得答应，流涕而出。

先天二年（713）七月，李旦退居百福殿，颐养天年。

开元四年（716）六月，李旦在百福殿病逝，享年55岁。同年十月，被葬于桥陵，庙号睿宗。

评价：李旦即位第二年就丧失了登基时的锐气。他任用窦怀贞、崔湜等为宰相，并将已经罢免的斜封官全部复职，造成了朝政的腐败与混乱，史称"复如景龙之世"。后来，李旦不顾群臣的劝阻，下令招募数千名工人，耗费100万缗，为金仙公主和玉真公主建造了道观，他还在太平公主的请求下，恢复了昊陵、顺陵的陵号。据《新唐书》与《旧唐书》记载，睿宗的子女中，只有李隆基和岐王李范参与了平定太平公主的叛乱，其他子女虽然有很高的地位，但是都很谨慎。唐史赞曰："睿宗有圣子，一受命，一追帝，三赠太子，天与之报，福流无穷，盛矣！"

二、中唐帝陵

唐泰陵——唐玄宗李隆基陵墓

泰陵概况：泰陵坐落在五龙山余脉金粟山南，距陕西省蒲城县15公里。这座山峰高达700多米，连绵不绝。开元十七年（729），李隆基祭拜桥陵路过金粟山，见此山有龙盘凤息之势，谓左右曰："吾千秋后，宜葬此地。"泰陵的面积很大，与京师长安的布置如出一辙。现存的石雕有：华表、天马、鸵鸟、翁仲、石狮。这些石雕雕刻精美、造型逼真、线条流畅，是我国石雕艺术中的瑰宝。陪葬于泰陵的还有元献皇后、内侍高力士。1963年，在这里找到了早已断裂200百多年的高力士墓碑下半部分，并将它与原来的墓碑的上部对接完好。整个石碑高达4米，为研究高力士和唐代的历史提供了珍贵的实物材料。

李隆基为藩王时，高力士对他"倾心附结"，之后50多年，他一直跟在玄宗身旁。玄宗退位后，李辅国诬告他，他被贬流放，说："我应该死去，但是陛下对我十分怜悯，我想再看一眼陛下的真容，以报此恩。"李辅国没有同意。宝应元年（762），遇到大赦，他得以返回，到郎州时，听到了李隆基驾崩的消息，他面向北方痛哭，因悲伤吐血而亡，终年79岁，代宗赐高力士为扬州大将军，陪葬泰陵。

玄宗皇帝在位44年，只有一位随葬者，其原因有三：一是卜定陵址太迟。二是他的陵墓并不是儿子肃宗建造的，而是孙子代宗建造的，并且安史之乱后，国势衰弱，朝廷无力重建。三是事实上，陪葬制度已经结束。高力士被埋葬在泰陵是在战争频繁的情况下忠臣名将的殊荣。

尽管唐玄宗逝世时，安史之乱已经接近结束，但是河南和河北的战事仍然在持续。连年征战，民不聊生，两京被毁，军队烧杀抢掠，造成了一场大乱。唐代的实力急剧下降，几近灭亡，历史进入了中唐时代。陵墓石刻与当时的统治者有着直接的联系，因此，泰陵石刻是中唐时期石刻的典范。

时光荏苒，烽烟四起，泰陵遭到了数次的毁坏和劫掠。浩劫不仅使宏伟的地面建筑荡然无存，而且还祸及玄宗遗骸。北宋太祖在开宝六年（973）下令修缮泰陵，为玄宗遗体穿上法衣重新下葬，并在今椿林镇敬母寺村东南建了一座玄宗庙，于下宫处立碑，在陵区种植松柏、长杨、巨槐等。清乾隆四十年（1775），陕西巡抚毕沅下令对泰陵进行修缮，在陵区修建了一道三尺宽、六尺高的城墙，以示保护，现在这面城墙已经不存在了。他还在朱雀门的献殿附近竖立了一块"唐元宗泰陵"碑，为避康熙帝玄烨讳，改玄为元，这是一块巨大的石碑，上面用隶书书写，苍劲有力，不失为一件镌刻珍品。

墓主人：唐朝第六位皇帝李隆基（685—762），高宗与武则天的孙子，睿宗的第三个儿子，因此又称李三郎。李隆基是唐朝在位时间最长的皇帝，也是唐代最鼎盛时期的一代帝王。

生平：永昌年间，武则天下令将李隆基过继给李弘，继承李弘的香火。李隆基英俊多艺，气宇轩昂，从小就有大志，自封为"阿瞒"，虽然他在武氏族人中并不受重视，但他的一言一行都是极有决断力的。在他7岁的时候，金吾大将军武懿宗在朝堂举行的祭祀仪式上对着他身边的随从和侍卫破口大骂，李隆基勃然大怒："这里是我李家的朝堂，关你什么事？居然敢对我家的侍卫出言不逊！"武则天得知后，大吃一惊，非但没有责备，反而对他更加疼爱。

长寿二年（693），李隆基的生母在皇宫里被武则天秘密杀死，他由李旦的另一位妾室豆卢氏和姨妈窦氏抚养、照料。他视姨如母，对窦氏极为敬爱。

在他 14 岁的时候，也就是圣历二年（699），才和几个哥哥离开皇宫，之前他一直被幽禁在皇宫中。之后的十年里，李隆基见证了武则天被逼着退位，中宗继位。在景龙四年（710），中宗被韦皇后、安乐公主害死。李隆基、太平公主、薛崇简、钟绍京等人，都在暗中谋划着，想要先发制人。

李隆基率军入内宫，守卫内宫的侍卫纷纷倒戈。韦后逃入飞骑营，却被砍头，安乐公主、武延秀、上官婉儿也相继被杀，李隆基在全城搜捕韦氏集团成员，凡是比马鞭高的男人，一律处死，史称"唐隆政变"。

如此李隆基政变成功，让自己的父亲成为皇上，他为皇太子，但他后面的登基之路也不是一帆风顺的。太平公主与皇太子之间的矛盾与斗争愈演愈烈。最后睿宗想要禅位给李隆基，太平公主企图发动政变铲除他。但是被他镇压，太平公主被围困起来。

先天二年（713），太上皇李旦向李隆基求情放过太平公主，李隆基不同意，太平公主最终被赐死家中。李隆基最终登上了皇帝宝座，也就是唐玄宗。这一年，李隆基改元开元，以示他想要重振大唐的雄心壮志。

李隆基明察秋毫、整顿吏治，提高了官员的工作效率。他采取了一系列行之有效的举措：第一，精简机构，裁掉冗官，这样既能增加办事效率，又能节约开支。第二，建立严格的考评体系，强化对地方官员的监督。每到十月，都会派出监察御史，巡视各地，发现不法官员，对他们进行严厉的惩罚。第三，恢复了谏官、史官参与内阁议事的制度。第四，注意对知县的任命和解聘。李隆基把郡县官员视为国家管理的第一线，郡县官员与民众直接接触，是国家形象的象征。李隆基经常会出题考核他们，看看他们有没有能力。考得好，就能升官，考不好，就会被罢黜。李隆基知人善任，赏罚分明，做事干脆利落，这是开元盛世的根本所在。

开创了盛世之后，李隆基也渐渐地心满意足，沉迷于享受，再也没有了之前的奋发图强，也没有了改革时的节俭之风。张九龄等正直的大臣相继被革职，李林甫登上了相位。李林甫最擅长的就是揣摩李隆基的心思。开元二十四年（736），李隆基欲由洛阳返回长安，张九龄等人却表示，秋收尚未完成，此行必扰民情，影响生产。张九龄离开后，李林甫告诉李隆基，长安与洛阳是皇帝的东宫与西宫，皇帝想去哪里就去哪里，不用等太久，如果影响了农民的秋收，可以免除赋税。

开元二十五年（737），李隆基受宠妃武惠妃蒙蔽，将三个儿子太子李瑛、鄂王李瑶、光王李琚废为平民并处死。武惠妃在这一年的十二月病逝。翌年，李隆基立三子忠王李玙为太子，李玙后来改名为李亨。武惠妃过世后，李隆基寝食难安，后宫美女如云，却无一人能入得了他的法眼。他听说武惠妃之子寿王李瑁的妃子杨玉环，美貌出众，容颜倾城，便不顾礼仪，把她收入宫中。杨玉环通晓音乐，聪慧过人，又善舞，深得玄宗宠爱。

在如此荒唐的行径之下，李隆基并没有意识到大唐的危险，而是向外发动了一场又一场的战争。政治的腐朽和黑暗，使武将们产生了贪功求官的欲望。边镇的许多将军为了在战争中立功受赏，挑起战争，导致边境战事不断，李隆基的好战更是火上浇油。前期稳定的边疆局势再次被破坏，最后造成了安史之乱，大唐的实力大损。

天宝十五年（756），长安沦陷，李隆基仓皇而逃。到了陕西的马嵬坡，随军哗变，杀死了杨国忠，逼着李隆基勒死了杨贵妃。最终，唐玄宗李隆基逃往成都。李亨逃到了朔方，在灵武即帝位，即唐肃宗。

至德二年（757），安禄山遇刺，李隆基从成都回到长安，居兴庆宫，称太上皇。

李隆基晚年忧郁寡欢，宝应元年（762）四月五日去世，享年78岁，葬于唐泰陵。当年，李亨也病重，去世了。

评价：李隆基在位初期，大力培养人才，使国家的经济持续发展，达到了封建社会史无前例的繁荣。但到了中后期，由于贪图享乐、重用奸臣，导致政治腐败，最终爆发了安史之乱，唐代从此走向衰落。

唐建陵——唐肃宗李亨陵墓

建陵概况：建陵坐落在距咸阳西北 50 公里、礼泉县城东北 15 公里的武将山南麓。它的东边是九嵕山昭陵，西边是梁山的乾陵，北边是连绵的山峦，南边是一片片的梯田、一望无际的肥沃土地。在关中十八陵中，由于建陵峡谷纵横，交通不便，游客稀少。建陵是目前唐关中十八陵中，保存最完整、雕刻最精细的陵墓。但是建陵的石刻都体型略小。

陵园南偏西约 2 公里为陪葬墓区，原有陪葬墓 6 座，有汾阳王郭子仪、汧国公李怀让等陪葬墓。1961 年调查时，尚存 3 座，经复查，其中 2 座已经不复存在，只有一座汾阳王郭子仪墓，但也被夷为平地。陵区因千余年的侵蚀，形成了南北两条大沟壑，陵区遗址受到了严重的破坏，陵墓依山而建，陵区周边 20 多公里，陵墓虽多次遭到毁坏，但四角阙址尚存。2010 年 4 月建陵东门石狮失窃，至今下落不明。

墓主人：唐朝第七位皇帝李亨（711—762），初名李嗣升，又名李浚、李玙、李绍，出生于长安，是唐玄宗李隆基的第三个儿子，生母是元献皇后杨氏。

生平：李亨的出生并不受期待。他的母亲怀着他的时候，李隆基和太平公主的关系很不好，李隆基怕太平公主借机说自己耽于女色难当大任而行废立，让人偷偷地弄了堕胎的药物，想要将李亨从母亲的肚子里除掉。但是经过一番深思熟虑，还是没有这么做。李亨出生之后，并没有和母亲杨氏共同居住。太子妃王氏现在还没有孩子，所以她将李亨带到了自己的身边，对他宠爱有加，"慈甚所生"。

开元二十五年（737），太子李瑛被废，李隆基召见宰相李林甫入宫，商量皇位之事。那时候，受玄宗恩宠最深的是寿王李瑁的母亲武惠妃，所以李林甫大力推荐李瑁。但是，最后不知道李隆基出于什么考虑，李亨在开元二十六年（738）六月被册封为太子。

自从李亨登上了政治舞台，身边就充满了政治威胁。第一个威胁是李林甫，开元后期，李林甫和杨国忠等大臣是对太子最大的威胁。玄宗很少插手或者阻止宰相李林甫和李亨的争斗，可见他也是不情愿看到太子李亨羽翼丰满、势力扩张。从开元到天宝年间，李亨虽然情绪低落，但这是他政治生活中最稳定的一段时间。在这段时间里，宰相李林甫对他的各种攻击，还不足以威胁到他的地位，所以朝堂上对于皇储的讨论与猜测，都被压了下去。玄宗很清楚李亨的政治实力，所以并不担心他。玄宗可不想像以前一样一日废弃三子，废除李亨的继承权。

李亨身为太子，做事向来小心谨慎，哪怕是最细微的事情，他都不会马虎。有一回，宫里的御膳处准备了一桌子的熟食，其中有一只烤羊腿，玄宗便命李亨割来吃。李亨接到命令，割罢羊腿，手上全是油渍，便用一块饼子擦了擦手，这让玄宗很是不满，但是他强忍着没有发作。李亨只当没有看见玄宗的神情，慢条斯理地在饼子上擦了擦手，然后拿起沾了油的饼子，大口大口地吃了下去。玄宗大吃一惊，大喜过望，对李亨道："福当如是爱惜。"李亨借此进一步博得了玄宗的喜爱。

李豫是李亨的大儿子，李豫出生三日后，玄宗驾临东宫，将一个金盆赐给吴氏，让她为李豫沐浴。吴氏的身体虚弱，李豫的身体还没有舒展开，负责服侍她的老婆婆吓了一跳，连忙将和李豫同一天出生的皇子送到玄宗面前。玄宗一见，勃然大怒，说："这个小孩不是我的孙子。"老妇人磕头谢罪，玄宗斜眼看了她一眼，说："这不是你所能知道的，还不快带我的孙子过来。"老妇人只得将李豫抱到玄宗面前。玄宗一见，十分欢喜，把李豫抱在怀中，笑道："此子之福，远胜其父。"玄宗回宫后，对高力士说："这个殿里有三个天子，真是令人高兴啊！可以跟太子喝酒庆祝了。"

天宝十四年（755）十一月初九，范阳、河东、平卢三镇节度使安禄山以诛杨国忠之名，举兵造反。在天宝十五年（756）五月，安禄山于洛阳自立为大燕国皇帝，建元圣武。天宝十五年（756），潼关被攻陷。六月十三日，玄宗带少数妃嫔和随从逃离长安。十四日，玄宗出逃至马嵬驿，途中遇上哗变。

天宝十五年（756）七月十二日，李亨在灵武城南城楼上，举行了一个简单的继位大典。改年号为至德，玄宗成为了太上皇。肃宗当日便派遣使者到四川，将此事禀报给玄宗。

上元二年（761）末，肃宗身患重病，不理朝政，于是令太子监国。宝应元年（762）四月，玄宗去世。没多久，李亨病死，享年52岁，庙号肃宗。

评价：李亨先后于至德二载（757）六月和十月收复长安、洛阳两京。肃宗是个乱世之君，他继承了天宝盛世的成果，在平定叛乱的同时，也在努力地克服天宝时期以来政治、经济体制运作中存在的各种弊端，为自己的统治奠定了坚实的基础。当然，他的重心是镇压叛乱，因此没能约束后宫和宦官的扩张，这反而为安史之乱后的重建埋下了祸根，这既是肃宗的不幸，也是大唐的悲剧。

唐元陵——唐代宗李豫陵墓

元陵概况：元陵坐落在陕西省富平县西北15公里处的檀山。檀山北部的坡比较平缓，而南部的坡比较陡，有利于开凿坟墓。檀山左右两峰向前突出，在南边的中轴上形成了一个巨大的弧形，将整个坟墓都围在了中间。从墓坑高处望去，北面有一座千米高的山，阻挡了北方的视线，可以看到在西北方向有简陵，也可以看到东面的章陵和定陵。

北门在山上，西门在半山腰，东门和南门在山脚下，墓穴就在南门的中轴线处。《旧唐书·令狐峘传》中记载："德宗即位后，曾诏立代宗元陵制度，务极优厚，当竭币藏奉用度。遭到令狐峘的反对，德宗从之，只好从俭埋葬。"当时德宗是想好好建造一下元陵的，但是被朝臣反对，最后就只能节俭下葬。从这一点可以看出，元陵陵寝建制已经远逊于先皇的建陵，这也是安史之乱以后，唐代政治经济每况愈下的表现。元陵陵园的石雕与建陵一样，现在就只有东、西、北神门的石狮子和北神门的石马残块。

墓主人：唐朝第八位皇帝李豫（726—779），肃宗长子，生母是章敬皇太后吴氏。

生平：乾元元年（758），李俶被册封为太子，改名为李豫。肃宗偏爱的张皇后并非李豫的生母，因为张皇后没有子嗣，因此她对李豫这位太子颇有微词，想尽办法阻止李豫登基。

宝应元年（762），肃宗病危，张皇后怕太子"功高难制"，便秘密将李系召到宫里，密谋废除太子之位。张皇后借此机会，让太子李豫帮她杀死李辅国和程元振，李豫没有同意。张皇后和她的人设计了一个阴谋，想要让李豫进宫，然后杀他立肃宗的次子为太子。但这件事情并没有成功，李豫被李辅国等人推举为皇帝。他登基后，为了应对藩镇割据的状况，强化中央集权，改革经济体制，惩处太监。

唐代宗即位后，李辅国仗着立帝有功，极为高傲，居然对代宗说："陛下只管在宫里，外务由我来解决。"代宗虽心有不甘，但碍于他掌握军权，只得屈从，尊称他为"尚父"，意思就是可尊敬的父辈。之后无论大事小事，代宗都要和他商议。后来代宗想了个办法，趁李辅国不备，派人伪装成强盗，将李辅国击杀，又佯装下令缉拿贼寇，并派遣宫中使者向其家人表示慰问。代宗总算把这个人给"解决"了。代宗尝到了甜头，就一直利用这个方法，程元振等人相继被杀，一些不听话的权臣常被"强盗"所杀，有些人甚至被"自尽"。代宗总算是掌控了政局。

由于连续的自然灾害和国家财政亏空，唐代的社会和经济出现了内外交困的局面。

代宗登基之初，正是安史叛军垂死挣扎的紧要关头，为尽快平息叛乱，十月，代宗钦点李适为统兵元帅，仆固怀恩为副元帅，并从回纥调集10万兵马，进攻叛军占据的东京洛阳。叛军大败，向唐军投降。这个李适就是后来的德宗皇帝。

在征讨安史之乱时，西边的大部分兵力被召回，吐蕃乘虚而入，大举进攻唐在陕西凤翔以西、邠州以北十余州，攻陷奉天（今陕西乾县），兵临城下。代宗吓破了胆，逃往陕州避难。吐蕃人攻陷长安，将唐宗室广武王李承宏作为政治工具，立为皇帝，大肆烧杀抢掠，长安被夷为平地。

在这个节骨眼上，代宗匆忙任命郭子仪为副帅，继续让雍王李适为名义上的大元帅，与吐蕃作战。郭子仪积极组织军队，向吐蕃发起进攻。他命令长孙全绪带着200名骑兵，从陕西蓝田出发，白天扬旗，晚上点火，让对方以为有许多的士兵。他自己带着几百名士兵，混进了长安，然后让城里的百姓四处宣扬："郭令公亲自带大军来了！"吐蕃的士兵吓得魂飞魄散，纷纷离开了长安。长安沦陷15天后，被唐军重新夺回。

代宗于广德元年（763）十二月返回长安，郭子仪跪下请罪，代宗对他说："我没有早用你，否则就不会这样了。"于是赏了他一块免死牌，在凌烟阁挂上他的画像。长孙全绪等人也都得到了晋升。

这一年大唐彻底平息了长达七年零三个月的安史之乱。但是代宗采取了对安史降将的宽恕政策，导致河北藩镇分裂，留下了无法根除的隐患。不过安史之乱在代宗时得到了平息，这也是代宗最大的骄傲。然而，经此一役，大唐的实力大损，从鼎盛走向衰落。东边有藩镇割据，西边有吐蕃威胁，北方回鹘以高价卖马，大唐处于艰难的处境之中。

大唐历经八年风风雨雨，元气大伤，已经不能像开元天宝时代那样出现太平治世，代宗最主要的使命就是治疗战争的伤痛。然而，动荡与苦难不但让他的兴盛之心荡然无存，更让他失去了开拓的精神。随着时间的推移，他变得越来越沮丧，甚至开始质疑自己的实力。代宗是佛教的信徒，在他统治时期，寺庙拥有大量的土地和房屋，国家的财政和经济状况越来越差。在危急时刻，他往往会念诵经文，《仁王经》就是他的护身符。

大历十四年（779）五月初二，代宗的病情很重，不到十日，便不能再上朝堂了。五月二十日，代宗下令，让太子李适监国。当晚，代宗在紫宸内殿病逝。

评价：代宗接手父亲的烂摊子时，大唐曾经的辉煌还在人们的记忆里，十多年过去了，代宗将自己的烂摊子交给了后人。从那以后，大唐的辉煌就像是昙花一现，再也回不来了。代宗是否真如欧阳修所说是"中材之主"并不好说，但在《旧唐书》中，把他称为"贤君"，却有些过誉了。

唐崇陵——唐德宗李适陵墓

崇陵概况：崇陵位于陕西省泾阳县西北 20 公里的嵯峨山上，崇陵居高临下，山环水抱，墓冢高突，全用方形和长方形青石叠砌而成。朱雀门外有石人十对，华表一对，翼马一对，鸵鸟一对，仗马五对。玄武门有仗马三对。虽然崇陵石刻被毁坏了，但是大多数的石刻还在，非常宏伟。据史料记载，崇陵有 43 座陪葬墓，今已无人考证。

墓主人：唐朝第九位皇帝李适（742—805），代宗的长子，生母是睿真皇后沈氏。

生平：天宝十四载（755）的十一月，安史之乱爆发了，这一年李适才 14 岁，他在战争中饱受战乱的折磨，也在战争中经受了洗礼和考验。

宝应元年（762）四月，代宗刚刚即位就委任李适为天下兵马元帅，以对抗安史之乱。宝应二年（763），安史之乱平定，李适立下大功，官至尚书令，与郭子仪、李光弼等八人同获免死牌，画像进入凌烟阁。

广德二年（764）正月，李适被立为皇太子，并于二月举行册礼。

代宗于大历十四年（779）五月在长安宫病逝。38 岁的李适即位，也就是唐德宗。李适在居丧期间，所有的行为都是按照礼法规定进行的，当时他曾召韩王李迥进餐，只吃不放盐和乳酪的马齿羹。

李适刚登基的时候，疏远申斥宦官，与朝臣亲近。李适的生父代宗是由于宦官的支持才成为皇帝的，所以对宦官格外地宠爱。这就导致一些弊端产生。那些出使各地的宦官，公开索贿，大肆搜刮。李适身为皇储，自然知道这一点，所以他一登基，就决定对宦官加以整治。有一次，李适派往淮西的宦官回来，李适在得知他受贿700匹缣、200斤黄茗，还有骏马和奴婢后，大怒，将他打了60鞭，然后把他流放了。消息传遍京城，此后出京回来的宦官，收了礼物的都偷偷地把礼物丢进山谷里，没有收礼物的人，也不敢再受贿了。而且，李适在登基的第一个月，就处死了心怀不轨的宦官刘忠翼。

建中四年（783），"泾原兵变"爆发，长安被反叛的泾原军占领，李适逃到奉天，也就是现在的陕西乾县。平乱后，李适于兴元元年（784）返回长安。同年，河中节度使李怀光与部分宦官及藩镇的将领发生冲突，起兵造反，李适派人率领大军，于次年八月予以镇压。

在几次动乱之后，李适任命了自己的心腹太监为禁军统领，还向各地征收间架税、茶税等杂项，造成了百姓极大的不满。他对藩镇的事情太过于宽容，使得藩镇的力量与日俱增。

李适在位期间，按照宰相李泌的意见，北绥回纥，南抚南诏，西结大食和天竺，以重创吐蕃，成功地扭转了战略上的不利局面，使唐宪宗"元和中兴"得以实现。

贞元二十一年（805）正月一日，各宗室、外戚都到宫里恭贺李适，只有太子李诵因病没能来，李适流泪哀叹，一病不起。20多天后李适于长安会宁殿辞世，终年64岁。九月一日，朝野上下为他上谥号神武孝文皇帝，庙号德宗。十月十四日，葬于崇陵。

评价：德宗统治大唐一共26年，是在位时间比较长的皇帝。不过他大部分时间都花在了与藩镇的争斗上，在朝堂上并没有太大的成就。在晚年，他对大臣们失望，对宦官产生了极大的依赖，这使得宦官在受到了严重的打击后再次崛起。宦官掌握了禁军，在朝中横行霸道。他竭尽全力地当一个明君，结果却恰恰相反，用了很多卑鄙的人，可以说他是靠着幸运才维持统治的。

唐丰陵——唐顺宗李诵与庄宪皇后的合葬陵

丰陵概况：丰陵位于今陕西富平县城东北约20公里处的金瓮山之阳，在其东北方向26公里处是唐睿宗的陵墓。因为顺宗当皇帝的时间比较短，所以他的陵墓规模也比较小。并且由于历史的变迁，加上自然条件的影响，现在的丰陵遗址已所存无几。只在朱雀门前有一块华表残石，八棱形，仰覆莲宝珠顶，棱面阴线刻迦陵频伽、獬豸、凤、花卉、吹笛童子等。玄武门外有一尊石狮，多半埋于土中。此外，还有仗马两尊，西门外存石狮一对，现在都已经完全毁坏了。陵墓中还有一块由清朝巡抚毕沅所立"唐顺宗丰陵"石碑一通。

墓主人：唐朝第十位皇帝李诵（761—806），去世时间存疑。其为唐德宗长子，母亲为昭德皇后王氏。他是唐朝做储君时间最长的皇帝，一共居太子位25年。同时他也是唐朝皇帝中在位时间最短的皇帝之一。

生平：大历十四年（779）十二月，唐德宗李适登基时被立为皇太子，这时李诵19岁，他刚刚当上了父亲，他的长子李淳在上一年出生。到贞元二十一年（805）正月二十三日，唐德宗留下遗诏传位，他于正月二十六日正式登基。也就是说，李诵当了25年的太子，做了这么多年的太子，在唐朝历史上也是少有的。在李诵继位之前，只有他被封为宣王的记载。

李诵在做太子的20多年里，亲身体验了藩镇的动乱和战火，耳闻了朝堂上的内斗和攻击，因此他在政治上逐渐走向了成熟。历史上对他有这样的评价："慈孝宽大，仁而善断。"他对各种学问都很感兴趣，佛教的经文他也看过，书法很好，尤其擅长隶书。德宗每次给藩镇节度使作诗，都是由他写的。尤其值得称赞的是，建中四年（783）"泾原兵变"随皇上逃亡的时候，李诵执剑在后，在历时40多天的奉天之战中，他面对朱泚叛军，经常身先禁旅，乘城拒敌。官兵在他的鼓舞下，个个英勇作战，奉天之战大获全胜，德宗得以脱困。

李诵在多年身为储君的压力下，精神极度低落，身体也不是很好。贞元二十年（804）九月，李诵突发中风，无法说话。德宗已经年纪很大了，他很担心自己的儿子，经常来看他。甚至还请了不少名医，给李诵看病，但都没有什么好的结果。皇子病危的消息，很快就传开了。这一年末，德宗病危，皇上和皇太子双双病倒，使得朝堂上的气氛一下子变得凝重。贞元二十一年（805），李诵因病没有参加新年的朝会，德宗长吁短叹，这也让他的病情更加严重。德宗病危之时，所有的王公大臣和亲眷都到了他的病床前服侍，只有太子病倒在床，无法陪伴他，德宗很想念他，眼泪止不住地流了下来。一直到唐德宗去世都没有见到过太子。

李诵于贞元二十一年（805）正月二十六日登基，也就是唐顺宗。之后他立即任用王叔文、王伾等人开始改革。他们与刘禹锡、柳宗元等人共同组成革新势力。他们提倡巩固中央集权，反对藩镇割据，反对宦官独裁，大力提倡革新，实行一系列改革，这就是历史上的"永贞革新"。这场变革使宦官的势力摇摇欲坠，于是他们决定重新拥立一个皇帝。三月，顺宗的长子广陵王李淳被立为太子，这是由太监俱文珍等人一手操办的，李淳改名为李纯。七月，俱文珍等以奉顺宗之命的名义，将军务交给了太子。八月，宦官拥立李纯即位为帝，即唐宪宗，顺宗为太上皇，此事被称为"永贞内禅"，改贞元二十一年为永贞元年。这也表明顺宗的改革失败了。

唐顺宗在元和元年（806）正月十九日逝世，时年46岁，葬于丰陵。在他去世的前一天，宪宗才向世人宣告顺宗病危，这让人们感觉顺宗之死是一场表演。有些人通过一些史料记载的细节，认为顺宗是被宪宗和宦官们暗杀的。还有人说顺宗是病故而亡，顺宗与宪宗的关系比较好，他不会被宪宗所杀。顺宗具体是怎么死的，什么时候死的，没有人知道。

据史料记载，丰陵内有陪葬墓一座，为庄宪皇后王氏墓，顺宗病死后，王氏在唐宪宗和宦官的逼迫下，从后宫迁往长安城东南的兴庆宫。从那以后，王氏忧郁成疾，于元和十一年（816）病逝，上谥号为庄宪皇后。按照王氏的遗愿，她与唐顺宗一起葬在了丰陵。

这里要说下唐顺宗的嫔妃，她们的身份没有一个是与皇帝地位相符的，也就是说没有皇后或者妃子之类的高级别嫔妃。在历史上，顺宗的皇后都是在去世很多年之后追加的谥号。这是因为顺宗即位不久，还没来得及册封这些嫔妃。有趣的是，在唐顺宗的妃嫔中，虽无皇后、妃嫔之称，却都是由良娣、良媛加封为太上皇后、太上皇德妃。

唐顺宗生了27个儿子和至少17个女儿。最奇怪的是，顺宗有一个儿子叫李谝，德宗对李谝很是宠爱，所以李谝被过继成为德宗的第六个儿子，也就是说顺宗和他的亲生儿子成为了"兄弟"。史料中并没有记载李谝不是顺宗亲生的，也没有记载德宗是否宠幸过顺宗的妃子。不过倒是有记载称代宗将自己的才人赐给了顺宗，而这个才人后来也生了一位皇帝。

评价：在顺宗的各个人生阶段，不管是作为太子时隐忍，还是继位之后革除弊端；不管是宦官强迫他选择太子，还是强迫他下台，他都是一副云淡风轻的样子，很难看出他曾经有多大的野心。或许这就是顺宗最擅长的地方。

唐景陵——唐宪宗李纯陵墓

景陵概况：景陵坐落在金帜山，位于距离蒲城县城西北7公里处。金帜山也叫半山，是南山山脉的一部分，金帜山从西南到东北延伸，群峰林立，形成拱卫之势，巍峨壮丽，在阳光的照耀下，宛如一面旗帜，所以得名金帜山。

景陵"因山为陵"，四神门外的四对阙址、乳台和鹊台均在。在三个角阙址的周围，发现了大量的唐代瓦片。景陵下宫遗址北距陵园 2000 多米。遗址南边有"大宋新修唐宪宗庙碑铭"，碑额六螭垂首，建于北宋开宝九年（976）。景陵陵区原有的石刻，除了在玄武门上增设了一只小石狮子外，其余的都和丰陵一样。在唐代的陵墓中，很少见到小石狮，唐懿宗的简陵中也有两对小石狮。石狮的头部是四四方方的，额部凸起，雕工有些粗糙。

景陵陵区中有一处"唐陵碑林"，里面有 40 多处历代碑文，这片碑林大多已损毁，极少数碑石散落于民间。根据《文献通考》记载，景陵一共有四座陪葬墓，分别是郭皇后、郑皇后、王贤妃以及昭惠太子李宁的陵墓。但目前地面没有遗存，亦无墓碑，具体位置难以考究。

墓主人：唐朝第十一位皇帝李纯（778—820），原名李淳，是唐顺宗李诵的长子。

生平：李纯六七岁那年，唐德宗抱着他，问道："你是哪家的儿子，为何会在我的怀中？"李纯道："我是第三天子。"唐德宗又是惊讶，又是喜爱。他是德宗的长孙，按照先祖、父亲、儿子的顺序，他自称"第三天子"，这是德宗闻所未闻的事情，但又切合实际，李适不由对自己的孙子多了几分喜爱。

李纯从小就经历过战争，家族关系很复杂。他的母亲王氏，曾是唐代宗的才人，他的另一位哥哥，则是爷爷李适的养子。李纯的婚姻关系也很奇怪。贞元九年（793），李纯与郭氏成亲，他当时是广陵王。郭氏是郭子仪的孙女，郭氏的父亲是驸马郭暧，母亲是代宗的长女升平公主。后来，升平公主和郭暧的爱情故事被后人编撰为《打金枝》，在民间广为流传。所以郭氏和顺宗李诵是表兄妹，郭氏是李纯的表姑。也就是说，李纯在辈分上，要比自己所娶的妃子郭氏低了一辈。李纯娶了郭氏，是因为她母亲出身高贵，父亲又是皇室的功臣，因此李纯并没有太过疏远她，贞元十一年（795），也就是他们成亲的第二年，郭氏就有了李宥这个孩子，也就是唐穆宗。

李纯在贞元二十一年（805）被立为太子，时年八月四日，顺宗李诵将皇位传给了他。八月九日，他在宣政殿正式登基。

李纯登基后，勇猛果决，以智计削平藩镇。他在位之初，先后任命杜黄裳、裴度、李绛为宰相。四川节度使刘辟、镇海节度使李琦都被镇压，河北三镇被降服，淮西节度使吴元济、淄青节度使李师道都被剿灭，藩镇纷纷归降。

然而，在平藩镇之战中，李纯重用宦官，委任亲信太监吐突承璀为左右神策将军，兼河中、河阳、浙西、宣歙等地的兵马使、招讨使等要职，以统领大军，扩大了宦官的影响力。有些大臣劝李纯不要让宦官太过放肆，但他说："吐突承璀不过是一名家奴，任他权力再大，要杀他也跟拔了一根头发一样容易。"

李纯在有了一定的成绩之后，就觉得自己是个了不起的人，渐渐骄傲。他任用奸臣皇甫镈，又罢免了贤相裴度，政局因此每况愈下。李纯信神仙，念佛，想求长生不老之药。元和十三年（818），他颁布了一道诏书征集各路方士。皇甫镈给他介绍了一位叫作柳泌的山人，说柳泌可以炼制出一种延年益寿的药物。李纯派太监到凤翔迎接佛骨。刑部侍郎韩愈上疏，诚恳地提出了自己的忠告。李纯暴跳如雷，要将韩愈处死。裴度等大臣都说韩愈忠直，因此韩愈逃过一劫，被贬为潮州刺史。第二年，李纯开始服用延年益寿的丹药，脾气越来越暴躁，时常斥责或者杀死身边的宦官，宦官集团也分成了两个派系，其中吐突承璀一系打算册立李恽为太子，梁守谦和王守澄则支持李恒成为太子。

在唐宪宗晚年的时候，遇到了一个问题，郭妃是郭子仪的亲孙女，在后宫和朝堂上都有很大的影响力，她的儿子李恒不即位是不行的。唐宪宗既不愿受制于人，又不太喜欢自己的儿子，但是他也没有其他办法，只得立李恒为太子。

元和十五年（820）正月二十七日，宪宗暴亡，郭妃一党独揽大权，李恒继位。在唐宪宗元和年间，所有的宦官都是宪宗的亲信，都是宪宗一手提拔起来的，宪宗的信任和威望，就是他们最大的依仗。唐宪宗一死，所有的太监都被杀得干干净净，除了依附太子李恒（唐穆宗）的官宦。

评价：李纯是一位雄心勃勃的帝王。他登基后，勤勉治国，重用良臣、改革弊政、力图中兴，从而取得元和削藩的巨大成就，恢复了中央朝廷的权威，被称为"元和中兴"。

三、晚唐帝陵

唐光陵——唐穆宗李恒陵墓

光陵概况：光陵坐落在陕西省蒲城县北部辛子坡村以北的尧山之上，光陵陵园东西窄而南北长。西南角阙遗址在皇边村北部，南神门北20米为献殿遗址。遗址内有清朝巡抚毕沅书写的"唐穆宗光陵"石碑。玄宫位于半山上。据《长安志》记载，光陵有两座陪葬墓，分别是恭僖王皇后、贞献萧皇后的陵墓。现只在光陵县南部的下沟村发现一座陪葬墓。

墓主人：唐朝第十二位皇帝李恒（795—824），原名李宥，唐宪宗李纯的第三个儿子，是后来唐宣宗李忱的异母哥哥，李恒的母亲是懿安皇后郭氏。

李恒有一个权势滔天的母亲，从他母亲的姓氏就很容易猜出她的家世，她是对唐室有再造之功的郭子仪的孙女。而他的长兄李宁的母亲是个姓纪的宫人，他的二皇兄李恽的母亲身份低微到连姓都没有留下来。在这种情况下，到底要选哪一位皇子为太子，宪宗很长时间没有做出决定。

为杜绝奸人觊觎之心，宪宗立了长子李宁为太子。可李宁做太子还不到两年就病死了。到了这个时候，朝堂上几乎所有人都提议立郭氏的儿子李宥为太子。最得皇上宠爱的太监吐突承璀提议按先后顺序立次子李恽为太子。宪宗也是这样想的，可是李恽的母亲身份低微，李恽很难在朝堂上站稳脚跟。郭氏家族的权势之大，可想而知。拥立三皇子李宥的声音越来越大，宪宗对此也是无可奈何。

元和七年（812）七月，宪宗立李宥为太子，李宥改名李恒。事实上，宪宗心中并不满意新的太子，吐突承璀揣摩了皇上的心思，始终没有放弃要立李恽的主意。这为唐穆宗后来的登基留下了后患。

元和八年（813）十月，就在册立新太子刚满一年时，一位支持太子的大臣上奏，要求宪宗册立郭氏为皇后。自玄宗之后，唐朝皇帝很少立活着的妃子做皇后，就只有唐肃宗的张皇后是在活着的时候当上皇后的，这是因为她在平定叛乱中的特殊贡献，唐宪宗把郭氏立为贵妃已经是独一份了。唐宪宗推三阻四，拒绝了这个提议。从那以后，郭贵妃就在朝中结交了不少的亲信，其中就有梁守谦、王守澄这样的太监，他们和吐突承璀等人暗中较劲。

元和十四年（819）末，唐宪宗因服用方士的灵丹而病倒，吐突承璀加快了改立李恽的计划。太子李恒很是紧张，向舅舅请教该怎么办。舅舅只告诉他，一定要尽"孝谨"之心，不要考虑其他的事。这意味着他们已经做好了万全的准备，只等唐宪宗死亡。

元和十五年（820）正月二十七日，唐宪宗暴毙，梁守谦、王守澄等人即刻拥戴太子登基，是为唐穆宗。吐突承璀和李恽猝不及防，都被杀死了。

李恒为太子时心中一直忐忑不安。当他登上皇位后，就彻底放心了。扶持他上位的一干人等都有了不同的奖赏，还册立了他的母亲郭贵妃为太后，以答谢她多年的苦心经营。相比之下，他对父皇的亲信和宠臣，分别处以杀罚贬斥。

穆宗登基之后，并没有忘记把犯有自己名讳的地名等统统改掉。如恒山改为镇岳，恒州改为镇州，定州的恒阳县改为曲阳县。

穆宗26岁登基，太宗28岁即位，玄宗也是28岁即位，对于壮年登基的皇帝来说，如果想在政治上有一番作为，这个年龄十分合适。当然在这个年龄以这个身份想要吃好喝好，享受生活，也没有人能比得上。穆宗没有像太宗和玄宗那样奋发图强，而是放纵自己。

直到长庆二年（822）十一月，穆宗这种近乎癫狂的娱乐方式终于得到了遏止。原因是他在禁宫里与宦官内臣等人打马球时出了事故。一名内官在玩乐中，像是被什么东西击中了一般，突然从马上摔了下来。因为事情发生得太过突然，穆宗惊慌失措，躲在大厅中休息。就在这时，穆宗突然双脚不能履地，头晕眼花，最终中风，躺在了床上。

穆宗自从中风之后，就再也没有恢复过健康。长庆三年（823）正月初一，穆宗病重，未能参加朝会。在穆宗病重的时候，他也有过永生的想法，就像他的父亲一样，痴迷于金石之药。处士张皋曾上疏，劝阻穆宗服食金丹。然而，长庆四年（824）正月二十二日，穆宗在丹药毒性发作之前于自己的寝宫病逝，享年29岁，实际上并没有到29岁。后葬于光陵。

评价：穆宗在位五年来，宴乐不断，游手好闲，对世事漠不关心。当时的宰相萧俛和段文昌没有远见，以为藩镇已经被攻破，应该撤军。不久河朔三镇又起兵造反，潜逃的兵马都投靠了三镇。

唐庄陵——唐敬宗李湛陵墓

庄陵概括：庄陵坐落在陕西省三原县东北15公里处。四角阙址除西南角阙被平掉外，其余都还在。陵区现残存四门处的石狮，大小不一，如南神门西列石狮就比北神门石狮高很多，石狮体态臃肿，比例向横宽方向发展。

神道石刻从南到北，有一对华表、一对翼马、一对鸵鸟、六对石人。其形制与崇陵相同。翼马的脖子较长，头较短，腿较高。一个垂尾，一个缚尾。鸵鸟的外形与景陵鸵鸟相似。庄陵的石人，腰带正中有花结长帛。此外，在陵南、东南和神道石刻北，还发现了8个小型石人，这些石人大多数都是破损的。

1996年5月3日晚，庄陵神道两旁5个石人的头颅被偷走，其中有3个是立于东边的文官像，2个是立于西边的武官像，经过努力，只追回了一个文官的头颅。

《长安志》记载，庄陵有一座陪葬墓，是悼怀太子李普的陵墓。目前在庄陵东北800米处有一座陪葬墓。现在已经没有人知道墓主人是谁。陕西省考古研究院研究员表示，在位于唐庄陵西侧的一座占地约200平方米、呈曲尺形的建筑群中，出土了6尊蕃酋像，其中4尊保存身躯部分。可惜，考古学家在蕃酋长的雕像上未发现任何文字，所以不能确定它们所代表的是哪些民族和国家。专家认为，在陵墓前面放置蕃酋像，是唐朝帝王陵寝礼仪的一种规范。

墓主人：唐朝第十三位皇帝李湛（809—826），唐穆宗李恒的长子，他的母亲是恭僖皇后王氏。

生平：唐穆宗驾崩于长庆四年（824）正月壬申，16岁的皇太子在灵柩前即位，除了唐末代之君唐哀帝以外，他是唐朝皇帝中享年最短的一位。

唐敬宗李湛继位之后，对国事并不怎么关心，他的享乐程度甚至超过了他的父亲穆宗。敬宗登基后的第二个月，就一天到中和殿击球，一天去飞龙书院击球，一天在中和殿设宴，痛快至极。敬宗一心只想着享乐，对例行的早朝毫不关心。

三月的时候，大臣们进入朝堂商议政事，但直到日上三竿，敬宗都没有上朝。大臣们一大早就起来参加朝会，但皇帝却迟迟没有来，时间长了，文武百官们终于支撑不住，甚至有晕倒的。谏议大夫李渤对新君这种违背祖训的做法表示了强烈的抗议，最后唐敬宗在群臣的强烈要求下，才姗姗来迟。退朝之后，左拾遗刘栖楚更是极力劝阻皇帝陛下的这一行为，他磕头如捣蒜，头部鲜血淋漓。敬宗虽然表面上很是感动，但还是没有改变，到了后来，他一个月也难得上朝两三次。

为了让敬宗上朝，李德裕曾向朝廷进献《丹扆箴》六首，以示劝谏。唐敬宗令翰林学士韦处厚为李德裕写了一道诏书表扬他，但依然不上朝。

唐敬宗近乎癫狂的娱乐活动，引起了皇宫内一连串的突发事件。唐敬宗刚登基没多久，一名名为徐忠信的平民便闯进了浴堂门，引起了一场虚惊。四月，染坊工人张韶和卜者苏玄明发动了几百名染坊工人，闯入右银台门。那时候，敬宗正在清思殿里练打马球，听见张韶等100多号人的喊杀声，仓皇逃到了左神策军中避难。左神策军兵马使康艺全率领士兵，冲入皇宫，将张韶等人击杀。八月，马文忠和品官季文德等1400多人图谋不轨，当事人都被打得落花流水。

唐敬宗喜欢大兴土木，自登基以来，从春季到冬季，都是兴作不断。各级官吏和工匠们无不叫苦不迭。张韶作乱，就像是一记响亮的耳光。大臣们把这一切归咎于敬宗醉心于享乐，常常外出，使不法分子有机可乘。敬宗觉得这些官员的话都很有道理，可是他自己的娱乐活动却越来越多，花样也越来越多。

宝历元年（825）十一月，唐敬宗忽然要到骊山游玩，群臣都劝他不要去，他却不肯。张权舆在朝堂上磕头进谏，又说："自周幽王之后，游幸骊山的皇帝都没有什么好下场，秦始皇葬在这里，国家二世而亡；玄宗在骊山建了一座宫殿，后来安禄山发动了叛乱；穆宗到了骊山一次，享年不长。"没想到这话反而让唐敬宗更想去了："没想到骊山这么凶险，那我必须要亲自去看看。"最后，他不顾群臣的反对，执意去了，回来后还对自己的部下说："那些跪在朕面前磕头的人，说的也未必就是真的！"完全不把谏言当一回事。

唐敬宗很喜欢去鱼藻宫看龙舟比赛。有一天，他向盐铁使下达了命令，要建造 20 艘竞渡船，并让他们将所有的木材都送到京城。光是这一项就消耗了大半的国家转运经费。在张仲方的劝说下，他同意了减去一半的数量。

唐敬宗爱玩马球，连禁军和三宫的内侍也被要求参加。宝历二年（826）六月，他在皇宫举办了一场竞技活动，有马球、摔跤、散打、搏击、杂戏等，内容繁多，参加的人也十分积极。最有新意的是，唐敬宗令左右神策军、宫人、教坊等分成几队，骑着毛驴打马球。敬宗心情大好，一直玩到了半夜。

唐敬宗甚至还训练了一群武者，日夜不停地保护着他。他不但要从全国各地挑选力士，还拿出万贯资财来招揽内园的武者，不惜血本。敬宗玩兴一到，便无所顾忌，动辄就将这些人流放、充军；很多太监都是因为犯了小错，被训斥，被杖打，这让他们心中充满了恐惧和愤怒。唐敬宗还喜欢打猎，平日里白天玩得不亦乐乎，晚上还会带人去捉狐狸，叫"打夜狐"。宫里的太监许遂振、李少端、鱼弘志都因"打夜狐"时配合不好被降级了。敬宗的放纵，也让他自己陷入了绝境。

宝历二年（826）十二月初八日，唐敬宗再次外出"打夜狐"。回宫后，与太监刘克明、田务澄、许文端等 28 人饮酒。唐敬宗喝得醉醺醺的，入室换衣服。这时，大厅里的烛火突然熄灭，刚才与他喝酒的人同谋害死了他，当时唐敬宗才 17 岁。太和元年（827）七月十三日，唐敬宗于庄陵安葬。

评价：唐敬宗在位时，对朝堂上的官员很是客气，但沉溺于享乐，对朝政不闻不问，任由权宦王守澄执掌朝政。王守澄与大臣李逢吉勾结，排斥异己，败坏纲纪，甚至发生染工暴动事件。唐敬宗很爱玩，也很会玩。在这种情况下，大唐没有灭亡已经很幸运了，历史上对敬宗的评价是"不君"，就是说他不玩马球就是一个合格的皇帝，这已是很给他留面子了。

唐章陵——唐文宗李昂陵墓

章陵概况：章陵坐落在陕西富平县西北部处于雷村乡和齐村乡交界地带的天乳山的南面。天乳山也叫西岭山，孤耸而立于台塬上。章陵玄宫位于天乳山南麓。现存有城垣东南、西南、东北角的墙垣遗址。原有的石雕有石狮、石马、石人、华表等，与丰陵的石雕基本一致。

墓主人：唐朝第十四位皇帝李昂（809—840），唐穆宗李恒的第二个儿子，母亲是贞献皇后萧氏。

生平：宝历二年（826）十二月初八日，宦官刘克明等伪造了一道诏书，请唐宪宗的儿子绛王李悟入宫为皇帝。但是两天后，宦官王守澄、梁守谦等人率神策军进宫，将刘克明、绛王李悟击杀，并拥立李昂为帝，改年号为"太和"。

李昂执政时，朝中大臣们分成牛、李两派，各自为政，相互攻讦，许多清正廉洁的有志之士，都成为了政治斗争的受害者。官吏频繁调动，政体乃至皇帝的废立全都由宦官把持。

太和五年（831），李昂和宰相宋申锡密谋铲除宦官，却被王守澄和他的亲信发现，他们诬陷宋申锡谋立漳王李凑。李昂中计，宋申锡被处死。

太和九年（835）十一月二十一日，有朝臣奏报，说左金吾府的石榴树上夜降甘露。李训等人提议："天上有祥瑞，离宫门不远，皇上应该亲自去看看。"李昂去了含元殿，让大臣们都去看了。大臣们回去说这不是真正的甘露。李昂又派宦官仇士良和鱼志弘带着其他宦官前去查看。

仇士良等人到了左金吾府后发现有埋伏，他们连忙撤退。李训等人本来是打算借着看甘露的名义，引诱宦官去金吾行宫，将他们一网打尽，但最终还是功亏一篑。宦官们退回了含元殿，逼得李昂坐着软轿进入了内宫。李训急呼金吾卫亲兵护送，大叫道："陛下不得进宫。"数十名金吾卫、京兆府吏卒，500余名御史台兵冲上大殿，杀了几十名宦官。但就在此时，李昂训斥李训，宦官将李训打翻在地，李昂被带到了宣政门，关上了大门，群臣吓得四散而逃。李训见自己无能为力，便独自出了宫，进了终南山的寺庙。其他大臣不知内情，退回中书省，等待着文宗的召见。

宦官将李昂押回内宫后，立刻派出500名神策军，从东楼大门冲出，见人就砍，六七百人被杀。然后关上了宫内的所有门户，四处搜寻，又斩了1000多人。参与的大臣先后被捕杀。那些参与过这件事的大臣都遭族诛，还有更多无辜的人被牵连而死。经过这次宦官的大屠杀，朝堂上的朝列都变得空荡荡的。

李昂在事变后被宦官软禁。国家政事都由宦官负责，朝中宰相沦为行文书之人。宦官咄咄逼人，恐吓皇帝，蔑视大臣。文宗对此束手无策，只能借酒消愁，写诗解闷。他对当值学士周墀长吁短叹，说自己受制于家奴，境遇比不得周赧王和汉献帝，不由得流下了眼泪。周墀闻言，也泣不成声。

宰相郑覃和李石向宦官们指出，李训也是由宦官推荐的，昭义军节度使刘从谏为朝臣鸣冤，痛斥宦官，于是宦官忌惮起来，文宗的人也可以行使一些权力。

文宗曾经想让敬宗的大儿子晋王李普做太子，但是李普死了，文宗就立了自己的大儿子李永为太子。后来太子李永也去世了，文宗又想立敬宗幼子陈王李成美为太子，但是还没有册立，文宗就病重了。

开成五年（840），李昂因忧郁而卧床不起，于是命宰相杨嗣复和李珏二位大臣协助太子主持朝政。仇士良得到消息后，连夜伪造了一道诏书，废除太子，任命颖王李炎为太子来处理军务，并将李炎带到了朝堂之上。李昂无奈，文武百官也不敢有异议。

正月初四，李昂在长安宫中的太和殿病逝，享年 31 岁。庙号文宗，葬于章陵。

评价：李昂在位时期，不喜女色，勤政节俭，杜绝奢靡之风，废除了很多劳民伤财的事情，致力于复兴王朝，在唐朝中后期诸帝中颇为勤政。但他虽然勤勉、宵衣旰食，却没有治理国家的能力，最终还是没能消除祸患。

唐端陵——唐武宗李炎陵墓

端陵概况：端陵坐落在陕西三原县徐木原以西，也就是现在的三原县徐木乡桃沟村东北，此处东距献陵 5 公里左右，西北距元陵 6 公里左右。现存有四只石狮、三对石马、一只华表、四尊石人、翼马和鸵鸟各一对。鸵鸟鸟头回顾，身躯肥大，尾巴退化，四肢短小。现在已经被移到了陕西省博物馆。翼马均已残缺。从残余的部分来看，有鞍鞯、披障泥，无马镫、饰鞅，尾巴垂着。东列现存三尊石人，西列现存一尊石人，造型与庄陵相同，只是东列石人没有佩剑，腰间没有前后花结长帛。

陵墓的四个阙址虽然都被夷为平地，但东南、西南和西北三个方位的残垣断壁仍可辨认，下宫距陵墓 2 公里。

《新唐书·后妃列传》记载："武宗贤妃王氏，……审帝已崩，即自经幄下……宣帝即位，嘉其节，赠贤妃，葬端陵之柏城。"这段话是说，武宗有个妃子在他死后自缢了，因此被封为贤妃，陪葬在端陵。因此端陵有一陪葬墓，但目前没有发现这座陪葬墓。

唐代皇陵石雕既是唐代石雕艺术的巅峰，又是唐朝历史、文化的象征，它们或雄伟壮丽，或巧夺天工，或生动形象，无一不是不可多得的艺术品。不过，随着大唐的没落，唐陵的雕刻技艺也逐渐没落，端陵石雕就是在这个时候出现的，它的规模越来越小，线条越来越粗糙，看起来也越来越没有精神，除了一些很好的作品之外，其他的都无法和早期的作品相媲美。

墓主人：唐代第十五位皇帝李炎（814—846），唐穆宗李恒的第五个儿子，唐敬宗李湛、唐文宗李昂异母弟。

唐武宗登基之时，仇士良等人力劝他处死唐文宗的妃子杨氏、陈王李成美、安王李溶。在开成五年（840）八月为唐文宗举行的安葬典礼上，仇士良为了消除对他权力的威胁，将枢密使刘弘逸等人都杀了。

宰相李珏和杨嗣复都被革职，被贬到了别处。武宗本想要将这两个人斩杀，但在李德裕恳求之下，还是饶了他们一命。唐武宗对李德裕的任命，让仇士良更加害怕，他宣称"宰相作敕书，减禁军缣粮刍菽"，试图鼓动禁卫军将李德裕赶走，唐武宗向禁卫军下了一道诏书："敕令都是来自朕的意思，与宰相无关。你们敢这样？"禁卫军也是一脸的震惊，他们很快就镇定下来。仇士良心中忐忑不安。会昌三年（843），仇士良因身体不适而辞官，武宗解除了他的军权。仇士良辞官后不久，就死在了自己的宅子里，他到底怎么死的、是不是政敌做的就不得而知了。于是武宗趁机削弱了宦官的力量，巩固了朝廷的权威。

唐武宗信仰道教，身边时常有一群道人，与那些只在深宫里长大的皇子相比，他更能看到外面的世界。和唐文宗不喜歌舞不同，武宗经常骑着马，和他最疼爱的邯郸舞姬王才人一起吃喝玩乐，就像是普通人家的宴会一样。不过武宗与敬宗的逍遥快活不同，他没有沉迷于享乐，在享受的过程中，始终保持着冷静，没有因为这样而影响到国家大事。他虽然没有文宗那么博学，但懂得如何用人，而且也似乎少了一些书生意气，也没有那么死板，可以直面事实。很多时候，他都敢当着宰相的面承认自己的错误，他对宰相李德裕十分信任，这更是让君臣们在会昌年间内忧外患的情况下镇定自若，挺过了这一劫。

唐武宗即位时，以李德裕为宰相，进行了一系列的改革。武宗崇信道教，于会昌五年（845）下令拆除寺庙，并没收了大片的土地。唐代毁佛的成功，使财政收入增加，中央集权得到加强。唐代中后期是一个相对稳定的时期，这一时期被称为"会昌中兴"。

会昌六年（846）三月三十一日，武宗改名李炎；三月二十三日，武宗驾崩于大明宫内，终年32岁。他的妃子王氏殉节自杀。武宗是唐代继太宗、宪宗、穆宗后，又一位吃了灵丹妙药而亡的帝王，他被葬于端陵。

评价：唐朝从中期开始，已经出现了衰落的征兆，或许是因为这个王朝存在的时间太长，皇子皇孙们都过着锦衣玉食的生活，导致他们的实力一代比一代差。到了武宗这里，能够收拢贤才、摒弃陋习、打击宦官、抵御边患、内平藩镇的帝王实在是太少了。武宗虽然不是一个有能力的人，但能听取有才华的人的建议，这是他的智慧所在。他在位期间，知人善任、严明纪律、限制门荫特权、平定昭义之乱，消除了唐代的某些弊端，实现了唐代的中兴局面。

唐贞陵——唐宣宗李忱陵墓

贞陵概况：贞陵坐落在泾阳县白王镇崔黄村东北的北仲山之上，距咸阳城北50公里。它的东、西、北三面都是高山。其规模与唐太宗昭陵相仿。陵园东、西两道神门外的两对阙址，坐落在北仲山东、西两座山峰之巅，气势恢宏。

东南角阙址在泾阳县石滩村西北方向，西南角阙址在泾阳县崔皇村西北，西北角阙址在淳化县富德村庙坡北，三角阙遗址的规模大致相同，有3米多高，底径为14米左右。

在陵园南侧，是地下宫殿遗址。"大宋新修唐宣宗庙碑"位于遗址的南面。寝宫坐落在朱雀门内北钟山的主峰上，也就是所谓的"走马岭"。神道石刻组合与泰陵相同。

东列华表的东南、南、西南、西四个棱面图案均保持完好；西列华表柱身已折断，已严重风化。

东列翼马头部似河马，无角，尾巴低垂，形体粗鄙；西列翼马的头部有一只独角，尾巴绑在一起，屁股向后弯曲，雕工拙朴。二翼马的左右翅膀都与颈部上方相连。鸵鸟腿短如鸭，表面用刻满浮雕的山石装饰。

石马马背上有鞍子，没有马镫，马身装饰简单，马尾下垂，脖子上挂着铃铛。与其他唐陵石刻中的石马不同，贞陵石马的背上有一个圆形的凹槽。

石人的造型与庄陵石人相似。东列应该是文臣，西边应该是武将。但西列南数第二个石人的衣着和造型与东列的石人一模一样，应是文臣。东列现存6个石人，都是文臣，没有见到与西列石人相似的武将。北神门外石马形状与神道上的石马形状一模一样。

贞陵的石雕形态已经有了明显的变化，雕刻已经很粗糙；左文右武的石像和中唐陵墓中的石像一模一样，只是脸庞消瘦了许多。它们没有中唐时代的细腻浑厚，也没有盛唐时代的雄浑，更没有初唐时代那种古拙新颖的风格。这些石刻表现出了国力衰微，唐代在灭亡前夕的凄惨景象。贞陵是唐代晚期陵寝的典型代表。它的规模和太宗的昭陵差不多，是唐代十八座陵墓中最大的一座，是唐代晚期陵墓的典范。

墓主人：唐朝第十六位皇帝李忱（810—859），初名李怡，是宪宗的第十三个儿子，是晚唐皇帝中声誉比较高的一位。他的生母是孝明皇后郑氏，她身份比较特殊，之前本来是镇海节度使李锜的侍妾，李锜谋反失败后，郑氏入宫成为郭贵妃的侍女，后来被唐宪宗临幸，生下了李怡。因此其母郑氏与郭后有宿怨。后来宣宗对郭后的照顾越来越少，郭后心情低落，带着几个随从来到勤政阁，想要跳楼自杀，被侍卫们拦了下来。宣宗知道后大为不满，当晚郭后就"病"死了。

李怡是个沉默寡言的人，宫里的人都说他"不太聪明"。他十来岁的时候生了一场大病，后来病情越来越重。有一天他做梦梦见突然有一道亮光照在自己身上，他立刻跳了起来，站直了身子，拱手作揖，就像是在向他的臣子行礼。乳母觉得他这是着了魔，但穆宗看到后，拍了拍李怡的后背，说："这是我们家的英明人物，不是什么心魔。"赏了李怡玉如意、骏马、金带，又派郭太后的表哥郭鏶为李怡的师父。李怡时常梦见乘龙飞升，便将此事告诉了生母郑氏，郑氏对他说："这个梦不应该让旁人知道，希望你不要再说。"

李怡经历过敬宗不靠谱的那一朝，又经历文宗、武宗两朝，平日里更是深藏不露，平时也不多说话。文宗和武宗常在宴会上强迫他讲话，并以此为乐，称他为"光叔"。武宗心高气傲，对李怡不屑一顾。

会昌六年（846）三月，武宗病重，把37岁的光王李怡立为皇太叔并改名为李忱，李怡成为了皇室新的继承人。皇位之所以会落在他的头上是因为宦官们觉得他话不多，看着傻傻的，比较好控制。李忱监国后，满面哀容地迎接群臣，决断事务，这才让所有人都知道了他深藏不露。

李忱酷爱阅读《贞观政要》，登基后勤于政务，孜孜不倦地研究政治，努力解决中唐以后出现的各种社会问题。他贬黜了李德裕，终结了"牛李党争"；遏制太监势力的过度扩张；严厉打击不法的权贵和外戚。除了郑注和李训，死于"甘露之变"的其他官员都被平反了。

李忱勤奋节俭、体恤百姓、减免赋税，重视人才的选拔。在外交方面，他屡次打败吐蕃、回鹘、党项、奚人，收复了安史之乱后被吐蕃攻陷的大片土地，使得大唐的实力得到了极大的提升，人民的生活也越来越富裕，朝政出现"中兴"的繁荣景象。所以，史学家们高度赞扬李忱，认为他是和汉文帝、唐太宗一样的明君，并将这一时期称为"大中之治"。

李忱虽然在登基之后"忧勤无怠"，但在他统治期间洪水和旱灾时有发生。到了大中十二年（858），由于将领们的失职，各藩镇纷纷造反。李忱开始忙于应付这些叛乱。

自大中十三年（859）五月起，李忱吃了太医李元伯送来的"仙丹"之后口干舌燥、身体虚弱，连续一个多月没有上朝。三个多月后，病入膏肓的李忱驾崩，时年 50 岁，庙号宣宗。

大中十四年（860）二月，葬于贞陵。

评价：李忱努力效仿唐太宗，曾以"至乱未尝不任不肖，至治未尝不任忠贤"为座右铭。他在国事上有决断，明察秋毫，大公无私，从谏如流，礼贤下士，恭谨节俭，恩泽百姓，哪怕后来唐朝灭亡，他还是受到人们的称颂，时称"小太宗"。

唐简陵——唐懿宗李漼陵墓

简陵概况：简陵位于富平县西北 30 公里处的长春乡紫金山上，紫金山亦称虎头山，懿宗的陵寝就在主峰下。简陵东、西二神门都建在山顶，北神门遗址位于石马岭，这里地势平坦、开阔。简陵门狮的造型与庄陵相同。位于西列的翼马的独角是凸起的，而东翼马的尖角却很小，造型与贞陵相同。现在这些翼马被迁到陕西历史博物馆门前。

2013 年 2 月 9 日，除夕之夜，简陵内一尊南门石狮被盗。业余文保员在例行巡查时发现这一情况，向富平县文化旅游部门汇报。之后，该县成立了由公安、文物、外宣等部门组成的"2·10 案件"专案组，对这起富平县历史上最大的文物失窃案展开调查。通过查痕迹、调取监控录像等方法，于 2 月 21 日在河北某地成功抓捕了 8 名犯罪嫌疑人，并将守护唐陵一千多年的石狮带回了富平。

墓主人：唐朝第十七位皇帝李漼（833—873），唐宣宗的长子，生母是元昭皇后晁氏。

生平：大中十三年（859）八月，唐宣宗病逝，左神策军护军中尉王宗实、副使丌元实矫诏立李漼为皇太子。第二年二月，宣宗下葬，李漼正式登基，是为唐懿宗。十一月改元为咸通。使用这一年号相传是因为唐宣宗写了一首曲子，其中有"海岳晏咸通"的句子。懿宗在改元的时候还记得自己的父亲，但自从他登基之后，他的一举一动都没有唐宣宗的影子。咸通之政与大中之政相差甚远，不可同日而语。

唐懿宗在位时，纵情享乐，对宴会、乐舞、游乐的兴趣远胜于国事，对上朝的热情显然没有对喝酒的兴趣高。懿宗在宫中，每天一次小宴会，三天一次大宴会，每月都会举办十多场宴会，各种奇珍异宝应有尽有。他每天都要去看那些乐工优伶演出，一天不听音乐都不行，就是出去游玩，也要把乐工优伶带在身边。这样看来，感觉他就像现代热爱追剧的"小年轻"，可是他现在是皇上。懿宗皇宫里有 500 多名乐师，他一高兴，就会给他们丰厚的奖赏，动不动就是上千贯钱。他厌倦了皇宫里的生活，便去长安城外的一座府邸。因为他经常出入，所以行宫里的官员们要准备好食物和住宿，乐曲自然是必不可少的。而那些需要陪伴的亲王，往往都要准备好自己的马匹，以防懿宗突然召唤，这让所有人都吃尽了苦头。

咸通四年（863）二月，懿宗竟将从高祖到宣宗的 16 座帝陵统统拜了一遍。前面说过，皇帝祭拜皇陵是规格最高的祭拜，所耗费的时间、精力和金钱非常之多。娱乐、歌舞，已成为懿宗日常生活的一部分。在他的影响下，官场上也出现了奢靡之风，晚唐大诗人韦庄的诗中有"咸通时代物情奢"的说法，其中，"瑶池宴罢归来醉，笑说君王在月宫"一句，最能形容这种情状。

唐武宗覆灭佛门，对佛教的打击很大。宣宗登基后，寺庙也相继重建。佛教势力在懿宗时期得到了快速的发展。他自己也沉浸于此，建造了大量的寺庙、佛像，布施钱财无数。在懿宗的支持下，长安各地的寺庙里，再次响起了诵经的声音。对佛教经典的巨大需求促进了印刷技术的发展，目前已知的世界上最早的印刷品之一《金刚经》就是在咸通九年（868）印成的，现在被收藏在大英伦敦博物馆。宪宗以后，懿宗崇佛达到了顶峰，法门寺也迎来了一场盛大的崇佛活动——法门寺迎奉佛骨。

唐懿宗在迎佛骨入京师后，再次病倒，到了无力回天的地步。也难怪旧时史学家们会说："佛骨才入于应门，龙辂已泣于苍野。"懿宗迎奉的佛骨一进门，载着他的棺材就随着哭声一起来到了坟场。

咸通十四年（873）七月十九日，唐懿宗在咸宁殿结束了他骄奢淫逸的一生，时年41岁，葬于简陵。

评价：唐懿宗喜欢音律，对宴会、音乐、舞蹈比对政治更感兴趣。他在位时，骄奢淫逸、任人不能、迎奉佛骨，导致各地相继发生动乱，民不聊生，"大中之治"的成果也因此而断送。

唐靖陵——唐僖宗李儇陵墓

靖陵概况：靖陵地处乾县，位于南陵村境内，与乾陵所在处的山谷相连。是西安唐十八陵中修建最晚的一座，也是唐陵中最早被考古发掘的一座。由于陵寝多次遭窃，靖陵遭到了很大的破坏，现存的壁画已经不到原先的三分之一了，壁画的艺术水平远不能和盛唐时的相比。1995年陕西省文物局同意由省、县文物部门对其进行科学的挖掘。该陵地宫由墓道、甬道、墓室三部分组成，出土石碑、石函、龙凤玉璧、玉佩、衰册残片、鎏金铜锁、鎏金宝石铜花等100多件。

墓主人：唐朝第十八位皇帝李儇（862—888），初名李俨，立为皇太子后改名李儇。他是懿宗的第五个儿子，生母是惠安皇后王氏。李儇即位时才12岁，是整个唐朝即位年龄最小的皇帝。

生平：唐僖宗李儇生在深宫中，从小被宦官养大，皇宫里的生活，让他可以尽情地享受。事实上，他也的确是一个热衷游乐的皇帝。他喜欢斗鸡、赌鹅，喜欢骑射、剑槊、法算、音乐、围棋、赌博，游玩的营生他全部都精通。他不但痴迷于马球，还精通骑术。

他曾骄傲地对自己身边的优伶石野猪说："朕若参加击球进士科考试，应该中个状元。"

石野猪说道："如果你遇上尧舜这样的好皇帝成为礼部侍郎主考的话，

那皇帝岂不是要被骂得落花流水了？"僖宗听了这话，也是微微一笑。

唐僖宗登基的时候还很弱小，没有足够的治国之才，所有的事情都是宦官们说了算。僖宗时期，他最信任的宦官是田令孜。僖宗自小受田令孜的照料，对他颇为依赖，称他为"阿父"。僖宗登基后，封田令孜为左军中尉。如此一来，田令孜就掌握了僖宗朝的所有重大事件的决策权。

唐僖宗时期，唐朝的政治局势已经十分动荡。

刘允章在懿宗年间曾任翰林学士，他曾在《直谏书》中以"国有九破"来描述当时的形势："终年聚兵，一破也。蛮夷炽兴，二破也。权豪奢僭，三破也。大将不朝，四破也。广造佛寺，五破也。赂贿公行，六破也。长吏残暴，七破也。赋役不等，八破也。食禄人多，输税人少，九破也。"刘允章所说的情况，到了僖宗时期非但没有得到改善，反而越来越严重。

僖宗在咸通十四年（873）七月即位，次年濮州人王仙芝发动了一场大起义，此时又有冤句（今山东曹县北）人黄巢领导的大起义。黄巢是一名盐商。在唐朝末期，盐业被垄断，盐价昂贵，百姓吃不起盐，因此，大量的私盐贩子聚集在一起，形成了一股力量，为黄巢发动大规模的起义提供了帮助。

黄巢暴动之后，州县官员蒙蔽了上级，朝廷对此一无所知。为了自保，各地的节度使都袖手旁观，因此起义军发展得很快。此后，黄巢率领军队向浙东进军，又攻下广州，随后再向北进军，经潭州、江陵，进逼中原。僖宗对此虽然也感到不安，却继续寻欢作乐，甚至在他为逃出长安做准备的时候，以打马球的方式来决定护送人选。

他任由太监把持朝政，这导致他两次被人掳走，使大唐的局势岌岌可危。

经过几番折腾，僖宗的身体也垮了。光启四年（888）二月，僖宗病重，再次返回长安，在祭奠了太庙后，举行大赦，改元"文德"。

文德元年（888）三月六日，27岁的僖宗在经历了漫长的颠沛流离后离开了人世。还好他最终还是死在了长安的武德殿中。当年的十二月，他被埋葬在了位于陕西乾县铁佛乡南陵村的靖陵。

评价：僖宗出生在一个充满了危机的时代，大唐的灭亡是不可避免的。所以无论僖宗是否贤明，都无法改变这种不利的局面。僖宗的腐朽使乾符年间的统治更加昏暗，此时灾祸不断，百姓被官员剥削，过着穷困潦倒的生活。王仙芝和黄巢发动起义，也就顺理成章了。僖宗出生在宫中，被太监拥立为皇帝，他虽然才华横溢，却没有能力管理国家。光启后，他想要奋发图强、除掉太监，恢复大唐的繁盛，但为时已晚，唐王朝早已四分五裂。

唐懿宗和唐僖宗是出了名的无能、昏庸的君主，这使得唐朝的形势一落千丈。乾符五年（878），黄巢起义，采取了游击战术，撼动了唐代政权。宦官掌管的御林军元气大伤，因此大臣和太监之间的权力斗争十分激烈。唐僖宗于黄巢之变后去世，他的亲弟弟唐昭宗继承了皇位。朱全忠和李克用都是大唐末年的大人物，他们在朝堂上站稳了脚跟。在朱全忠的力挺下，宰相在与宦官的斗争中大获全胜，朱全忠进了皇宫，对宦官们大开杀戒。天祐元年（904），朱全忠以唐昭宗为要挟，让其迁都洛阳，唐昭宗在后宫中被杀。天祐二年（905），朱全忠大肆铲除朝官，有30余人在白马驿被杀，葬身黄河，此事被称为"白马驿之祸"。天祐四年（907），朱全忠逼迫唐哀帝李柷退位，改国号梁，改元开平，定都于开封。唐代灭亡，享国290年。

唐代皇帝陵墓群是唐代工艺大师们的智慧结晶，陵墓中的石刻是中国古代石雕艺术的瑰宝，唐代的雕塑家们运用线雕、浮雕、圆雕等传统工艺，创造出了这个宏伟霸气的唐代帝陵石刻群。其后历代帝王陵墓中的石刻，大都是仿照唐陵而建，其影响之深远可见一斑。其中乾陵气势恢宏，被誉为"历代诸皇陵之冠"。唐十八陵连绵百里，一座座山峰恢宏大气，彰显着大唐天下一统、一往无前的威严。而且，这些陵墓都处于风水宝地，每一座陵墓，都是由风水大师设计的，每一座陵墓的形状，都代表着墓主人的一生。

第九章

乾陵文化，丝路文明

乾陵有着深厚的文化底蕴，它所在的关中平原被称为八百里秦川。这里土壤肥沃、水源丰富，是人类生存和发展的好地方。梁山以东10公里处有一条南北流向的泔河，沿河两岸均有唐以前的遗迹。这里深厚的文化历史底蕴，让乾陵成为一处亟待保护的大型文物遗址。同时，它也是一处具有开放性的旅游文化景观。在"突出民族定位""坚持价值优先""弘扬优秀文化"等理念的基础上，可以将乾陵建设成国家考古遗址公园，将乾陵的文化与历史更好地体现在科研、教育、休闲等方面。根据各地的具体情况和特点，探索出不同的建设理念。因此，厘清乾陵文化的内涵，是建立乾陵国家考古遗址公园、推广乾陵文化的必由之路。

一、乾陵魅力

乾陵作为"丝绸之路"上的重要路标，现存有百余块大型石雕，其中唐墓壁画、唐三彩、石椁线刻画等珍贵的历史文化遗存，反映了盛唐时期唐王朝与周边国家的文化交往和商贸交流。乾陵因其独特的历史、文化和丰富的旅游资源而在国内具有举足轻重的地位。

从前面的种种内容，我们看出乾陵已经形成了自己独特的文化，有它特有的魅力。首先，乾陵的主人是唐高宗李治和一代女皇武则天，乾陵承载着这二人统治时期的文化，因此，它也是盛唐文化的体现。其次，乾陵文化也包含了由陵墓石刻、墓室壁画、唐三彩等形成的一系列的艺术文化。最后，乾陵文化还包含当时的墓葬礼仪、丧葬之风等人文文化。这些组成了乾陵文化，也让乾陵以华夏文化为依托，吸收外来文化的精髓，乾陵文化是不同国家友好交往的生动写照。因此乾陵是唐十八陵的典型代表，是中国古代陵寝文化的代表，也是中华传统文化的一大宝藏。

以上特点足以支持乾陵成为国家考古遗址公园。

乾陵还存在着作为非物质文化遗产"文化空间"的历史和文化观念。乾陵和其他的帝王陵寝一样，都是"过去时"，然而，作为祭祀场地，它的某些物质元素仍然真实地保存着，并以实物的形式展现了过去的文明。

因为唐陵是"因山为陵"，每一座皇陵所处的地理环境都是不一样的。每一座皇陵的建造，都会充分考虑到它所处的地理位置和周围的环境，乾陵至今仍在世人心中留下深远的影响。从风水的角度来看，乾陵是陵墓选址的典范。虽然，有着诸多关于袁天纲和李淳风选择乾陵位置的神秘传说，但这里的自然风光又具有别样的审美情趣，这也是乾陵与其他帝王陵墓区别开来的一个重要原因。雄伟的乾陵，让人望而生畏，为中国各族人民所珍爱，为世界所钟爱。

乾陵对此后的唐陵和宋元明清时期的陵墓建制产生了深刻的影响。一是乾陵仿照长安城而建造陵园的整体布置，地宫同样是这样的布局。地宫中第一个过洞是宫城门，第二个过洞是宫门，第三个过洞是宫殿的大门，前墓室代表着前朝，后墓室代表着后宫。通道和墓室前面的墙壁上都有壁画，画着手里拿着东西的侍女。不管怎么说，乾陵的墓葬形式正式确立了唐朝陵墓的规范，以后的陵墓基本上都是遵循这一原则修建的。

二是从乾陵开始，确定了石刻的组合，分为守卫类、仪仗类、标明陵墓位置类、神话传说类、碑文类等。在唐十八陵中乾陵石刻最多。因此乾陵文化具有三个方面的价值：普世、艺术和记忆。

乾陵还体现了当时唐朝"丝绸之路"前所未有的兴盛。前面说过的章怀太子墓中的《客使图》，就是汉唐"丝绸之路"的点睛之作。域外首领、使者、商人，他们沿着丝路翻过天山，越过大漠，风餐露宿，来到大唐。他们为的是得到唐代皇帝数倍甚至数十倍的赏赐，他们还希望为大唐效力。对于一个外国使节来说，穿着唐代的官服，手持笏板，听从"天可汗"的号令，这是一种荣耀。乾陵陪葬墓中出土了很多胡俑，这些高大的形神兼备的艺术品表达了这一内容。

丝路文化是乾陵文化的主要色彩，是今后乾陵保护发展的主要文化根源。这是因为它既能客观地展现唐代"丝绸之路"的辉煌历史面貌，又能促进民族融合、东西文化互鉴。

虽然乾陵有如此的魅力，但是长期以来，它的魅力并没有完全展现出来。高宗以后的帝王，只是把乾陵当成先祖的归宿，时常祭祀；还有一部分人，只是眼红它地下的宝物，想将宝物据为己有。好在从文献记载以及勘察结果来看，乾陵是没有被盗掘过的。但是千年来的风吹雨打、战争损坏，还有人为的破坏，导致乾陵石刻或不复存在，或残缺不全，山陵一片荒芜。

从20世纪60年代，开始修复乾陵石刻，对这些文化古迹进行保护。甚至开始开发乾陵，让乾陵文化和乾陵魅力得到更好的释放。

二、旅游开发

国家考古遗址公园这个设想可以让乾陵再一次恢复它的活力。国家考古遗址公园是一种具有全国示范作用，具有科研、教育、游憩等特色的以重大考古遗迹及其周边环境为主体的特殊公共空间。

时间的流逝必然会让历史建筑从新建筑走向废墟。随着人们越来渴望了解历史建筑，越来越注重历史建筑的价值，人们对这种年代久远的建筑崇敬，对历史建筑的价值进行准确的评估，并不是说让它一直保持当年的模样不做改变，事实上，恰恰相反，应该让它处于不断的变化中，这样我们才能从中看出历史的痕迹。不然，它和一个新的物品有什么区别呢？

皇陵遗址建筑也在不断地发生着改变。帝陵遗址的旅游产品开发应能充分反映帝王陵墓这种内在的文化内涵，从而将其内在的文化外显，将静态的文化动态化。国家考古遗址公园是由皇帝陵墓规划、开发、建设等环节组成的一种旅游产物，属于人文类旅游产品。

帝陵的旅游产品以中国古代帝王陵墓为中心进行规划、形象塑造、营销和品牌运作，在此基础上形成能满足游客文化、旅游体验的体验型旅游产品。帝陵的核心是其中的文化遗产。只有打造具有特色的体验型文化遗产旅游新产品，才能开创帝陵文化遗产旅游的新业态。传统旅游之所以具有独特的吸引力，是因为它不仅可以为人们提供一种全新的并非现实生活的体验，还可以全方位触摸历史，使我们生动地看到文明发展的过程，增长知识。

因此文化主题是灵魂，特定的文化主题，可以引起人们感观上的刺激。确定了主题后，必须要以与该主题契合的产品支撑系统构架。游览皇陵文化遗产，是一次深入的文化体验。在体验和旅游互动共赢的前提下，如何使帝陵文化遗产复活以及如何使游客感知帝陵文化遗产的多样化就是对皇陵进行旅游开发的主题。

所以，2017 年 11 月，陕西省文物局将乾陵列入第一批陕西省文化遗址公园。该公园依梁山而建，北起寨子窑村、南到乾陵鹊台，东起沈家池村、西到西皇门村，乾陵考古遗址公园的范围涵盖了乾陵主陵区和下宫。梁山有三座山峰，北峰是最高的，也是乾陵玄宫的所在地。南面两座山峰地势较低，且东西对峙，构成了乾陵的一道天门。乾陵分为宫城、内城和外城三大区域。内城区面积达 230 万平方米。在内城的司马道两边及四个城门外有 128 件大而精致的石雕，还有 6 对阙台以及下宫的遗迹。这些都在乾陵文化遗址公园内。

乾陵遗址公园总体展示空间布局分为遗址展示区、科研教育区、景观风貌区、游客服务区和休闲娱乐区。遗址展示区主要展出的是乾陵主陵陵山、乾陵内城司马道和四门外的精美石雕；科研与教学基地的职能是保护与研究出土文物和石雕文物；景观风貌区是指以各种不同的植物构成具有一定氛围的绿色空间；游客服务区和休闲娱乐区主要包含医疗救助站、博物馆、创意中心、手工艺等公园常有的区域。

整个园区的景观布局是"一路、一环、七节点"。

一路是指以乾陵旅游路为基础，将各个功能板块串联起来，沿路塑造出"窄而精致，宽而舒朗，庄严壮丽"的景观变化，同时保证东西鹊台与陵山的顶端不会有任何视线通廊阻碍。

一环是指以环陵路为基础，将内城的各个城门遗迹串联起来，形成一条完整的旅游线路。

七节点是根据遗迹分布及园区旅游需求，确定乾陵遗址博物馆和乾陵旅游道路南段景观长廊、下宫遗址、神道及四门门阙景观区等七处观景节点。

乾陵博物馆贯彻党中央"让文物活起来""一个博物馆就是一所大学校"的重要精神，充分发挥博物馆收藏、研究、展示、交流、教育的各项功能，挖掘唐人的文化特质，讲述乾陵故事，以乾陵—盛唐为主题，形成乾陵—盛唐的文化品牌。

乾陵博物馆以"一带一路"为契机，加强对丝路文化遗产的研究与传承，坚持在保护中活化、活化中传承、传承中发展的理念，不断提升馆藏文物的保护和展示水平。

博物馆陈列乾陵陪葬墓中的许多珍贵文物，比如前面说过的唐三彩、石椁线刻画、唐墓壁画，还有唐代彩绘、金银杂器等，这些文物具有很高的历史价值、科学价值和艺术价值。我们可以利用动漫、VR 和 AR 等技术手段，深入了解这些文物背后的历史文化信息。利用现代传播途径，比如微信、微博、视频、讲座、书籍、文创产品等，让文物真正活起来，让文物在与观众互动等环节上，满足观众的文化需求。

由于乾陵一开始是以博物馆的方式经营，它的资源潜力仍然很大。在某种程度上，博物馆的运作方式影响了乾陵的进一步发展。

乾陵具有很丰富的历史和文化内涵，但在博物馆的经营模式下，缺乏有效的载体来展现其内涵，资源丰度和产品丰度不匹配，游客参与度不高，导致旅游内容较为单一，吸引力不强，游客停留时间短，重游率不高。

乾陵作为一个长期以博物馆经营为主的景区，旅游资源相对匮乏，在总体布局结构上还存在着许多不合理之处：一是没有过渡区，游客直接进入核心区域，影响旅游环境和商务活动。二是景区的封闭性差，目前在景区的核心地带仍有一片村落和部分耕地，严重影响景区的管理、氛围和形象。这样既会降低游客的参观体验，减少游客的停留时间和消费，也会占用核心区宝贵的空间资源，破坏景区的氛围。三是旅游线路不合理，环陵路建设已久，缺少内涵，无法与旅游者的旅游路线相融合，基本闲置。

由于景区规划不合理，在整体形象、氛围、内涵、产品吸引力、游客体验、停留时间、消费等方面都会对乾陵景区造成一定的冲击。

乾陵是一座规模庞大的帝王陵墓，它是一个完整的系统。但是，由于传统的博物馆经营模式，很难将整体区域统一开发和使用，客观上形成了许多小型的、独立的、具有博物馆性质的旅游景点，割裂了乾陵作为大型景区的完整性。

乾陵的整合有四个方面：一是旅游景区的整合，比如乾陵与陪葬墓等景点的整合，是旅游经营系统的整合，也是旅游线路和旅游内容的融合。由于缺少整合，目前各景区无法共享乾陵的客流，使得乾陵地区的旅游效益无法达到最大。二是旅游资源和县域经济的融合。传统的博物馆经营模式和经营理念限制了旅游景点的空间扩展，乾陵和乾县的距离很近，但乾县的城市建设相对落后，旅游产业、历史文化的发展不足，使其难以充分利用乾陵增加的客源，这就造成了资源的浪费。三是与有关景点进行战略整合，特别是与昭陵整合。昭陵是咸阳地区目前发展的重要唐文化景区，在地理空间、形制、内涵等方面与乾陵都有很大的相似性，这两种类型的景点究竟是互相替代，还是相互补充，关键在于二者在发展战略、市场战略等方面能否有效整合。

乾陵"去博物馆"发展，并非要消除现存的博物馆，而是要在理念、模式、制度、机制等方面打破常规模式的局限，将乾陵作为一个世界级的大型文物古迹旅游景区，以吸引游客到陕观光。

可以考虑把昭陵、顺陵等名胜、旅游资源等纳入乾陵景区，既能让乾陵景区变得更大，又能带动其他旅游景点的发展，防止同类竞争、雷同发展。乾陵景区现在还只是依靠乾陵景区核心区，光靠核心区域是不可能发展壮大的。将县城与乾陵南部的区域进行统筹、集中利用，以达到县城与核心区的有效衔接，扩大旅游景点的空间，在过渡区内布置相应的商务服务，扩大消费机会。

乾陵是盛唐文化、帝陵文化的典型代表，它所蕴含的丰富的历史文化大多是隐性的，单纯的文物陈列很难将其全部展现，也不可能让一般的游客在短期内理解。因此，要增强乾陵的吸引力和亲近感就需要提升其参与度、体验度。首先，可以应用 GPS 和数码导览技术，在整个景区内构建多语言的流动数码导览系统，最大限度地解决旅游者无法全面理解静态文物所承载的信息问题，提高旅游者的旅游兴趣。其次，要尽量引进数字化的旅游产品，克服传统的静态遗产不能充分展现历史文化的不足，比如扩大乾陵的数字影院、引进四维立体影片，用直观的数字技术取代单调乏味的解说，将乾陵修建、地宫秘辛、重大历史事件等再现，利用影像、幻影成像等技术手段，将这些重要文物的相关内涵展现出来，让枯燥的参观变成生动的游览体验。最后，要规划和推出一系列具有高度参与性的文化旅游活动，例如仿唐歌舞、女皇登基等。文物古迹是一种传统的旅游商品，它与现代人追求自然、休闲的喜好存在着很大的差异。乾陵要突破传统的博物馆式发展方式，采取大规模的遗址类郊野文化园区的方式，以提高乾陵的吸引力，充分利用其优越的地理环境。总之，要使乾陵不再是一个单纯的文物展示景点，而是真正成为广大游客喜爱的旅游胜地。

虽然历经了无数的风风雨雨，但乾陵所蕴含的人文精神和人文理念，并没有随着时间的推移而消退，反而成为一种文化的象征，一代代地流传下去。在发展帝陵遗址旅游产品时，一定要把它的文化意蕴深挖出来。这样，它才能真正地展现出它的魅力，才能真正让它的魅力有声、有神、有韵。

乾陵相关重大事件时间表

公元 683 年，武则天任命吏部尚书韦待价负责乾陵的工程。

公元 684 年，乾陵修建完成。

公元 706 年，武则天与唐高宗合葬乾陵，加盖乾陵。

公元 706 年，懿德太子、永泰公主、章怀太子的棺木移至乾陵，此外还加建了许王李素节、泽王李上金、义阳公主李下玉等陪葬墓。

公元 798 年，修葺乾陵，造屋 378 间。

唐朝末年，据传黄巢动用 40 万大军打算盗掘乾陵，未成功。

五代，后梁崇州节度使温韬组织军队发掘所有唐朝皇陵，据传有乾陵。

民国初年，据传孙连仲以保护乾陵为幌子，盗掘乾陵。

1958 年，农民放炮炸石，无意间炸出墓道口。

1960 年 2 月，陕西省成立了乾陵发掘委员会，经初步发掘确认被炸处是地宫墓道。

1960 年 4 月 3 日，开始发掘乾陵地宫墓道。

1960 年 5 月 12 日，墓道砌石全部暴露，后停止挖掘乾陵。

1961 年 3 月 4 日，国务院将乾陵列为第一批全国重点文物保护单位。

1960 至 1971 年间，共挖掘永泰公主、章怀太子、懿德太子、中书令薛元超、燕国公李谨行等五座陪葬墓，共发现 4300 余件珍贵文物。在这些陵墓中，有百余幅色彩鲜艳的壁画。

2008 年 5 月 1 日，陕西省文物局《唐乾陵文化遗产保护管理办法》正式开始实施。

2009 年 3 月 18 日，中日唐陵石刻保护修复项目有关负责人就考古调查、环境整治规划、石刻保护完成情况和应用技术方法及其成果进行了汇报，专家组对该项目在考古调查、文物保护、科学研究等方面取得的成果给予充分肯定，并一致同意通过项目验收。

2011 年 1 月 13 日，陕西省人民政府下发《关于调整周原遗址等部分全国重点文物保护单位保护范围和建设控制地带的通知》，确定了 11 处 29 个全国重点文物保护单位保护范围和建设控制地带，其中包括乾陵。

2013 年 6 月 14 日，国家文物局批复《关于上报〈乾陵保护总体规划〉的请示》（陕文物字〔2013〕123 号），原则同意所报乾陵保护规划和意见。

2013 年，乾陵开始准备申报国家考古遗址公园，并先后编写了《乾陵考古遗址公园规划》《乾陵考古遗址公园建设项目文物影响评估报告》《乾陵考古遗址公园建设项目计划书》等。

2017 年 11 月，乾陵被陕西省文物局评定为首批陕西省文化遗址公园。

2019 年 4 月，国家文物局公布了《中国世界文化遗产预备名单》，其中包括乾陵。

……

后 记

岿然没字碑犹在，六十王宾立露天。

冠冕李唐文物盛，权衡女帝智能全。

黄巢沟在陵无恙，述德纪残世不传。

待到幽宫重启日，还期翻案续新篇。

——郭沫若

这首诗是郭沫若先生在《乾陵发掘计划》被拒绝后写的诗，诗中"还期翻案续新篇"中的"续新篇"实际上也是有出处的。郭沫若在龙门游览时，写了一首《访奉先寺石窟》，诗中写道："万躯残佛憎顽盗，一寺灵光号奉先。武后能捐脂粉费，文章翻案有新篇。"后来郭沫若也确实写了历史剧本《武则天》。只是可惜郭沫若到死也没有"续新篇"。

无法看到乾陵的真正面目是他的遗憾，也正是我们的遗憾，但这也是我们前进的动力。

292

在写这部作品之前，我对武则天这个中国唯一一个正统的女皇帝是充满了敬佩，甚至是向往的。但是在写到女皇登基的时候，才明白所有皇权的斗争都是带血的，胜者为王、败者为寇。也不得不承认，能成为唯一一个正统女皇帝是需要一定的残酷手段的。

就连被史学家们认为是"政治完人"的唐太宗李世民，在"玄武门之变"后，也是将敌人的所有子嗣全部杀死。而曾经目睹过武则天屠杀李氏宗室的唐玄宗李隆基在大胜太平公主后，也是几乎将太平公主的所有子嗣全部杀死……

政治是残忍的。

当然武则天作为皇帝是合格的，她为盛唐作了许多贡献。她留下无字碑让后人去评价，也是相当大胆的，不愧是一代女皇。

唐高宗李治作为乾陵第一个主人，似乎提到他的时候很少，总觉得他是一个懦弱甚至软弱的君主。但是在写唐高宗的时候，我却感觉他绝对不是一个"懦主"，他能与武则天合作，定然也是有他的魄力的。固然武则天在一定程度上利用唐高宗，但是能成为她的战友，也绝对不是普通人。两人是真的有感情的，或许一开始武则天也没有想过自己会成为女皇……

只是这两人如果知道他们的子孙将大唐断送了，又是什么样的感受呢？武则天是否会觉得还不如让武氏子孙当皇帝呢？

因为种种原因无法游览乾陵，没有看到这座举世瞩目的帝陵，实属遗憾。作品中许多内容源于查询的一些资料，其中有陵园景区所创建的"中国乾陵"网站，还有一些关于乾陵的文献。

大唐的辉煌与乾陵的庄严似乎就在我眼前。在看这些资料的时候，我一直在想，这部作品要表达的是什么，虽然乾陵并没有被挖掘，但是关于乾陵的资料很详尽。如果想看关于乾陵十分专业的讲解，可以去看这些资料。如果想看乾陵的美景，则可以去乾陵游览，也可以看乾陵景区网站的"全景游乾陵"。

最后我想了又想，决定在介绍乾陵的时候加入关于大唐的一些历史故事，还有陪葬墓墓主人的一些故事。当看完这本书后，或许可以对当时的历史有其他角度的了解。

武则天与唐高宗的子女都是什么情况？武则天真的杀了自己的孩子吗？陪葬墓中又藏着什么样的故事？或许有的故事有了答案，有的故事永远没有答案……

乾陵是帝陵，它的作用并不单单是埋葬着大唐"二圣"，对于我们来说，它还记录着大唐一段说不清、道不明又说不尽的历史。

乾陵闻名天下，有恋不完的皇城女儿之美，美不过的鬼斧神工之奇，还有说不尽的盛世唐朝之情。

查献芹

2022 年 12 月 1 日